Conditio Judaica 45

Studien und Quellen zur deutsch-jüdischen Literatur- und Kulturgeschichte

Herausgegeben von Hans Otto Horch
in Verbindung mit Alfred Bodenheimer, Mark H. Gelber und Jakob Hessing

Achim Jaeger / Wilhelm Terlau /
Beate Wunsch

Positionierung und Selbstbehauptung

Debatten über den
Ersten Zionistenkongreß,
die ›Ostjudenfrage‹
und den Ersten Weltkrieg
in der deutsch-jüdischen Presse

Herausgegeben von Hans Otto Horch

Max Niemeyer Verlag
Tübingen 2003

Bibliografische Information der Deutschen Bibliothek

Die Deutsche Bibliothek verzeichnet diese Publikation in der Deutschen Nationalbibliografie;
detaillierte bibliografische Daten sind im Internet über *http://dnb.ddb.de* abrufbar.

ISBN 3-484-65145-8   ISSN 0941-5866

Gedruckt auf alterungsbeständigem Papier.
Druck: AZ Druck und Datentechnik GmbH, Kempten
Einband: Nädele Verlags- und Industriebuchbinderei, Nehren

Inhalt

Vorwort

Die Beiträge dieses Bandes sind aus einem Projekt des Aachener Lehr- und Forschungsgebiets Deutsch-jüdische Literaturgeschichte im Rahmen des trilateralen Forschungsschwerpunkts *Differenzierung und Integration. Sprache und Literatur deutschsprachiger Länder im Prozeß der Modernisierung* hervorgegangen. Zielsetzung dieses Schwerpunkts, dessen insgesamt 35 Einzelprojekte von den Forschungsförderungsinstitutionen der Schweiz (Schweizerischer Nationalfonds), Österreichs (Österreichischer Fonds für die wissenschaftliche Forschung) und Deutschlands (Deutsche Forschungsgemeinschaft) finanziell getragen wurden, war es, »die Vielfalt und Einheit der Literatur im deutschsprachigen Kulturraum unter dem Gesichtspunkt ihrer kulturtopographischen Ordnungsstrukturen und deren Dynamik ins Auge zu fassen«, wobei als perspektivischer Fluchtpunkt der »sozial- und kulturhistorisch epochale Prozeß der Modernisierung« gewählt wurde.[1]

Das Aachener Projekt beschäftigte sich mit *Diskursen deutsch-jüdischer Zeitschriften im Spannungsfeld von Akkulturation, Antisemitismus und jüdischer Identitätssuche, 1870–1933/38.* Ausgangspunkt war die Überzeugung, daß das Medium der jüdischen Periodika in besonderer Weise geeignet ist, Lebensfragen der jüdischen Minderheit in den deutschsprachigen Ländern (Kaiserreich und Weimarer Republik, Habsburger Doppelmonarchie und Republik Österreich, Schweiz) auf allen wichtigen Feldern der Politik wie der Kultur zu rekonstruieren. Ludwig Holländer hat 1931 die Signatur einer dezidiert ›jüdischen‹ Presse so beschrieben: sie habe einen jüdischen Herausgeber bzw. Verleger und einen jüdischen Redaktionsstab, sie bringe Beiträge vorwiegend jüdischer Publizisten, beschäftige sich mit spezifisch jüdischen Themen und erreiche – wenn nicht der Absicht nach, so doch faktisch – ein fast ausschließlich jüdisches Publikum.[2] Damit ist klar, daß Fragen der Akkultura-

---

[1] Vgl. zusammenfassend zum Forschungsschwerpunkt das Vorwort in: Kulturtopographie deutschsprachiger Literaturen. Perspektivierungen im Spannungsfeld von Integration und Differenz. Hrsg. v. Michael Böhler und Hans Otto Horch. Tübingen: Niemeyer 2002, S. 1–7, insbes. S. 3–5, hier S. 4.

[2] Zitiert nach Reiner Bernstein: Zwischen Emanzipation und Antisemitismus – Die Publizistik der deutschen Juden am Beispiel der »C.V.-Zeitung« [...]. Diss. phil. FU Berlin 1969, S. 16f.

tion und Assimilation einerseits, jüdischer Identität andererseits im Medium der jüdischen Presse besonders intensiv diskutiert werden können. Position und Gegenposition stehen sich im Medium selbst unmittelbar oder mittelbar direkt gegenüber oder werden aus der generellen programmatischen Ausrichtung bestimmter Organe deutlich (etwa religiös orthodox, konservativ oder liberal, kulturzionistisch, nationalzionistisch, sozialistisch). Alle möglichen Positionen sind zuerst – tentativ oder programmatisch – in der jüdischen Presse diskutiert worden, ehe sie in selbständigen Veröffentlichungen ausführlich dargestellt wurden. Anders als in den übrigen Projekten des Forschungsschwerpunkts ging es im Aachener Projekt also weniger um Fragen der Literatur als eines sprachlich-ästhetischen Gegenstands, sondern um diskursive Selbstverständigungsprozesse einer wichtigen Gruppe unter den Bedingungen politischer und kultureller Modernisierung.

Die unzureichende Erschließung der Periodika und ihre partiell defizitäre Präsenz in den erreichbaren Bibliotheken war für die Aachener Projektgruppe ein nicht zu unterschätzendes Hemmnis bei der inhaltlichen Arbeit.[3] Daß unter dieser Voraussetzung keine Monographie mit dem Anspruch auf eine systematische Darstellung entstehen konnte, ist einsehbar. Die folgenden Beiträge behandeln verschiedene Problemfelder, wobei entweder der Blick auf einzelne Zeitschriften gerichtet oder – wie in den beiden umfangreichsten Beiträgen – die Debatte über zentrale Themen in möglichst vielen unterschiedlichen Periodika dargestellt wird.

Der erste Beitrag konzentriert sich auf die intensive Mediendebatte über ›Zionismus‹ im Umfeld des ersten Zionistenkongresses in Basel. Herzls Propagierung einer Staatsgründung in Palästina sorgte für Aufsehen. Die Publikation des »Judenstaats« und die Einberufung eines Zionistenkongresses provozierte – gefördert durch geschickte public relations – Widerspruch und Zustimmung auch in der deutsch-jüdischen Presse. Die von Herzl begründete programmatische Wochenschrift »Die Welt« stellte für ihn ein geeignetes Medium dar, um die Wirkungsabsichten der Zionisten darzulegen und auf gegnerische Stellungnahmen zu reagieren. Schon im Vorfeld des Ersten Zionistenkongresses entwickelte sich eine umfängliche und facettenreiche Diskussion, die Befürworter wie Gegner des ›Zionismus‹ zwang, jüdisches Selbstbewußtsein und jüdische Selbstwahrnehmung neu zu definieren. Ideologische Diskussionen der Begriffe Vaterland, Staat, Staatsbürger, Nation, Stamm, Volk, Religion mischten sich mit politisch-strategischen Aussagen, die sich auf die aktuellen Ereignisse bezogen. Auf beiden Diskussionsfeldern sind die ›traditionel-

---

[3] Mittlerweile wird in Kooperation des Aachener Lehr- und Forschungsgebiets Deutschjüdische Literaturgeschichte mit der Stadt- und Universitätsbibliothek Frankfurt am Main sowie der Bibliothek Germania Judaica Köln, ebenfalls gefördert von der Deutschen Forschungsgemeinschaft, die *Digitalisierung jüdischer Periodika im deutschsprachigen Raum* vorangetrieben (Webadresse: *www.compactmemory.de*). Damit ist für den Bereich der Jüdischen Studien ein unkomplizierter Zugriff auf dieses Quellencorpus möglich, wie er bisher kaum vorstellbar war.

len Lager‹ der Orthodoxie und des Reformjudentums nicht klar gegeneinander abzugrenzen, was verdeutlicht, daß die Meinungen sich zu dieser Zeit – in der öffentlichen Diskussion der Periodika – neu herausgebildet haben. Liest man diese Zeitschriften nicht mit dem Blick der Nachwelt auf der Suche nach historischen Belegen, sondern würdigt sie als ein bedeutendes zeitgenössisches Informations- und Propagandainstrument, so wird deutlich, daß sie die Ereignisse sowohl gespiegelt als auch beeinflußt haben. Dies gilt auch für solche Periodika, die im Laufe eines Jahrhunderts in Gefahr gerieten, vergessen zu werden.

Der zweite Beitrag thematisiert die zentrale Debatte über die ›Ostjuden‹ in einem entscheidenden Stadium der deutsch-jüdischen Geschichte, nämlich im Ersten Weltkrieg. Dabei offenbart der Streit über das bessere Judentum nicht nur die Gräben, die Ost und West voneinander trennten, sondern auch die Heterogenität resp. Zerstrittenheit innerhalb der deutschsprachigen Judenheit. Die Orthodoxen demonstrieren hier das höchste Maß an Identifikation mit den Ostjuden; Liberale und Zionisten bekunden gleichermaßen tiefe Gefühle der Verbundenheit und Sympathie. Während Orthodoxe nur selten und auch dann nur vorsichtig kritisieren, gibt es bei den Zionisten in einzelnen Punkten scharfe und polemische Kritik; absolut distanzierende Positionen finden sich allerdings nur bei den Liberalen. Liberale und Zionisten versuchen in ihrer Presse, das Entwicklungspotential der Ostjuden einzuschätzen; die einen im Sinne der westlichen ›Zivilisation‹, die anderen im Sinne der Palästinatauglichkeit. Die orthodoxe Presse ist zwar diejenige, die am unmißverständlichsten ihre Solidarität mit den Juden im Osten zum Ausdruck bringt, aber auch hier klingt eine gewisse Bevormundung an. Spätestens in Folge der berüchtigten Judenzählung im Heer im Oktober 1916 gibt es allerdings eine gewisse Annäherung der Standpunkte vom zionistischen bis hin zum liberalen Lager: Ernüchtert mußten auch die Westjuden feststellen, daß sich für Antisemiten der Unterschied zwischen ihnen und den ›Ostjuden‹ völlig einebnete zugunsten eines Konstrukts des ›Juden‹ schlechthin, der in jedem Fall zu bekämpfen war.

In den beiden kürzeren Beiträgen geht es – im Sinn der trilateralen Fragestellung – um unterschiedliche Stimmen im Weltkrieg: zum einen um die in Frankfurt am Main erscheinenden orthodoxen »Jüdischen Monatshefte«, das religiös konservative »Jüdische Jahrbuch für die Schweiz« und die in Wien publizierte gemäßigt orthodoxe ›Unabhängige Zeitschrift für jüdische Interessen‹ »Die Wahrheit«, zum andern um die zionistische ›Unabhängige jüdische Wochenschrift‹ »Selbstwehr« in Prag. Der Vergleich zwischen diesen Organen zeigt deutlich die Abhängigkeit der Positionen von der jeweiligen Lage im Weltkrieg in Relation zur politischen Situation der drei Länder Deutschland, Österreich und Schweiz. Es ist schon erstaunlich, wie sehr die religiös und politisch unterschiedlichen deutschen und österreichischen Organe sich zu Beginn des Weltkriegs im Enthusiasmus für die vaterländische ›deutsche‹ Sache finden – im Sinn der Feststellung Mordechai Breuers, daß sich nicht nur die liberale, sondern gerade auch die orthodoxe und zionistische Presse an patriotischen Bekundungen von niemandem übertreffen lassen wollte.[4] Während die »Monatshefte« in Frankreich den Hauptfeind deutschen Wesens ausmachten, war es für »Die Wahrheit« England, das als größter Feind der deutschen Kultur galt. In der Abneigung gegenüber dem russischen Zarenreich als dem sichtbarsten Hort des Antisemitismus traf man sich dann wieder. Daß sich das Schweizer Organ mit solchen Positionierungen merklich zurückhielt, ist verständlich – hier dachte man über die Grenzen der kriegsbeteiligten Länder hinaus an alle Juden, die nun unter dem Krieg und seinen Folgen zu leiden hatten. Nach der ›Judenzählung‹ im Oktober 1916 freilich, die wie ein Schock nicht nur auf die Juden im Deutschen Reich gewirkt hat, reagierte die jüdische Presse insgesamt enttäuscht und desillusioniert – nun sprach man, gelegentlich sogar in einer Art dissimilatorischer Absicht, immer häufiger von Juden und Deutschen als zwei unterschiedlichen Völkern, ohne allerdings bereits die radikale Konsequenz zu ziehen, daß sich diese Völker auf jeden Fall auch kulturell und national zu trennen hätten. Palästina, ein Land, das als Erez Israel seit je größte Verehrung erfuhr und durch die Balfour-Deklaration vom November 1917 auch als nationale Heimstätte von Juden aus aller Welt einen neuen Stellenwert gewann, bestimmte nun zunehmend das Interesse der jüdischen Presse, ohne daß die Probleme in den jeweiligen Ländern, insbesondere ein gegen Ende des Weltkrieges massiv ansteigender Antisemitismus, aus den Augen gerieten.

Die jüdische Presse, das sollten die auf punktuelle Fragen gerichteten Beiträge dieses Bandes zeigen, erweist sich als sehr aktuelles und genaues Medium für zentrale Debatten über jüdische Fragen, die die Juden von der Jahrhundertwende bis zum Ersten Weltkrieg bewegt haben. Absicht war es nicht, ein Fazit aus diesen Debatten über den Ersten Zionistenkongreß, die ›Ostjudenfrage‹ und die Stellung zum Krieg zu ziehen – dies ist in zahlreichen historischen Arbeiten bereits geschehen –, sondern die widersprüchlichen Einzelheiten der Argumentation gleichsam in actu vorzuführen, aus denen sich dann eine bestimmte Position erst herauskristallisieren ließ.

Herzlich zu danken habe ich neben den Beiträgern dieses Bandes allen Helfern, die wesentlichen Anteil am Gelingen des Projekts haben: Doris Vogel für die kontinuierliche Betreuung der Datenbank sowie die Erstellung der Druckvorlage, Dorothee Ermold und Susanne Schanz † für ihre Hilfe bei der Dokumentation.

Aachen, im April 2003   Hans Otto Horch

---

[4] Mordechai Breuer: Jüdische Orthodoxie im Deutschen Reich 1871–1918. Die Sozialgeschichte einer religiösen Minderheit. Frankfurt a.M.: Jüdischer Verlag bei Athenäum 1986, insbes. S. 342–350.

I
Zion und ›Zionismus‹
Die deutsch-jüdische Presse und der Erste Baseler Zionistenkongreß

Von Achim Jaeger und Beate Wunsch

›Zionismus‹ – und public relations

Anfang 1896 erschien Theodor Herzls Schrift »Der Judenstaat«,[1] im Sommer 1897 fand in Basel der Erste Zionistenkongreß statt. Mehr als hundert Jahre später bezieht man den Begriff ›Zionismus‹ ohne zu zögern und mit scheinbarer Eindeutigkeit auf Theodor Herzl und seine Idee des politischen Zionismus. Genauso steht heute die Bedeutung des Kongresses für die Geschichte der zionistischen Bewegung außer Frage. In der Sicht der meisten Zeitgenossen, die durch Herzls überraschenden Vorstoß belustigt oder empört, in jedem Falle aber irritiert waren, stellte sich dies ganz und gar anders dar, was man im historischen Rückblick leicht übersieht. Ein probates und bisher für diesen Zweck von der Forschung wenig genutztes Mittel, um die damalige Atmosphäre, die Unsicherheiten, Fragwürdigkeiten zu rekonstruieren, sind die deutsch-jüdischen Zeitschriften der damaligen Zeit.

Ereignisgeschichtlich sind die Anfänge der zionistischen Bewegung ausführlich beschrieben worden:[2] Bekannt ist Herzls anfängliche Überzeugung,

---

Eine erste kurze Fassung des Beitrags ohne Dokumentation erschien bereits 1997. Beate Wunsch, Achim Jaeger, Hans Otto Horch: »Die Macht der vollendeten Thatsachen«. Die deutsch-jüdische Presse und der Erste Basler Zionistenkongreß. In: Jüdischer Almanach 1998/5758 des Leo Baeck Instituts. Hrsg. v. Jakob Hessing und Alfred Bodenheimer. Frankfurt am Main: Jüdischer Verlag 1997, S. 138–157.

[1] Theodor Herzl: Der Judenstaat. Versuch einer modernen Lösung der Judenfrage. Leipzig, Wien: Breitenstein 1896. Ein Nachdruck dieser Ausgabe liegt, mit einem Nachwort von Henryk M. Broder, im Augsburger Ölbaum Verlag vor (1996). Eine weitere Ausgabe erschien 1988 bei Manesse (3. Aufl. Zürich 1997). Im folgenden wird aus der Erstausgabe zitiert.

[2] Vgl. zur Geschichte der zionistischen Bewegung Adolf Böhm: Die zionistische Bewegung. Eine kurze Darstellung ihrer Entwicklung. I. Teil. Die Bewegung bis zum Tode Theodor Herzls. II. Teil. Die Bewegung vom Tode Herzls bis zum Ausbruch des Weltkrieges. Mit einem Anhang: Kurze Übersicht der Entwickelung vom Ausbruch des Weltkrieges bis zur Gegenwart. Berlin: Welt-Verlag 1920/21; Richard Lichtheim: Die Geschichte des deutschen Zionismus. Jerusalem: Verlag Rubin Mass 1954; Walter Laqueur: A History of Zionism. New York u. a.: Holt, Rinehart & Winston 1972; David Vital: The Origins of Zionism. Oxford: University Press 1975;

einen völlig neuartigen Gedanken, eine Vision, formuliert zu haben; noch ohne Kenntnis dessen, was zionistische Vordenker (und zum Teil spätere Mitstreiter) wie Zwi Hirsch Kalischer, Moses Hess, Leo Pinsker, Isaak Rülf,[3] Nathan Birnbaum oder Achad Ha'am vor ihm in ihren Schriften niedergelegt und praktisch vertreten haben.[4] Die Momente der Frustration und Einsamkeit, die Herzl erleben mußte, nachdem neben den erwarteten Gegnern auch Menschen, die er zunächst auf seiner Seite glaubte, wie etwa die Mitglieder des Londoner Makkabäer-Klubs, der Wiener Oberrabbiner Moritz Güdemann[5] oder die Ber-

---

Yehuda Eloni: Die umkämpfte nationaljüdische Idee. In: Juden im Wilhelminischen Deutschland. Ein Sammelband. Hg. v. Werner E. Mosse unter Mitwirkung von Arnold Paucker. Tübingen: Mohr 1976 (Schriftenreihe wissenschaftlicher Abhandlungen des Leo-Baeck-Instituts; 33), S. 633–688; Stephen M. Poppel: Zionism in Germany 1897–1933. The Shaping of a Jewish Identity. Philadelphia: The Jewish Publication Society of America 1977; Yehuda Eloni: Zionismus in Deutschland. Von den Anfängen bis 1914. Gerlingen: Bleicher 1987 (Schriftenreihe des Instituts für Deutsche Geschichte, Universität Tel-Aviv; 10). – In einer Vielzahl von Einzelbeiträgen beschäftigt sich folgender Band mit dem Ersten Zionistenkongreß: ... in Basel habe den Judenstaat gegründet. Der Erste Zionistenkongress von 1897 – Ursachen, Bedeutung, Aktualität. Hg. von Heiko Haumann in Zusammenarbeit mit Peter Haber, Patrick Kury, Kathrin Ringger und Bettina Zeugin. Basel u. a.: Karger 1997. Eine lesbare, farbige Schilderung der Rolle Basels für die Geschichte der zionistischen Bewegung im Mittelpunkt gibt Pierre Heumann: Israel entstand in Basel. Die phantastische Geschichte einer Vision. Zürich: Weltwoche-ABC-Verlag 1997. – Zu Herzls Leben: Jacob de Haas: Theodor Herzl: A Biographical Study. 2 Bde, New York, Chicago: The Leonhard Company 1927; Alex Bein: Theodor Herzl. Biographie. Berlin, Wien: Ullstein 1983 (Ullstein Materialien; 35163) [zuerst 1934]; Amos Elon: Herzl. New York, Chicago, San Francisco: Holt, Rinehart & Winston 1975; Steven Beller: Herzl. London: Halban & Weidenfeld & Nicholson 1991.

3   Im Mai 1896 schrieb Rülf: »Ob wir zu diesen [zionistischen bzw. nationaljüdischen Anhängern] auch den Verfasser der jüngst erschienenen Schrift: ›Der Judenstaat‹, Dr. T h e o d o r   H e r z l , rechnen dürfen, ist mir noch nicht ganz klar geworden. Der Mann tritt so sicher und selbstbewußt auf, als ob er der erste wäre, welcher mit solchen Gedanken und Rathschlägen hervorgetreten wäre, und doch hat Dr. P i n s k e r in seiner Schrift: »Autoemanzipation« ganz und gar daßelbe gesagt und zwar noch viel besser und eindringlicher, vor allem mit weit größerer Herzenswärme und Geistesschärfe.« I[saak] Rülf: Der deutsche Staatsbürger jüdischen Glaubens. In: Z (Berlin) 2 (1896), Nr 4–5 (17. Mai), S. 109–114, hier S. 111.

4   Vgl. dazu u. a. Shlomo Avineri: The Making of Modern Zionism. The Intellectual Origins of the Jewish State. London: Weidenfeld & Nicolson 1981 und Thomas Rahe: Frühzionismus und Judentum. Untersuchungen zu Programmatik und historischem Kontext des frühen Zionismus bis 1897. Frankfurt a. M.: Lang 1988 (Judentum und Umwelt; 21).

5   Die wissenschaftlichen Kommentare zum Verhältnis Herzl / Güdemann und insbesondere zum angeblichen Meinungsumschwung des letzteren sind so unterschiedlich wie die Darstellungen der Betroffenen selbst. Elon geht so weit, Güdemanns Gegen-Broschüre »Nationaljudenthum« aus dem April 1897 einen ›Verrat‹ zu nennen; vgl. Elon: Herzl (Anm. 2), S. 227. Ursprünglich hatte Herzl gewünscht, Güdemann solle ihm den Kontakt zur Familie Rothschild herstellen, vgl. Theodor Herzl: Zionisti-

liner Hirsch Hildesheimer und Willy Bambus, sich gegen ihn stellten, ist in den Tagebüchern dokumentiert. Die Proteste der Münchener Gemeinde,[6] die dazu führten, daß der ursprünglich für München geplante Kongreß schließlich in Basel stattfand, sind genauso beschrieben worden wie der Widerstand des »Geschäftsführenden Vorstands des deutschen Rabbinerverbandes«. Die inhaltliche Seite der Diskussionen, die durch das Erscheinen von Herzls »Judenstaat« und noch stärker durch die Kongreßankündigung ausgelöst wurden, ist ebenfalls in groben Zügen bekannt: vom religiösen Standpunkt gesehen, reicht

---

sches Tagebuch 1895–1899. Bearbeitet von Johannes Wachten, Chaya Harel in Zusammenarbeit mit Daisy Ticho, Sofia Gelman, Ines Rubin und Manfred Winkler. Berlin, Frankfurt a. M.: Ullstein / Wien: Propyläen 1983 (Theodor Herzl: Briefe und Tagebücher; 2), Erstes Buch, S. 73 und 136 (Zweiter Brief an Güdemann, 17. Juni 1895, S. 49–53). Verfolgt man Herzls Aufzeichnungen über ›komische‹ oder ›flaue‹ Briefe (vgl. z. B. die Eintragungen vom 24. und 25. Juli 1895) im »Zionistischen Tagebuch« über die Monate, kommen Zweifel auf, ob Herzl den Wiener Oberrabbiner jemals ganz auf seiner Seite hat vermuten können. Diesen Eindruck bestätigt Ismar Schorsch: Moritz Güdemann: Rabbi, Historian and Apologist. In: Leo Baeck Institute Year Book 11 (1966), S. 42–66: »Herzl's portrait of a confused and ambivalent Güdemann remains consistent throughout the entries which record their eighteenth-month relationship, and one cannot escape the impression that this image is not wholly prejudicial.« (S. 52) Nachdem Herzl mündlich Güdemann und Heinrich Meyer Cohn (vgl. zu Cohn unten Anm. 68) seine Pläne dargelegt hatte, sagte Güdemann Herzl in »ernster Begeisterung«: »Bleiben Sie wie Sie sind! Vielleicht sind Sie der von Gott Berufene« (Herzl: Zionistisches Tagebuch 1895–1899 [Anm. 5], Eintragung vom 18. August 1895, S. 243). Auch Anfang Februar 1896 schien Güdemann weiterhin begeistert und wollte diese Einschätzung in der Presse bestätigt sehen, so Herzl im Zionistischen Tagebuch, S. 291. Ismar Schorsch meint, Güdemanns öffentlicher Ausdruck des Antizionismus sei durch die Aussicht auf einen Kongreß hervorgerufen worden (vgl. Schorsch: Güdemann, S. 52). Josef Fraenkel bezieht in seinen Bericht über die widersprüchlichen Darstellungen durch Güdemann und Herzl Güdemanns unveröffentlichte Memoiren ein, deren auf den Zionismus bezogener Teil jedoch erst im großen zeitlichen Abstand zu den Ereignissen verfaßt wurde: Moritz Güdemann and Theodor Herzl. In: Leo Baeck Institute Year Book 11 (1966), S. 67–82. Ebenfalls auf dieser Quellenbasis, jedoch ergänzt durch Güdemanns im Zionistischen Zentralarchiv in Jerusalem erhaltene Briefe an Herzl, betrachtet Eliav den Verlauf der Beziehungen zwischen Herzl und Güdemann. Er kommt zu dem Schluß, daß – gerade hinsichtlich der Münchener Begegnung zwischen Herzl, Güdemann und Cohn – Herzls Schilderung »der Wahrheit näher kommt« (Eliav: Güdemann, S. 150), Güdemann nach der ›Enthüllung‹ von Herzls Plan zwar völlig verblüfft, aber keinesfalls so ablehnend war, wie es seine späteren Erinnerungen haben wollen. Vielmehr sei Güdemann »schrittweise« zurückgewichen, bis zur »totalen Ablehnung des Planes und zu einer öffentlichen Stellungnahme gegen ihn« (150), der Streitschrift »Nationaljudenthum«. Mordechai Eliav: Herzl und der Zionismus aus der Sicht Moritz Güdemanns. In: Bulletin des Leo Baeck Institute 56/57 (1980), S. 135–160. Ein Auszug aus Güdemanns Erinnerungen ist im Anschluß an Eliavs Aufsatz abgedruckt.

6 Vgl. Werner J. Cahnman: Munich and the First Zionist Congress. In: Historia Judaica 3 (1941), S. 7–23.

die Palette der Gegenargumente von der grundsätzlichen Unrechtmäßigkeit einer jüdisch-nationalen Staatsgründung als Eingriff in die Fügung Gottes, die messianischen Verheißungen widerspreche, über die Verfehlung der jüdischen Mission als Weltreligion in der Diaspora bis zur Einzelkritik, daß Herzls Entwurf die Rolle der Religion im jüdischen Staat nicht hinreichend sichere. Der Vorrang des nationalen vor dem religiösen Element als Kategorie des ›Jüdischseins‹ bei Herzls Vorstoß war auch für die Assimilations- und Integrationsverfechter der Stein des Anstoßes, schien er doch dem Anspruch, als gleichberechtigte Staatsbürger jüdischen Glaubens deutsche, österreichische, englische oder französische Patrioten zu sein, den Boden zu entziehen. Der warnende Hinweis auf die Stärkung des antisemitischen Lagers mischte sich bei Herzls Kritikern mit der beschwichtigenden Aussage, der lautstark auftretende Antisemitismus sei eine vorübergehende Erscheinung, die von Herzl und seinen Anhängern völlig überbewertet werde, während letztere den Grad der bereits erreichten Integration viel zu pessimistisch sähen. In den Diskussionen der Monate zwischen dem Erscheinen des »Judenstaats« und dem Kongreß wurde der Stellenwert von Religion und Assimilation für die jüdische Identität in Frage gestellt bzw. neu bewertet. Das offensive Auftreten Herzls und seiner Mitstreiter hatte die Beteiligten so sehr aufgerüttelt, daß die bisherigen Denkschemata argumentativ neu unterlegt werden mußten. Die von der jungen zionistischen Bewegung in Deutschland und Österreich immer wieder behauptete Synthese von deutschem bzw. österreichischem Patriotismus und jüdischer Nationalität forderte Vertreter der Assimilation dazu heraus, den Verzicht auf eine jüdische Nationalität erneut ausdrücklich zu begründen.[7] Auch in der Frage, welche Rolle der Antisemitismus in seiner Wirkung auf die jüdische Selbstbestimmung spielen dürfe, bestand Uneinigkeit: War in der zionistischen Bewegung selbst oder in ihrer brüsken Ablehnung eine durch Angst ausgelöste Fremdbestimmung zu sehen? Neben diesen hier nur kurz genannten Grundpositionen, die in den folgenden Jahrzehnten die innerjüdische Diskussion zu diesem Thema bestimmen sollten, spielte sich ein speziellerer Konflikt zwischen den frühen politischen Zionisten und den Vertretern der religiös und philanthropisch motivierten Kolonisationsvereine eher auf einem Nebenschauplatz ab, der aber gerade in der aktuellen Diskussion um den Ersten Zionistenkongreß lebhaft umkämpft wurde: Durften, gerade angesichts der zunehmenden Judenverfolgungen in Osteuropa seit den achtziger Jahren, die Erfolge der Infiltrationspolitik, der langsamen und punktuellen Siedlung in Palästina, durch die öffentliche Propagierung eines jüdischen Staates gefährdet werden?

Der geplante Kongreß und die zionistische Bewegung überhaupt fanden in den Monaten zwischen Kongreßankündigung und Kongreß ein zuvor von

---

[7] Vgl. zu dieser Frage Michael Berkowitz: Zionist Culture and West European Jewry before the First World War. Cambridge: Cambridge University Press 1993. Für unseren Zusammenhang ist vor allem das Kapitel »Congress-Zionism in Motion«, S. 8–39, von Interesse, in dem allerdings der Rolle der Presse für die Wirkung des Kongresses weniger Beachtung geschenkt wird.

Vertretern zionistischer Gedanken nicht gekanntes und teilweise auch nicht gewünschtes Echo. Der Journalist Herzl benutzte, nachdem er auf dem Weg der stillen Diplomatie, bei den Versuchen, Baron Hirsch und die Familie Rothschild zu gewinnen, gescheitert war, ganz bewußt das Mittel der Publizität. Die Gründung der »Welt« als eines eigenen Sprachrohrs Anfang Juni 1897 ist dabei das deutlichste Indiz für die Zielstrebigkeit des Vorgehens. Herzl setzte – trotz aller Proteste und Widrigkeiten, trotz Verlegung und Programmänderung – nicht nur durch, daß der Erste Zionistenkongreß vom 29. bis 31. August 1897 in Basel stattfand. Es gelang ihm auch, die Taktik des ›Totschweigens‹, die ein Großteil der jüdischen Presse gegenüber zionistischen Tendenzen einschlug,[8] zu durchbrechen und für seinen dem Großteil seiner Zeitgenossen bestenfalls verrückt und phantastisch, wenn nicht gefährlich erscheinenden utopischen Plan eine Publizität zu entfachen, die schließlich entscheidend dazu beitrug, den Kongreß – auch in den Augen von Gegnern des Zionismus – zur »imposanteste[n] Kundgebung des jüdischen Volksstammes« zu machen.[9] Damit löste er seine schon im März 1897 schriftlich fixierte Ankündigung ein: »Dieser Congress soll eine *imposante Kundgebung des Zionismus* werden und Delegirte aus allen Ländern vereinigen.«[10] Dieses bemerkenswerte Phänomen ist Anlaß genug, die Rolle der deutsch-jüdischen Presse als Instrument der öffentlichen Meinungsbildung in den Mittelpunkt dieses Beitrags zu stellen.

Deutsch-jüdische Zeitschriften am Ende des 19. Jahrhunderts wurden nicht unbedingt von professionellen Journalisten verfaßt. Meist waren es Rabbiner, die nebenberuflich eine Zeitschrift erstellten und vertrieben, einerseits um in eigenen Artikeln ihre religiöse Richtung zu vertreten, andererseits um ihren Lesern Nachrichten zugänglich zu machen, die auf Korrespondenzen von dem Blatt nahestehenden ehrenamtlichen Mitarbeitern und auf Zeitungsausschnitten aus jüdischen und nichtjüdischen Blättern beruhten. Diese typischen Produktionsbedingungen wirkten sich in verschiedener Weise aus.[11] Die ›Publizisten‹ waren zum Teil identisch mit den ›Handelnden‹. Dies gilt in unserem Beispiel etwa für Hirsch Hildesheimer, Willy Bambus, Nathan Birnbaum und Theodor Herzl als Gründer bzw. Herausgeber von Organen, aber auch für andere Ver-

---

[8] Eine Taktik, die jüdische Periodika nicht nur gegenüber dem Zionismus, sondern auch gegenüber anderen »abgelehnten Erscheinungen« oft vorzogen »in der Hoffnung, daß fehlende Publizität letztendlich auch das Verschwinden der Übel zur Folge haben würde.« Jacob Borut: Die jüdisch-deutsche Presse Ende des 19. Jahrhunderts als historische Quelle. In: Menora. Jahrbuch für deutsch-jüdische Geschichte 7 (1996), S. 43–60, hier S. 47

[9] A[rthur] Cohn / Red.: Was lehrt uns der Zionisten-Congreß? In: ISR 38 (1897), Nr 71 (6. September), S. 1379–1383, hier S. 1379 (»Leitender Artikel«).

[10] Brief an Jacob de Haas vom 12. März 1897, Theodor Herzl Briefe. Anfang Mai 1895 – Anfang Dezember 1898. Bearbeitet von Barbara Schäfer in Zusammenarbeit mit Sofia Gelman, Chaya Harel, Ines Rubin und Daisy Ticho. Frankfurt a. M.: Ullstein / Berlin: Propyläen 1990 (Theodor Herzl: Briefe und Tagebücher; 4), S. 196.

[11] Vgl. allg. dazu: Borut: Jüdisch-deutsche Presse (Anm. 8).

fasser von Beiträgen, die als Einsender die Blätter als Forum nutzten oder als scheinbar unbeteiligte Berichterstatter fungieren. In mehrfacher Weise als Handelnder und Publizist zu sehen ist der Herausgeber der »Oesterreichischen Wochenschrift«, Josef Bloch, da er als ›Berufspolitiker‹[12] genauso an der Unterstützung des Journalisten Herzl interessiert war, wie umgekehrt Herzl zunächst »Bloch's Oesterreichische Wochenschrift« als Medium für seine politischen Ziele nützen wollte.[13]

Durch die Übernahme von Artikeln und den Wiederabdruck von Nachrichten steuerten die Blätter deren Wirkungsgrad, sie konnten als Multiplikatoren fungieren, wenn sie wollten, aber ebenso eine weitere Verbreitung unterdrücken. Indem sie Information transportieren, sind sie Kommunikationsmittel für verschiedene Kreise der Öffentlichkeit. In unserem Beispiel sind innerhalb der ›ersten Gruppe‹, der deutschsprachigen Allgemeinheit, zwei weitere Gruppierungen als ›Teilmenge‹ auszumachen: die deutschsprachige jüdische Öffentlichkeit im ganzen, von der wiederum ein Teil sich selbst in irgendeiner Weise als zionistisch sieht und in unserem Modell den ›innersten‹ Kreis bildet. Insbesondere deutsch-jüdische Zeitschriften werden auf diese Weise zu Schnittstellen nicht nur zwischen der jüdischen und der nichtjüdischen Öffentlichkeit,

---

[12] Bloch bat Herzl um dessen Unterstützung bei Wahlen, sowohl über Güdemann (vgl. Herzl: Zionistisches Tagebuch 1895–1899 [Anm. 5], S. 806, Anm. 70) als auch direkt: Am 28. Januar 1897 notierte Herzl: »Heute war Dr. Bloch bei mir, mich »als den Parteichef um die Unterstützung seiner Reichsrathswahl in Sereth-Suczawa« (glaube ich) zu bitten.« (Herzl: Zionistisches Tagebuch 1895–1899 [Anm. 5], Viertes Buch, S. 479)

[13] Anfang Februar 1896 hatte Bloch um einige Kapitel des »Judenstaat« gebeten zur Publikation in der »Wochenschrift«. Nach wenigen Tagen zog Herzl das Original des Herzlschen »Chronicle«-Artikel jedoch zurück, um die Herausgeber der »Neuen Freien Presse« nicht zu sehr zu brüskieren, rechnete jedoch damit, daß Bloch dann »auf eigene Faust« eine Übersetzung des englischen Artikels bringen würde. Dazu kam es jedoch nicht; Herzl fühlte sich »im Stiche gelassen«. Vgl. Herzl: Zionistisches Tagebuch 1895–1899 (Anm. 5), Zweites Buch, S. 291, 296ff. und 831, Anm. 315. Auszüge aus Herzls Artikel im »Jewish Chronicle« erschienen in »Zion« vom 30. Januar 1896 mit Kommentaren von J. Holzmann; vgl. unten Anm. 17. Herzls Entschluß, die »Welt« zu gründen, ging nicht zuletzt darauf zurück, daß er sich auf die »Gnade Blochs« bei Veröffentlichungen allzusehr angewiesen fühlte. (Herzl: Zionistisches Tagebuch 1895–1899 [Anm. 5], Viertes Buch, S. 509). Wenige Wochen nach dem Erscheinen der »Welt« bat Bloch um einen »Friedensschluß«. »Bloch fürchtet, daß seine Wochenschrift zu Grunde gerichtet werden könne u. ist bereit, mit der »Welt« zu fusionieren. [...] Er will zum Zionismus übertreten, nur am Leben möge man ihn lassen. Er will unserer Partei sein Blatt ganz zur Verfügung stellen. Wir sollen die Redacteure anstellen, er will sie bezahlen. Oder wir sollen die Welt der Wochenschrift beilegen.« (Herzl: Zionistisches Tagebuch 1895–1899, Fünftes Buch, S. 530) Am 21. Januar 1898 schrieb Herzl an Nordau: »Die Oe[sterreichische] W[ochenschrift] ist ein mauvais lieu letzter Kategorie, und es war mit ein Beweggrund für die Gründung der »Welt«, daß dieses unsaubere Blatt nicht das einzige Organ der oesterreichischen Juden bleibe.« (Herzl: Briefe 1895–1898, S. 410)

sondern auch zwischen dem innersten Kreis der ›zionistischen‹ Gruppen und der jüdischen Allgemeinheit. So mischen sich Äußerungen, die innerhalb der Judenheit die Meinungsbildung beeinflussen sollten, mit Kommentaren, die für die nichtjüdische Öffentlichkeit gedacht waren; das Diskussionsforum wird erweitert. Die Medien selbst werden, vor allem weil eben Leser und Schreiber sich der Öffentlichkeitswirksamkeit und der Schnittstellenfunktion bewußt sind,[14] zu Handelnden, sie selbst beeinflussen die Ereignisse. So ist, um ein besonders deutliches Beispiel zu nennen, der Protest der Münchener Gemeinde durch Berichte in nichtjüdischen Zeitungen über eine zionistische Versammlung in New York ausgelöst worden, bei der der geplante Kongreß erwähnt wurde.[15] Die Münchener Gemeinde reagierte wiederum mit einer Stellungnahme in den »Münchener Neusten Nachrichten«; erst von dort wurde ihr Protest in jüdische Blätter übernommen, wo er dann wiederum als Argument in der weiteren Kontroverse diente.

Nicht eindeutig sind in den deutsch-jüdischen Blättern nicht nur die ›Gesprächspartner‹, sondern auch die Standpunkte: Die Meinungen waren damals noch nicht so festgefahren, wie es im Rückblick erscheint. Zu Propagandazwecken wurden die Argumente einerseits überspitzt, andererseits auch abgeschwächt, wobei gerade die unterschiedlichen Öffentlichkeitskreise mitgedacht werden müssen: So wollten die ›antizionistischen‹ Schreiber zwar gegen Herzl Stellung nehmen und die jüdische Öffentlichkeit beeinflussen, aber auf keinen Fall Herzl durch zuviel Publizität ungewollt unterstützen, erst recht jedoch wollten sie bei eventuellen nichtjüdischen Lesern den Eindruck vermeiden, die zionistische Bewegung sei überhaupt von irgend einer Bedeutung. Herzl und seine Unterstützer waren umgekehrt daran interessiert, Optimismus und Aufbruchstimmung zu transportieren, andererseits gingen sie aber Kompromisse ein, um potentiellen Bündnispartnern die Zustimmung zu erleichtern. Nimmt man noch die durch Rivalitäten und interne Machtkämpfe schwankenden Positionen aus dem innersten, dem ›zionistischen‹ Kreis hinzu, steht man vor einem breiten, eher diffusen Meinungsspektrum mit einer Vielzahl von Zwi-

---

[14] Vgl. dazu auch Borut: Jüdisch-deutsche Presse (Anm. 8), S. 47f. Die Redakteure jüdischer Zeitungen seien sich nicht nur dessen bewußt gewesen, daß Nachrichten gegenseitig abgeschrieben wurden, sondern auch, daß gerade antijüdisch eingestellte Redakteure ihre Zeitungen lasen und »jede dem Erscheinungsbild des deutschen Judentums schadende Nachricht ausnutzen würden.«

[15] Vgl. Cahnman: Munich (Anm. 6), S. 8ff. Es handelte sich um ein Treffen in New York, East Houston Street, am 4. Mai 1897, bei dem der Rabbiner Mayer Kopfstein (der Herausgeber der zionistischen Zeitschrift »Tolerance«) als Befürworter des jüdischen Staates und Philipp Klein als Vertreter der Kolonisationsbewegung als Hauptredner auftraten. Kopfstein konnte die Zuhörer für sich gewinnen; die Versammlung entschied, Vertreter nach München zu entsenden. Über diese Versammlung erschien zunächst in der »Kölnischen Zeitung« ein Bericht, der am 22. Mai in die »Vossische Zeitung« und am 23. Mai in den »Münchener Generalanzeiger« übernommen wurde. Herzls »Welt« berichtete am 4. Juni 1897.

schentönen, das sich kaum durch die Formeln prozionistisch oder antizionistisch vereinfachend begrifflich fassen läßt.

Unscharf waren damals – wie zu zeigen ist – sowohl die Begriffe und Argumente wie die Gefühle: Bereits im Vorfeld des Ersten Zionistenkongresses wird deutlich, wie in einer öffentlichen Debatte auch ein semantischer Kampf um die Besetzung des Begriffs ›Zionismus‹ bzw. ›zionistisch‹ geführt wird. Anhand der Diskussion um Rechtmäßigkeit und Realisierbarkeit von Herzls Ideen wird gezeigt, wie differenziert sich bei genauer Betrachtung der Pressediskussion die damalige Auseinandersetzung darstellt. In einem weiteren Schritt wird die Form der Debatten untersucht. In den auf unmittelbare Wirkung abzielenden Zeitschriftenbeiträgen werden vielfach Gefühle in einem ganz anderen Ausmaß als in ›offizielleren‹ Publikationen offenbar; werden Ängste, Hoffnungen, die Verwirrung, kurz die durch Herzls ›zionistische‹ Aktivitäten bestimmte Atmosphäre lebendig. Mit zwei Elementen operierten die Schreiber in der Debatte um den Ersten Zionistenkongreß besonders häufig: mit Angst, aber auch, insbesondere in der ersten Phase, mit Spott. Das Presseecho auf das zentrale Ereignis dieser Monate, auf den Ersten Zionistenkongreß selbst, veranschaulicht noch einmal auf der sachlichen wie auf der emotionalen Ebene die Bedeutung des Kongresses, aber auch die Rolle der Presse für diese Phase der zionistischen Bewegung, für die Art und Weise, wie der Erste Zionistenkongreß ›Geschichte machte‹. Schon damals war die Rolle der politischen Propaganda nicht nur dem Journalisten Herzl bewußt. Wie der Propagandaeffekt von den Zeitgenossen selbst bemerkt, kritisiert oder bewußt genutzt wurde, soll im letzten Teil beschrieben werden.

Wem gehört – ›Zionismus‹?

Theodor Herzl machte es sich zur Aufgabe, die ›jüdische Frage‹ öffentlich zu diskutieren und den ›Zionismus‹ als politische Kraft zu organisieren. Er bemühte sich um die Sammlung der unterschiedlichen ›zionistischen‹ Strömungen unter einem Banner. So enthält der Aufruf zum Kongreß in München die Formulierung, es sei beabsichtigt, eine »Annäherung und Verständigung zwischen allen Zionisten herbeizuführen«.[16] Dabei sollte eine Harmonisierung der an der Palästinaarbeit interessierten Gruppen durch einen weit gefaßten ›Zionismus‹-Begriff möglich werden, mit dem Herzl jedoch gegen seine Intention einen Kampf um dessen semantische Besetzung auslöste.

Im Januar 1896 hatte Herzl im Londoner »Jewish Chronicle« einen Aufsatz »Zur Lösung der Judenfrage« publiziert, dem die Zeitschrift »Zion« insofern zustimmte, als die »grundlegende Idee zur Bildung eines jüdischen Staates unter der Suprematie aller Mächte als Unterpfand für die endgiltige Lösung der

---

[16] Theodor Herzl / Red.: [Kongreßankündigung]. In: AZJ 61 (1897), Nr 17 (16. April), S. 183f.

Judenfrage von den Zionisten bereits vor Jahr und Tag verfochten wurde«.[17] Indem Herzl die ›zionistische‹ Zielsetzung wiederholt offen aussprach, löste er im ›innersten Kreis‹ seiner bisherigen und künftigen potentiellen Mitstreiter heftige Diskussionen darüber aus, was ›Zionismus‹ sei und wer in ›zionistischer‹ Absicht handele. Er konterkarierte die bisherige »Infiltrations«-Politik der Zions- und Kolonisationsvereine, die sich, wie Nathan Birnbaum diese »Praktischen« skizzierte, nach außen hin als Kolonisten bezeichneten und ermöglichten, daß sowohl »Wissende« wie diejenigen, »die in Unwissenheit gelassen werden«, wie auch eine »Mittelsorte [...] welche zwar wissen, worum es sich handelt, im Grunde ihrer ruhigen Bürgerseele aber sich eigentlich schämen, in so halsbrecherische, weitausgreifende Dinge verwickelt zu sein«, zusammenarbeiten konnten.[18]

Nun waren weder Herzl noch die Zions-Vereine die ersten, die eine jüdische Wiederbesiedlung Palästinas propagierten. Utopische Entwürfe zur Errichtung eines jüdischen Staates lassen sich bis in das Mittelalter zurückverfolgen. Auch der Terminus ›Zionismus‹, an dem sich die Geister der Zeitgenossen scheiden sollten, wurde nicht von Herzl in die Diskussion eingeführt. Es war Nathan Birnbaum, der in seiner Zeitschrift »Selbst-Emancipation« am 1. April 1890 das Adjektiv ›zionistisch‹, in der Ausgabe vom 16. Mai 1890 das Substantiv ›Zionismus‹ zum ersten Mal gebrauchte.[19]

---

[17] J. Holzmann: Zur Lösung der jüdischen Frage. In: Z 2 (1896), Nr 1 (30. Januar), S. 11. Herzl bedankte sich schriftlich bei Holzmann für dessen Artikel und schickte ihm leihweise einen Bürstenabzug des »Judenstaats«. Der Arzt J. Hol(t)zmann (1868–1938) lebte zu dieser Zeit in Berlin. Er konvertierte später zum Islam. Vgl. Herzl: Briefe 1895–1898 (Anm. 10), Brief vom 7. Februar, S. 70 und Anm. S. 582 sowie Herzl: Zionistisches Tagebuch 1895–1899 (Anm. 5), Anm. 325 zum Zweiten Buch, S. 832.

[18] Mathias Acher [d. i. Nathan Birnbaum]: Zum Münchner Kongresse. In: Z 3 (1897), Nr 5 (31. Mai), S. 155–162, hier S. 157. Damals hatte »Zion« den Anspruch, »den verschiedenen Gesinnungsschattierungen innerhalb des Zionismus volle Gleichberechtigung zu Theil werden« zu lassen. Red. u. Administration des Zion: Geehrte Leser und Gönner des »Zion!«. In: Z 3 (1897), Nr 3 (1. März), S. 65f., hier S. 65. Zwei Monate später sprach Ruben Bierer, auf ›Vertuschungstendenzen‹ anspielend, von »Schein-Nichtzionisten«. R[uben] B[ierer]: Nationale Lebenszeichen. I. In: NZ 37 (1897), Nr 28 (9. Juli), S. 286f., hier S. 287.

[19] Alex Bein hat bereits darauf hingewiesen, daß der Begriff durch die Nachsilbe ›-ismus‹ in die politisch-philosophische Gedankenwelt des ausgehenden 19. Jahrhunderts eingereiht wurde. Ursprünglich sollte der Begriff ›Zionismus‹ auch den Vorrang des palästinozentrischen Charakters der jüdisch-nationalen Volksbewegung gegenüber den propagierten jüdischen Massenansiedlungen in Argentinien betonen. Nathan Birnbaum hatte die zentrale Bedeutung Palästinas und des Hebräischen für die Regeneration des jüdischen Volkes erkannt und Anfang der neunziger Jahre mit Gesinnungsgenossen den Gedanken einer Konferenz erörtert. Wenn man bedenkt, daß sich bei Birnbaum bereits alle Elemente der zionistischen Auffassung der ›Judenfrage‹ und ihrer Lösung finden, mag Herzls Konzeption beinahe wie ein Rückschritt anmuten. Nach Beins Beobachtung unterschied sich Herzl aber »von seinen

Entscheidend für die Besetzung des Begriffs (und problematisch für die
›etablierten‹ jüdischen Kreise) war Herzls Bestreben, die ›romantischen‹ Zi-
onssehnsüchte in konkrete Handlungsmöglichkeiten umzuwandeln, den ›Zionismus‹ somit zu politisieren. Die Problematik der aktiven Begriffsbesetzung
war den an der Debatte Beteiligten bewußt, wie die folgende Bemerkung des
scharfzüngigen Nathan Birnbaum anläßlich der Proklamation des Kongresses
in München belegt. Birnbaum kommentierte in der Zeitschrift »Zion« Herzls
Tabubruch mit den Worten: »er hat namenloses Unheil angerichtet, indem er
in seiner Ankündigung – die Zionisten Zionisten nannte«.[20] Dies bereitete auch
Herzl selbst Schwierigkeiten, weil er sich einerseits, um sich und seine Idee
bekannt zu machen, terminologisch und inhaltlich von anderen ›zionistischen‹
Gruppen absetzen mußte, gleichzeitig aber auch darauf angewiesen war, um
diese zu werben. Die deutsch-jüdischen Blätter spiegeln sehr deutlich wider, daß
sich die Auseinandersetzung mit Herzls provokanten Forderungen keineswegs
auf pro- und antizionistische Stellungnahmen einengen läßt. Dies ist zunächst
mit der damaligen Verschwommenheit bzw. Polyvalenz des Begriffs ›Zionismus‹ selbst zu erklären, was zu der Konsequenz führt, daß auch der entschieden-
ste Gegner des Kongresses sich durchaus prozionistisch nennen konnte. Eine
›zionistische‹ Einstellung eignete zunächst jenen Anhängern einer religiösen
Zionssehnsucht, die im jüdischen Bewußtsein traditionell mit dem Glauben an
die messianische Erlösung und der Rückkehr in das Land Israel und nach Zion
verbunden war. Auch die philanthropische Kolonisationsbewegung, die bestrebt
war, sich von Herzl abzusetzen, trat für ›zionistische‹ Zielsetzungen ein.

Die abweisende Erklärung des Gemeindevorstands der Münchener Israelitischen Kultusgemeinde Anfang Juni 1897 offenbart, wie sensibel diese Frage
ist. Hier war es nämlich der »sogenannte nationale Zionismus«,[21] dem eine
definitive Absage erteilt wurde. Die Erklärung des geschäftsführenden Vorstands des Rabbinerverbandes in Deutschland vom Juli 1897, in der es heißt,
es handle sich nur um ›sogenannte Zionisten‹,[22] kommentierte Herzl in seinem

---

Vorgängern und von fast allen seiner Zeitgenossen [...] vor allem [durch] die Of-
fenheit und Gradlinigkeit seines Auftretens«, was »ihn zum Revolutionär in der Behandlung der Judenfrage machte«. Vgl. hierzu und zum folgenden Alex Bein: Von
der Zionssehnsucht zum politischen Zionismus. Zur Geschichte des Wortes und Be-
griffes »Zionismus«. In: Robert Weltsch zum 70. Geburtstag von seinen Freunden.
20. Juni 1961. Hg. v. Hans Tramer und Kurt Loewenstein. Tel-Aviv: Verlag Bitaon
o. J.; ders.: The Origin of the Term and Concept »Zionism«. In: Herzl Yearbook 2
(1959), S. 1–27; ders.: Die Judenfrage. Biographie eines Weltproblems. Bd. 1, Stutt-
gart: Deutsche Verlagsanstalt 1980, S. 273–301, besonders S. 281f.

[20] Mathias Acher [d. i. Nathan Birnbaum]: Zum Münchner Kongresse. In: Z 3 (1897),
Nr 5 (31. Mai), S. 155–162, hier S. 156.

[21] N.N.: [München ... Zionistenkongreß]. In: IDR 3 (1897), Nr 6, S. 338f., hier S. 339.

[22] Rabbiner-Verband / Red.: [Erklärung des Deutschen Rabbinerverbandes]. In: AZJ 61
(1897), Nr 29 (16. Juli), S. 338 (Rubrik »Die Woche«). [Rabbinerverband, Deutsch-
land]: [Gegen den Zionismus]. In: MVAA 7 (1897), Nr 28 (10. Juli), S. 221. [Rabbi-
nerverband]: [Erklärung des Rabbinerverbandes]. In: IDR 3 (1897), Nr 7/8, S. 380.

bekannten Artikel »Protestrabbiner« entsprechend bissig: »›Sogenannt‹ ist gut, ›sogenannt‹ ist sogar sehr gut. Es ist Ironie darin. Spätere Kommentatoren werden Punkt 1 der Erklärung den ironischen nennen.«[23] Im Verlauf der Debatte wurde es übrigens eine beliebte Methode, die politischen Zionisten durch die Formulierung ›sogenannte Zionisten‹ zu diskreditieren. Es finden sich Beispiele etwa in der »Allgemeinen Zeitung des Judentums« und in der von Josef Bloch herausgegebenen »Oesterreichischen Wochenschrift«.[24] Da in der Erklärung der Münchener Gemeinde die Ackerbaukolonien in Palästina positiv hervorgehoben werden, scheint eine Abgrenzung der philanthropischen Bestrebungen von der als gefährlich empfundenen ›konkret politischen‹ Absicht Herzls erwünscht, wobei die traditionellen ›Zionisten‹ vor den politisch-progressiven in Schutz genommen werden.

Dieser Gegensatz wird auch deutlich in einer Stellungnahme Hirsch Hildesheimers, der sich gegen die Deklarierung des Münchner Kongresses als ›Zionisten-Kongreß‹ verwahrte und dies am 5. Mai 1897 in der »Jüdischen Presse« als Begründung für seinen Schritt anführte, die Zusage zu Teilnahme und Mitwirkung öffentlich zu widerrufen.[25] Hildesheimer war offensichtlich darum bemüht, sich in persona nicht durch die politische Füllung des Begriffs ›Zionismus‹ vereinnahmen zu lassen, überließ aber damit Herzl das ›semantische Feld‹. Der Gegensatz zwischen ›Zionistenkongreß‹ und einer Versammlung der Zionsfreunde zur Besprechung von Kolonisationsfragen wird deutlich herausgestellt. Bei Willy Bambus, Mitglied des »Esra« und zeitweilig Herausgeber des »Zion«, der ebenso wie Hildesheimer zu den ›Praktischen‹ zu zählen

---

23 [Theodor] H[erzl]: Protestrabbiner. In: W 1 (1897), Nr 7 (16. Juli), S. 1f.

24 Vgl. AZJ 61 (1897), Nr 30 (23. Juli), S. 350 sowie N.N.: [Der Zionisten-Congreß]. In: BOW 14 (1897), Nr 31 (30. Juli), S. 640.

25 Herzl kündigte in seiner Nachricht über den für München geplanten Kongreß aus dem April 1897 Referate von Hildesheimer über »die Aufgaben der jüdischen Wohlthätigkeit in Palästina« sowie von Bambus über die »Colonisation, ihre bisherigen Ergebnisse und ferneren Aussichten« an. Red./Herzl: Zionisten-Congreß. In: NZ 37 (1897), Nr 17 (23. April), S. 175f., hier S. 175. Noch am 1. April hatte Herzl an Max Bodenheimer geschrieben, die beiliegende ›vorläufige Anzeige‹ dürfe noch nicht publiziert werden, »weil noch Hildesheimers formelle Zusage aussteht.« Laut Herzl wurde dann die Anzeige »mit Wissen der Herren« an die Presse verschickt. Anders als in den meisten anderen Organen fehlt die entsprechende Meldung in der »Jüdischen Presse«. Bambus reagierte mit einem »Circular« an verschiedene Zeitungen und schrieb am 22. April an Herzl: »Nicht allein, daß sich in München der Gemeindevorstand, Rabbiner und alle maßgebenden Persönlichkeiten dagegen verwahren, daß dort ein Zionisten-Kongreß stattfindet, haben hier alle in Frage kommenden Persönlichkeiten, insbesondere die Vorstandsmitglieder des Esra abgelehnt zu einem Congress, dessen Zionismus so stark betont wird, einzuladen.« Zu diesen Vorstandsmitgliedern gehörte auch Hildesheimer, der sich dann in der »Jüdischen Presse« auf Bambus' Circular bezog. (Im Anfang der zionistischen Bewegung. Eine Dokumentation auf der Grundlage des Briefwechsels zwischen Theodor Herzl und Max Bodenheimer von 1896 bis 1905. Bearbeitet von Henriette Hannah Bodenheimer. Frankfurt a. M.: Europäische Verlagsanstalt 1965, S. 29–36.)

ist, liegt die Sache etwas anders. Während der Vorbesprechung für den Kongreß, die am 7. März 1897 in Wien stattfand, hatten sich Herzl und Bambus um eine Annäherung bemüht, die in dem gegenseitigen Mißverständnis resultierte, man habe sich verständigen können. Alex Beins Einschätzung,[26] beide hätten geglaubt, den jeweils anderen ›bekehrt‹ zu haben, keiner sei jedoch tatsächlich von der eigenen Meinung abgewichen, wird durch den Verlauf der öffentlich geführten Debatte um den Ersten Zionistenkongreß bestätigt. Bambus widersetzte sich nämlich der Vereinnahmung durch Herzls Terminologie, da er ›Zionismus‹ mit der Kolonisationsarbeit identifizierte. Er erklärte im Mai 1897 in »Zion«, er sei »stolz darauf [...], Zionist zu sein und zu der Partei der Zionisten zu gehören«.[27] Folglich konnte auch Blochs »Oesterreichische Wochenschrift« Bambus in diesem Verständnis als einen »der ältesten Wortführer des Zionismus in Deutschland« bezeichnen.[28] Andererseits unterschied Bambus – wie Hildesheimer – dezidiert zwischen einem »Zionistenkongreß« und der »Konferenz der Palästina-Vereine«.[29] Herzl dagegen schrieb an Hildesheimer: »Sie hatten gewünscht, daß es ›Congress der Chowewe Zion‹ statt ›Zionisten-Congress‹ heisse – worin ich keinen grösseren Unterschied zu sehen vermochte, als zwischen bonnet blanc und blanc bonnet.«[30] Die Allianz Bambus-Hildesheimer, motiviert durch persönliche Rivalität[31] gegenüber Herzl und die Sorge um das Versiegen der Geldquellen für die Kolonien in Palästina, manifestierte sich auch darin, daß Hildesheimer sich in der öffentlichen Absage des für München zugesagten Referates auf eben diese Äußerung von Willy Bambus in der »Allgemeinen Zeitung des Judentums« bezog. Herzl kommentierte den Vorgang in einem Brief an Bodenheimer vom 11. Mai 1897:

> Sie können sich denken, mit welcher Bitterkeit mich das Benehmen dieser Herren erfüllt. Sie haben für mich zu existieren aufgehört. Der Congreß ist natürlich durch

---

[26] Vgl. Bein: The Origin of the Term (Anm. 19), hier S. 24f.

[27] W[illy] Bambus: Eine neue Kampfesweise II. In: Z 3 (1897), Nr 5 (31. Mai), S. 151–155, hier S. 155. Die Zuschreibung des Begriffs »Zionismus« zur Kolonisationsbewegung unterstützte auch Israel Zangwill, der in einem Vortrag Herzl mit Nationalismus identifizierte und vor letzterem warnte; vgl. N.N.: Zur zionistischen Bewegung. Proteste und Warnungen aus Deutschland, England und Amerika. Eine zionistische Stimme aus Bulgarien. In: BOW 14 (1897), Nr 25 (18. Juni), S. 505f., hier S. 506. Die »Laubhütte« druckte Güdemanns Ansicht, man solle die »Phrase« vom Zionismus fallenlassen und den Kongreß der jüdischen Kolonisation Palästinas widmen, vgl. N.N.: Ober-Rabbiner Dr. Güdemann über das Nationaljudenthum. In: LH 14 (1897), Nr 16 (29. April), S. 222f. Im November 1897 wurde in derselben Zeitschrift die Kolonisationsbewegung als ›philanthropischer Zionismus‹ bezeichnet, vgl. N.N.: Vom Zionismus. In: LH 14 (1897), Nr 45 (25. November), S. 664ff., hier S. 664.

[28] M....r + Willy Bambus: Spaltungen im Lager der Zionisten. Das Scheitern (?) des Congresses in München. In: BOW 14 (1897), Nr 26 (25. Juni), S. 528.

[29] W[illy] Bambus: [Ankündigung des Dr. Herzl]. In: AZJ (Berlin) 61 (1897), Nr 17 (23. April), S. 204.

[30] Brief vom 9. Mai. Herzl: Briefe 1895–1898 (Anm. 10), S. 253.

[31] Vgl. zu Bambus' persönlichen Motiven Eloni: Zionismus in Deutschland (Anm. 2), S. 83.

diese in so rüder Form erfolgte Absage nicht geschwächt. Rien n'est changé, il n'ya que M[essieu]rs Hildesheimer et Bambus en moins. Sie aber, verehrter Freund, bitte ich, nunmehr die Organisation des deutschen Zionismus von Köln aus energisch in die Hand zu nehmen. Für alle meine Freunde in den verschiedenen Ländern wird es von nun ab nur noch eine massgebende Stelle geben, von der aus der deutsche Zionismus geleitet wird, u. das sind Sie in Köln.[32]

Nach diesem Bruch zwischen Herzl und den Berlinern Hildesheimer und Bambus überrascht es nicht, daß bis zum 21. Juli 1897 in der »Jüdischen Presse« nur Artikel folgten, die sich mit Erfolgen von Kolonisations-Vereinen, insbesondere des »Esra«, beschäftigten,[33] die Herzls Pläne kritisierten oder die Erfolgsaussichten bezweifeln.[34]

Ein Teil der Öffentlichkeit erkannte die unterschiedlichen Strömungen innerhalb des ›zionistischen Lagers‹ deutlich – die Wiener »Neuzeit« bezeichnete Herzl schon im April 1896 als Wortführer einer zionistischen Partei, »welche aus Anhängern verschiedener Richtungen besteht«.[35] Wie das Beispiel von Blochs »Oesterreichischer Wochenschrift« zeigt, waren die Versuche der Abgrenzung nicht immer erfolgreich: Die Redaktion merkte zu einem Artikel von Bambus an: »Jedenfalls das unerfreulichste Resultat zionistischer Arbeit erscheint diese gegenseitige öffentliche Befehdung der einzelnen kleinen Gruppen.«[36] Der von Bambus unternommene Versuch, die Begriffe scharf voneinander zu trennen, gelang in diesem Fall nicht. Die babylonische Sprachverwirrung um den Zionismusbegriff hielt weiter an.

So wurde in den »Münchner Neuesten Nachrichten« die Meldung abgedruckt und erstaunlicherweise von der »Jüdischen Presse« weiter verbreitet, der »zionistische Gedanke« habe in Deutschland sehr wohl »Fuß gefaßt«. Als Belege wurden die Monatszeitschrift »Zion« und der Verein »Esra« in Berlin angeführt, die dafür sorgten, daß der zionistische Gedanke in Deutschland sich

---

[32] Herzl: Briefe 1895–1898 (Anm. 10), S. 258.

[33] N.N.: Die »jüdische Colonisations-Gesellschaft«. In: JP 28 (1897), Nr 20 (19. Mai), S. 209ff.: hier wird Palästina nur ganz am Rande erwähnt. N.N.: Deutschland [Berlin, 2. Mai. (Eig. Mitth.)]. In: JP 28 (1897), Nr 21 (26. Mai), S. 223: Erfolgreiche General-Versammlung des »Esra«. N.N.: Vermischtes [München, 21. Juni]. In: JP 28 (1897), Nr 25 (23. Juni), S. 274: »Esra« distanziert sich von Zionismus und jeder politischen Tendenz. Dies wurde kurioserweise auf dem Umweg über die Münchener »Neuesten Nachrichten« gemeldet, die die Verlautbarung des Berliner Vereins »Esra, Sammelbüchse für Palästina«, dessen Vorstandsmitglied Hirsch der Herausgeber der »Jüdischen Presse« war, abdruckte.

[34] Meldungen über Ablehnung des Kongresses durch amerikanische Rabbiner (2. Juni und 9. Juni); Artikelserie von Willy Bambus: Der Kongreß der Zionisten (I–III). In: JP 28 (1897), Nr 24 (16. Juni), S. 265f.; Nr 26 (30. Juni), S. 289f.; Nr 27 (7. Juli), S. 294f.

[35] R.: »Nationaljudenthum«. In: NZ 37 (1897), Nr 18 (30. April), S. 183f., hier S. 183.

[36] Bambus: Spaltungen im Lager der Zionisten (Anm. 28), S. 528. Einen Einblick in die internen, persönlichen wie ideologischen, Fehden im Vorfeld des Kongresses gibt Josef Fraenkel: Mathias Achers Kampf um die »Zionskrone«. Basel: Jüdische »Rundschau Maccabi« 1959.

ebenso entwickele wie in anderen Ländern. Die Redaktion der »Jüdischen Presse« kommentierte in einer Fußnote, der Verein »Esra« habe »mit zionistischen Tendenzen nicht das Geringste zu schaffen«, da er nur ackerbautreibende Juden in Palästina und Syrien unterstützen wolle.[37] Das Beispiel führt deutlich vor Augen, wie kompliziert die Lage für Hildesheimer als Herausgeber der »Jüdischen Presse« war: Es war gegen seine Interessen, daß die Kolonisationsbewegung mit dem Begriff ›zionistisch‹ in Herzls Sinne in Verbindung gebracht wurde. Es schadete ihm also eigentlich, die Meldung der »Münchner Neuesten Nachrichten« erneut zu publizieren. Um allerdings den Beweis anzutreten, daß bereits die nichtjüdische Öffentlichkeit mit dieser Meldung konfrontiert worden war und daß, aus seiner Sicht, die ›Infiltrationspolitik‹ durch Propaganda der politischen Zionisten tatsächlich gefährdet wurde, mußte er sie veröffentlichen. Hier zeigt sich, daß die Frage ›Totschweigen oder Bekämpfen‹ zur Debatte stand.[38] Die Tatsache, daß Willy Bambus sich nicht eindeutig vom Begriff ›Zionismus‹ distanzierte, dürfte Hildesheimers Linie nicht unterstützt haben. Auch der Schriftführer des Berliner »Esra« Isaak Turoff, der ebenfalls Teilnehmer des Wiener Treffens Anfang März 1897 war,[39] hatte sich durch die prozionistische Meldung der »Münchner Neuesten Nachrichten« zu einer Stellungnahme herausgefordert gefühlt, die wiederum in der »Jüdischen Presse« abgedruckt wurde. Er beteuert, »Esra« unterstütze nur ackerbautreibende Juden in Palästina und Syrien und stehe dem Zionismus »wie jeder anderen politischen Tendenz vollkommen fern«. Der Zusatz jedoch, der Verein zähle zu seinen 2.500 Mitgliedern »Zionisten und Antizionisten, Liberale und Orthodoxe, und ebenso ist sein Vorstand zusammengesetzt«, machte die Frontenbildung für die interessierte Öffentlichkeit nicht gerade deutlicher.[40]

Die gemeinsame Stellung gegen Herzls Begriffsbesetzung machte es auch möglich, daß die vom »Centralverein deutscher Staatsbürger jüdischen Glaubens« herausgegebene Zeitschrift »Im deutschen Reich« die orthodoxe »Jüdische Presse« mit dem Passus zitierte, der angekündigte Kongreß sei »nicht einmal ein Kongreß der Zionisten« (wobei der Terminus nicht weiter differenziert, sondern in seiner ›richtigen‹ Bedeutung stillschweigend vorausgesetzt wurde), »sondern einzig und allein eine Heerschau über den Anhang des Dr. Herzl.«[41] Hier wurde also gerade beklagt, daß es sich nicht um einen Zionistenkongreß (im traditionell-konservativen Sinne) handele, sondern um eine Versammlung einer kleinen, als radikal empfundenen Minderheit, die sich anschickt, im allgemeinen jüdischen Namen zu sprechen, weshalb die ›praktischen Zionisten‹ sich vom angekündigten Kongreß distanzieren.

---

[37] K.: Deutschland [München, 15. Juni (Eig. Mitth.)]. In: JP 28 (1897), Nr 24 (16. Juni), S. 266f. (Rubrik »Correspondenzen«).

[38] Vgl. Eloni: Die umkämpfte nationaljüdische Idee (Anm. 2), S. 655.

[39] Vgl. Herzl: Zionistisches Tagebuch 1895–1899 (Anm. 5), Viertes Buch, S. 485.

[40] N.N.: Vermischtes [München, 21. Juni]. In: JP 28 (1897), Nr 25 (23. Juni), S. 274.

[41] N.N.: [München ... Zionistenkongreß]. In: IDR 3 (1897), Nr 6, S. 338f., hier S. 339. Bambus: Der Kongreß der Zionisten I (Anm. 34), S. 265f.

Insgesamt wirkt die Gegnerschaft gegenüber Herzl im Frühjahr 1897 nur auf den ersten Blick relativ geschlossen; Motive und Argumente waren in Wahrheit durchaus unterschiedlich. Die Weite von Herzls Begriff des ›Zionismus‹ erschwerte seinen Kontrahenten die Distanzierung enorm. Herzl betonte, daß »die consequenten Freidenker im Zionismus mit den consequent Orthodoxen Hand in Hand gehen können«; dies könne nur »derjenige nicht verstehen, der nicht weiß, was der Zionismus ist.« Nach Herzls Auffassung umfaßt der ›Zionismus‹ »alle Söhne der jüdischen Nation«. Er fuhr fort: »Einer der Grundsätze unseres [!] Zionismus ist die volle Gewissensfreiheit.«[42]

Interessant erscheint in diesem Zusammenhang eine Äußerung Isaak Turoffs, der sich von Herzl distanzierte, wenngleich er 1891 unter dem Pseudonym Paul Dimidow die Broschüre »Wo hinaus. Mahnwort an die westeuropäischen Juden« veröffentlicht hatte und somit als ein ›Vorläufer‹ Herzls gesehen werden kann.[43] In einem in der »Jüdischen Presse« abgedruckten Bericht beklagte Turoff, er habe in der Schweiz bei seinen Aktivitäten für die Kolonisation in Palästina bereits Schwierigkeiten gehabt, weil man ihn für einen »Agenten jener Gruppe« gehalten habe, die sich um Herzl schare. Turoff bezeichnete seine neuen Gegner als Anhänger des »Zion-Herzlianismus«.[44] Die Redaktion des »Zion« hielt dagegen die Spaltung zwischen den »praktischen« (humanitären) und den »politischen« Zionisten für »nicht so groß, als sie anfangs schien«. Erst der Kongreß, den die Mehrheit befürworte, werde zeigen, ob auch die Mehrheit für den politischen Zionismus sei.[45]

Eine Möglichkeit, die aggressive Strategie der ›Politischen‹ in der Auseinandersetzung um den Zionismusbegriff aufzubrechen, sah man wohl auch im Versuch, zwischen Herzl und dessen Anhänger einen Keil zu treiben. In Blochs »Oesterreichischer Wochenschrift« meldete sich »ein Reicher« zu Wort und stellte fest, Herzls Zionismus sei »in seinen letzten Zielen ein ökonomisch-

---

[42] Theodor Herzl: Dr. Güdemann's »Nationaljudenthum«. In: BOW 14 (1897), Nr 17 (23. April), S. 345ff., hier S. 346.

[43] 1891 hatte Turoff / Dimidow für eine verstärkte Kolonisation plädiert, die schließlich eine jüdische Mehrheit mit irgendeinem politischen Status zur Folge haben sollte. Er sprach vom »Reich Israel«. Seine Broschüre war damals in der »Allgemeinen Zeitung des Judentums« von Willy Bambus, der wie Isaak Turoff zur Redaktion der dem Verein »Esra« nahestehenden Berliner Monatsschrift »Serubabel« (1886–88) gehört hatte (vgl. Lichtheim: Geschichte des deutschen Zionismus [Anm. 2], S. 102), positiv rezensiert worden: Willy Bambus: Wo hinaus? In: AZJ 55 (1891), Nr 31 (31. Juli), S. 361. Vgl. Eloni: Die umkämpfte nationaljüdische Idee (Anm. 2), S. 641f.

[44] I[saak] Turoff: [Zürich, 16. Juli]. In: JP 28 (1897), Nr 29 (21. Juli), S. 317. Zitiert in: N.N.: [Der Zionisten-Congreß] (Anm. 24), S. 640. In einem Brief vom 12. Januar 1897 tadelte Herzl seinen Londoner ›Ehren-Sekretär‹ Jacob de Haas, der statt ›Zionismus‹ ›Herzlianismus‹ propagiert hatte. Vgl. Elon: Herzl (Anm. 2), S. 221, und Herzl: Briefe 1895–1898 (Anm. 10), S. 177.

[45] N.N.: Zionisten-Kongreß in Basel. 29., 30., 31. August 1897. In: Z 3 (1897), Nr 7–8 (15. August), S. 203–209, Zitat S. 209.

jüdisches Ideal, etwa im Sinne der Baron Hirsch'schen Colonisations-Idee«, und
er bediene sich »des jüdischen Chauvinismus nur als Vorspann für seine Ideen,
während sein Anhang die Bewegung politisch auffaßt und mißbraucht.«[46] Herzl
selbst benutzte aber explizit den Begriff ›politischer Zionismus‹.[47]

Die Rabbiner Sigmund Maybaum und Heinemann Vogelstein identifizierten
in ihrer berühmt gewordenen »Erklärung« die Zionisten, die sie von der ›deutschen Judenheit‹ (›wir‹) unterschieden, in konkret politischem Sinne mit den
»Nationaljuden«.[48] Die Unterscheidung zwischen »wir deutschen Juden« und
den »Zionisten« traf auch Rechtsanwalt Dr. Meyer aus Hannover in einem
Leserbrief vom Juli 1897 an die »Allgemeine Zeitung des Judentums«.[49] Die
Vertreter des Rabbinerverbandes sahen in ihrer Erklärung »das gesammte
Judenthum« gegen die »zionistische Bewegung« erhoben.[50] Auf die Erklärung
des geschäftsführenden Vorstandes des Rabbinerverbandes in Deutschland, die
von Dr. Maybaum (Berlin), Dr. Horovitz (Frankfurt), Dr. Guttmann (Breslau),
Dr. Auerbach (Halberstadt) und Dr. Werner (München) im »Berliner Tage-
blatt« veröffentlicht wurde, reagierte Herzl am 16. Juli 1897 in seinem Organ
»Die Welt«.[51] Zunächst charakterisierte er die »Protestrabbiner« unter Beru-
fung auf Max Nordau wie folgt: es seien

> Leute, die im sicheren Boot sitzen und den Ertrinkenden, die sich an den Bootrand
> klammern möchten, mit dem Ruder auf die Köpfe schlagen. So ist schon der ge-
> wöhnliche aggressive jüdische Zionsfeind. Nimmt man noch die Anstellung als
> »Seelsorger« einer größeren Gemeinde hinzu, so ist der Protestrabbiner fertig.[52]

Es folgt der Abdruck der »Erklärung«, die von Herzl »Punkt für Punkt« scharf
kritisiert wird, wobei den Vertretern des Rabbinerverbandes »edle, bewun-
dernswerthe Männer« wie Mohilewer (Bialystok), Zadoc Kahn (Paris), Rülf
(Memel), Gaster (London) gegenübergestellt werden, deren Haltung untadelig
sei: »Damit sie fürder nicht mit den guten Rabbinern verwechselt werden,

---

46 Ein Reicher: [Controverse Dr. Herzl contra Dr. Güdemann]. In: BOW 14 (1897), Nr
    18 (30. April), S. 373 (Rubrik »Vom Jahrmarkt des Lebens«).
47 Theodor Herzl: Der Congreß. In: W 1 (1897), Nr 1 (4. Juni), S. 2.
48 S[igmund] Maybaum / H[einemann] Vogelstein / Red.: Gegen den Zionismus. In:
    AZJ 61 (1897), Nr 24 (11. Juni), S. 277 (Titelseite, mit Einleitung und anschließen-
    dem Kommentar der Redaktion.) Die Erklärung wurde übernommen in: N.N.: Zur
    zionistischen Bewegung. Proteste und Warnungen aus Deutschland, England und
    Amerika (Anm. 27), S. 505f. und: S[igmund] Maybaum / H[einemann] Vogelstein:
    [Gegen den Zionismus]. In: MVAA 7 (1897), Nr 25 (19. Juni), S. 198.
49 Meyer: [Der Zionistentag ... in München]. In: AZJ 61 (1897), Nr 27 (2. Juli),
    S. 324.
50 Rabbiner-Verband / Red.: [Erklärung des Deutschen Rabbinerverbandes] (Anm. 22),
    S. 338. [Rabbinerverband, Deutschland]: [Gegen den Zionismus] (Anm. 22), S. 221.
    [Rabbinerverband]: [Erklärung des Rabbinerverbandes]. In: IDR 3 (1897), Nr 7/8,
    S. 380.
51 H[erzl]: Protestrabbiner (Anm. 23), S. 1f. Vgl. dazu Eloni: Die umkämpfte national-
    jüdische Idee (Anm. 2), S. 656.
52 H[erzl]: Protestrabbiner (Anm. 23), S. 1.

wollen wir die Angestellten der Synagoge, die sich gegen die Erlösung ihres Volkes verwahren, die *Protestrabbiner* nennen.«[53]

Der Versuch der »Protestrabbiner«, die Zionisten aus der Judenheit auszugrenzen, ging für Benjamin Rippner zu weit.[54] Auf der anderen Seite hatte schon im Juni die den Kongreß vorbereitende Kommission die Israeliten in Nationaljuden und solche, die sich als Angehörige anderer Nationen fühlen, gespalten gesehen.[55] Besonders weit ging in dieser Hinsicht Heinrich Loewe in einer Polemik gegen die von Nichtjuden verantworteten antizionistischen »Mittheilungen aus dem Verein zur Abwehr des Antisemitismus«: »Die Herren Redakteure, deren unverfälschtes Deutschtum ich nicht im Entferntesten anzweifele, mischen sich dabei in innere jüdische Angelegenheiten, die sie absolut nichts angehen, und von denen sie als Urgermanen wahrscheinlich auch nichts verstehen, auf die Gefahr hin, innerhalb der Juden eine ›Abwehr der Abwehr‹ zu erzeugen.«[56]

David Leimdörfer brachte die Sache für die traditionelle Seite auf den Punkt, wenn er noch Anfang Juli feststellte, ›Zionismus‹ sei das, was sich als politische Idee an den eigentlich heiligen Namen Zion knüpfe, die Religion aber außer acht lasse.[57] Das »Israelitische Gemeinde-Blatt« Köln unternahm einen Versuch, Zionismus im Sinne Güdemanns zu definieren: Der nationale Jude [im Herzlschen Sinne] strebe nach einem Staat, der Zionismus, der unpolitischen und religiösen Ursprungs sei, komme diesem Wunsch entgegen; der politische Zionismus nun ziele auf die Kolonisation in Palästina und die Wiederbelebung des Nationalbewußtseins.[58] Die unterschiedlichen Auffassungen des Begriffs ›Zionismus‹ weisen trotz gravierender Differenzen inhaltliche Überschneidungen auf. In der »Allgemeinen Zeitung des Judentums« wurde hingegen in einem Artikel »Gegen den Zionismus« schärfer getrennt. Hier hieß es:

> Die Wiederbelebung des jüdischen Nationalbewußtseins ging Hand in Hand mit den Bestrebungen, Palästina zu kolonisiren. Heute sind diese Bestrebungen von jenen vollständig zu trennen. Es ist eine nicht wegzuleugnende Thatsache, daß der Zionismus die Kolonisations-Idee erheblich schädigt. Für die Kolonisation Palästinas können wir uns alle interessiren und erwärmen, den Zionismus müssen wir bekämp-

---

53   Ebd., S. 2.
54   Vgl. [Benjamin] Rippner: Der Streit um Zion. In: BOW 14 (1897), Nr 31 (30. Juli), S. 630ff. Benjamin Rippner (1842–1898) war Rabbiner und Prediger. Er veröffentlichte viele Beiträge in der jüdischen Presse sowie »Predigten, Betrachtungen und Gebete, enthaltend 130 Predigten« (Berlin 1901) und »Vaterländische Reden« (Glogau 1898).
55   Die vorbereitende Commission des Zionisten-Congresses an die israelitische Cultusgemeinde München [Briefwechsel vom 11./14. Juni 1897]. In: W 1 (1897), Nr 5 (2. Juli), S. 1f., hier S. 1.
56   Heinrich Sachse [d. i. Heinrich Loewe]: Zionistenkongreß und Zionismus eine Gefahr? Eine zeitgemäße Betrachtung. Zweite Aufl. Berlin: Hugo Schildberger 1897 (Jüdische Aufklärungsschrift II / = Beilage zu No. 9 des »Zion«), S. 20.
57   D[avid] Leimdörfer: Gegen den Zionismus. In: AZJ 61 (1897), Nr 27 (2. Juli), S. 316f.
58   Nationaljudenthum. In: IGB Köln 10 (1897), Nr 19 (7. Mai), S. 146f., hier S. 147.

fen und wenn er sich mit jenen Bestrebungen identifizirt, so müssen diese nothwendig darunter leiden.[59]

Allerdings fanden Kolonisationsvereine im Zuge der Ablehnung des politischen Zionismus auch neue Unterstützer: Fast jedem der wenigen Artikel, die sich mit Herzl und dem Kongreß befassen, fügte die Redaktion der Zeitschrift »Im deutschen Reich« eine Bemerkung oder Leserzuschrift bei, die zum Ausdruck brachte, daß man den Ackerbau-Kolonien in Palästina den besten Erfolg wünsche.[60]

Blochs »Oesterreichische Wochenschrift« unternahm im Juni 1897 den Versuch, die Zionsliebe vor den neuen, ›politischen Zionisten‹ zu retten: »Herr Rülf macht nur Kunststücke, wenn er die Liebe zu Zion, die wir Alle im Herzen hegen, mit dem Zionismus als einem politischen Prinzip verwechselt.«[61] Die »Jüdische Presse« stellte heraus, die Orthodoxie habe von jeher »für Zion durch die T h a t« gewirkt.[62] Eben diese Zuständigkeit der »traditionellen« Zionisten hatte Isaak Rülf in seiner Erwiderung an Maybaum und Vogelstein in Frage gestellt: »Aber auch uns sollt ihr in Ruhe lassen und euch nicht geberden als wäret ihr die wahren ›Zionswächter‹. Das seid ihr doch nicht und wollet es auch nicht sein.«[63] Auf die Verschiebung des Begriffs vom religiösen auf das politische Feld wies D. Löwy im Juni 1897 in der »Neuzeit« hin: Bisher seien Jerusalem und Zion Namen der »Herzenslabung« gewesen. Erst in »allerjüngster Zeit« sei der Begriff ›Zionisten‹ zu hören, und ›Zion‹ werde als »Volksname, als Stammesbezeichnung, als nationale Charakterisirung« verwendet.[64]

Ruben Bierer[65] charakterisierte die Situation in der »Neuzeit« im Monat vor dem Kongreß wie folgt: Das Verständnis für den Zionismus – der in der »Neuzeit« schon zuvor dem Osten zugeschrieben worden war, während das Nationaljudentum mehr im Westen verbreitet sei[66] – wachse in Westeuropa lang-

---

[59] N.N.: Gegen den Zionismus. In: AZJ 61 (1897), Nr 19 (7. Mai), S. 217f., hier S. 218.

[60] Ähnlich die Redaktion der »Mittheilungen aus dem Verein zur Abwehr des Antisemitismus«: »Wir haben uns nie dagegen geäußert, wenn Juden die jüdischen Ackerbaukolonien in Palästina, Amerika, England u. anderswo unterstützt haben. Im Gegentheil begrüßen wir alle Bestrebungen, die die Juden wieder dem Ackerbau zuführen, als einen wichtigen Theil der Lösung der Judenfrage.« Anm. der Redaktion zu: J. H-n.: [Zionismus]. In: MVAA 7 (1897), Nr 38 (18. September), S. 304 (Rubrik »Sprechsaal«).

[61] [Benjamin] Rippner: Ein sonderbarer Streiter für Zion. In: BOW 14 (1897), Nr 30 (23. Juli), S. 612.

[62] Fußnote der Red. zu: Ernst Kalmus: National-Conservativ! In: JP 28 (1897), Nr 37 (15. September), S. 395ff., hier S. 397.

[63] I[saak] Rülf: Erklärung gegen Erklärung. In: W 1 (1897), Nr 4 (25. Juni), S. 1f., hier S. 2.

[64] D. Löwy: Zionismus. In: NZ 37 (1897), Nr 26 (25. Juni), S. 265f., hier S. 265.

[65] Ruben Bierer hatte im Mai 1882 in Wien zu den Gründungsmitgliedern des ersten österreichischen Palästina-Kolonisationsvereins »Ahawat Zion« gehört; vgl. Peter Haber: Zionismus in Österreich. In: Der Erste Zionistenkongreß (Anm. 2), S. 110f.

[66] Vgl. R.: »Nationaljudenthum« (Anm. 35), S. 183. Zur Unterscheidung ›Nationaljudentum‹/›Zionismus‹ in dieser Zeit: Eloni: Die umkämpfte nationaljüdische Idee (Anm. 2), S. 648f.

sam, wenn auch noch »in wirrer Durchkreuzung der Ansichten«.[67] Um dieser
Verwirrung entgegenzutreten, bemühte sich Heinrich Meyer Cohn in Blochs
»Oesterreichischer Wochenschrift« um eine Begriffsklärung. Er stellte fest, die
Kolonisationsbestrebungen seien zwar zum Teil Folge der zionistischen Bewegung, doch unmittelbar hätten Kolonisationsbestrebungen und Zionismus
nichts miteinander zu tun. (In vorangegangenen Artikeln in der »Wochenschrift« waren die Begriffe noch synonym verwandt worden.) Zweitens decke
sich der religiöse Zionismus »zwar nicht grundsätzlich, aber doch sehr häufig
mit dem nationalen Gedanken.« Da jedoch der religiöse Zionismus »eine bessere Zukunft von göttlicher Hilfe und nicht von menschlichem Thun« erhoffe,
sei dieser von der Besprechung auszuschließen. Im Grunde genommen werde
der jüdisch-nationale Gedanke dann Zionismus genannt, wenn die Absicht
bestehe, einen Staat in Palästina zu gründen. Da die Absicht der Staatsbildung
nicht notwendig dem nationalen Gedanken zugehöre, sei durch die Verwechs-
lung von ›Staat‹ und ›Nation‹ manches Mißverständnis entstanden.[68]
    Durch die Verabschiedung des ›zionistischen Programms‹ wurde der Be-
griff ›Zionismus‹ während des Baseler Kongresses aus Sicht der politischen

---

[67] B[ierer]: Nationale Lebenszeichen. I (Anm. 18), S. 286.
[68] [Heinrich Meyer] Cohn: Nationaljudenthum. In: BOW 14 (1897), Nr 24 (11. Juni),
    S. 482f. Dieser Begriffstrennung durch Cohn wurde in einem in der »Laubhütte«
    abgedruckten Artikel ausdrücklich zugestimmt, vgl. N.N.: Die Mobilmachung der
    Rabbiner gegen den »Judenstaat«. In: LH 14 (1897), Nr 24 (24. Juni), S. 335–337,
    hier S. 336.
    Der Autor Cohn in »Bloch's Oesterreichischer Wochenschrift« ist höchstwahr-
    scheinlich Heinrich Meyer Cohn (1855–1905) aus Berlin, der auf Güdemanns Vor-
    schlag als ›weltlicher‹ Berater und Kritiker anwesend war, als Herzl am 18. August
    1895 in München Rabbiner Güdemann seine Entwürfe zum »Judenstaat« – bzw. das
    Manuskript der Rede an die Rothschilds – vortrug. Vgl. Herzl: Zionistisches Tage-
    buch (Anm. 5), Zweites Buch, S. 218 und 239–243; [Heinrich Meyer] Cohn: Zio-
    nismus und Staatsbürgertum. In: BOW 14 (1897), Nr 35 (27. August), S. 711f.
    (»Der Schreiber dieser Zeilen war chronologisch der e r s t e G e g n e r
    H e r z l ' s – er war zugegen, als dieser Herrn Oberrabbiner Güdemann den Ent-
    wurf des »Judenstaat« vorlegte.«); Bein: Herzl (Anm. 2), S. 118; de Haas: Theodor
    Herzl (Anm. 2), I, S. 186. Bereits während des Vortrags – so Herzls Darstellung –
    hatte Cohn »an den utopistischen Details« ›genörgelt‹, während Güdemann begei-
    stert zu sein schien. Beide kamen zu dem Urteil, daß der Vortrag für die Rothschilds
    nicht geeignet sei. »Es müsse die Bewegung gleich ins Volk hinausgetragen werden,
    und zwar in Form eines Romans. Vielleicht werde die Anregung verstanden werden
    und eine grosse Bewegung hervorrufen. Ich bin zwar der Ansicht, daß ich den Plan
    verderbe, indem ich ihn veröffentliche. Aber ich muss mich fügen.« (Herzl: Zionisti-
    sches Tagebuch 1895–1899 [Anm. 5], Zweites Buch, S. 243) Lichtheim: Geschichte
    des deutschen Zionismus (Anm. 2), S. 114–117, erwähnt Meyer-Cohn als einen der
    Kuratoren der »Lehranstalt für die Wissenschaft des Judentums« in Berlin; »ein älte-
    rer, wohlhabender Bankier, der dem neu erwachten jüdischen Nationalbewusstsein
    Verständnis und Sympathie entgegenbrachte.« (S. 116) Er unterstützte zusammen mit
    dem Verein »Jung Israel« Birnbaums Zeitschrift »Selbst-Emanzipation« finanziell.

Zionisten ›offiziell‹ mit Inhalt gefüllt und somit formal definiert. Die Auseinandersetzungen waren mit der Kongreßveranstaltung aber keineswegs beendet. Herzls »Welt« verkündete: »Da sich der Zionsgedanke nun vor aller Welt ausgesprochen hat, kann ohnehin nicht mehr vom Einschmuggeln von Colonisten die Rede sein.« Die Infiltration müsse bis zur Schaffung einer rechtlichen Grundlage ausgesetzt bleiben; »bis auf Weiteres soll es keine Einwanderung mehr geben.«[69] So mochte Willy Bambus das Ergebnis des Kongresses sicher nicht verstanden wissen. Zwar war er mit dem gemäßigten Verlauf des Kongresses weitgehend zufrieden, setzte aber weiter auf die bewährte Methode der Kolonisation: Man solle die Vereine auch künftig unterstützen, um »damit dem zionistischen Radikalismus, der sonst gefährlich werden könnte«, den Boden zu entziehen.[70] Ende Oktober 1897 verkündete die Redaktion des Organs »Zion«, das zu dieser Zeit in das Eigentum von Willy Bambus überging, gemäß dem einstimmig verabschiedeten Baseler Grundsatzprogramm sei der »wesentliche Inhalt des Zionismus die Kolonisation Palästinas durch Juden«. Zukünftig werde »Zion« sich »nur in Ausnahmefällen mit der Besprechung der täglich wechselnden politischen Momente zu beschäftigen haben, dagegen an der Verwirklichung der zionistischen Ideale dadurch mithelfen, daß er die ungleich wichtigste aller Aufgaben des Zionismus, die planmäßige Besiedlung Palästinas durch Juden, der Verwirklichung näher führt.«[71] Bereits zum Ende des Kongresses hatte der Basler Rabbiner Cohn bemerkt, als Kern des zionistischen Programms sei die »Colonisation Palästinas in großem Stile auf rechtlicher Grundlage« zu verstehen, weshalb die Orthodoxie nicht unbedingt gegen den Zionismus sein müsse.[72] Der Kongreßverlauf, so fand denn auch ein Autor des »Israelit«, könne alle Standpunkte rechtfertigen.

> Ja, in Basel wurde überhaupt nach keiner Seite hin klipp und klar gesagt, was man eigentlich wolle, und besonders die Idee von einem neuzugründenden jüdischen Reiche blickt meist nur verschämt und verstohlen zwischen den langen Reihen hindurch, welche die Kongreßberichte von Basel einnehmen. Aber sie blickt hindurch, überall ist sie zu finden, leuchtet wie ein Irrlicht auf, verschwindet für einen Augenblick, um gleich wieder da zu sein.[73]

---

[69] N.N.: Der Zionisten-Congreß in Basel. Ergebnisse des Congresses. In: W 1 (1897), Nr 15 (10. September), S. 1f., hier S. 2.

[70] W[illy] Bambus: Der Zionisten-Kongreß. In: JP 28 (1897), Nr 36 (8. September), S. 386f. Der Artikel wurde unter dem Titel »Willy Bambus: Die Ergebnisse des Congresses« in »Die Neuzeit« übernommen (37 [1897], Nr 41 [8. Oktober], S. 414f.).

[71] Redaktion, in: Z 3 (1897), Nr 9 (Ende Oktober), S. 261ff., hier S. 262.

[72] Basel am 31. August: Zionistenkongreß. Bericht über den letzten Kongreßtag. In: IGB Köln 10 (1897), Nr 37 (10. September), S. 292.

[73] Eine fünfteilige Leitartikelserie widmet drei Folgen den praktischen, zwei den religiösen Überlegungen: N.N.: Der Zionismus, I–V. In: ISR 38 (1897), Nr 72 (9. September), S. 1395f.; Nr 73 (13. September), S. 1419ff.; Nr 74 (16. September), S. 1435–1438; Nr 76–77 (23. September), S. 1483ff.; Nr 78 (30. September), S. 1503ff. Zitat hier N.N.: Der Zionismus. II, S. 1419 (»Leitender Artikel«).

Im Bestreben der Zionsfreunde, sich von dem Herzlschen Vorhaben abzugrenzen, finden sich nach dem Kongreß Bezeichnungen wie ›moderner Zionismus‹[74] oder auch ›zeitgenössischer Zionismus‹, den etwa Grand-Rabbin Zadoc Kahn[75] verwandte, um den Unterschied zu der »18 Jahrhunderte alte[n] Idee« deutlich zu machen, deren Ziel den Gläubigen nicht durch menschliches Handeln erreichbar schien.[76]

Während die Zionisten es für sich als Erfolg verbuchten, daß jetzt auch Gegner des Zionismus die Kolonisation unterstützten,[77] wies die Redaktion der »Allgemeinen Zeitung des Judentums«, die sich hier angesprochen fühlte, die Behauptung zurück, sich früher nicht dafür interessiert zu haben.[78] Fast könnte eine Koalition zwischen »Allgemeiner Zeitung des Judenthums« und Hildesheimer vermutet werden, wenn es heißt:

> Dieser Erste Kongreß hat schon gezeigt, daß bei ernster und praktischer Behandlung in der Öffentlichkeit alle Utopien und Phantastereien sich in Nichts auflösen müssen, und auch nur das Aussicht auf Verwirklichung hat, was von edlen und für die Zukunft des Judenthums besorgten Männern schon seit Jahrzehnten in Angriffe genommen und betrieben wurde, nämlich die Kolonisation Palästinas [...] Dieses Ziel allein ist der berechtigte Kern all jener Bestrebungen, und für dieses Ziel werden wir auch weiter, trotz des Zionismus, und, wenn es sein muß, gegen denselben, kämpfen.

Damit macht die »Allgemeine Zeitung des Judentums«, die im gleichen Artikel feststellt, die Gründung und Ausbreitung einer zionistischen Organisation sei eine »interne Angelegenheit, die uns nicht weiter angeht«, unfreiwillig deutlich, daß Herzls Partei den Kampf um die Besetzung des Begriffs ›Zionismus‹ schließlich für sich entscheiden konnte.[79]

---

[74] Red.: [Basler Zionistenkongreß ist vorüber]. In: AZJ 61 (1897), Nr 36 (3. September), S. 423.

[75] Zadoc Kahn über den Zionismus. In: NZ 37 (1897), Nr 41 (8. Oktober), S. 412ff., hier S. 412.

[76] Siegmund Mayer: [Wider den Antisemitismus]. In: MVAA 7 (1897), Nr 40 (2. Oktober), S. 317 (Aus der Wiener »Zeit« vom 28. August übernommen). Die »Laubhütte« zitiert ebenfalls Mayers Artikel: N.N.: Zum Zionismus. In: LH 14 (1897), Nr 40 (21. Oktober), S. 584–587, hier S. 584f.

[77] Vgl. de Haas: Theodor Herzl (Anm. 2), I, S. 161: Das Programm der ›Praktischen‹ sei plötzlich von allen, die gegen Herzl waren, ›verhätschelt‹ worden. »From obscurity they rose to inexpensive public acknowledgement.«

[78] Joseph Lurie, Kongreßteilnehmer aus Warschau, der vor 1896 zu einem nationaljüdischen Studentenverein in Berlin gehört hatte, berichtete, die AZJ habe einmal einen Artikel über Kolonien in Palästina abgelehnt mit der Bemerkung: »Über Palästina schreiben wir prinzipiell nicht.« (Warum gingen wir zum ersten Zionistenkongress? Mit Beiträgen und Bildern von D. Alcalay. Hg. vom Berliner Büro der Zionistischen Organisation. Berlin: Jüdischer Verlag 1922, S. 63–66, hier S. 63).

[79] N.N.: Der Zionistenkongreß. In: AZJ 61 (1897), Nr 37 (10. September), S. 433f., hier S. 433.

Was darf und kann – ›Zionismus‹?

Neben und nach der Debatte um die Besetzung des Begriffs ›Zionismus‹ wurden in den jüdischen Periodika dessen Ideen inhaltlich diskutiert. Zunächst soll hier die sachliche Ebene der Debatte behandelt werden. Zwei Problemkomplexe sind zentral: der Standpunkt der Religion einerseits, die Realisierbarkeit der Herzlschen Pläne andererseits. Der häufigste Einwand aus religiöser Sicht stellte in Frage, ob man das Versprechen einer Rückkehr nach Israel wörtlich und nicht nur symbolisch nehmen dürfe, ob also die Menschen das Recht hätten, durch eigenes Eingreifen die Rückkehr voranzutreiben und derart in die göttliche Vorsehung einzugreifen – mithin zionistische Ideale und Pläne messianischen Verheißungen widersprächen.[80] Marcus Cohn, der Sohn des Rabbiners Dr. Arthur Cohn, überliefert eine Anekdote, die das damalige »Gefühl einer Kollision zwischen der zionistischen Bewegung und dem Messianismus« illustriert. Am Donnerstag vor Kongreßbeginn besuchte Herzl Arthur Cohn und traf dort Dr. Salomon Mandelkern.[81]

> Beim Abschied wandte sich Mandelkern zu Herzl und sagte: »Erst heute abend wird sich entscheiden, ob der Kongress stattfindet«. Herzl erschrak, denn welche Fülle von Schwierigkeiten hatte er nicht bisher schon zu überwinden gehabt! Besorgt fragte er: »Warum? Wer könnte jetzt noch etwas gegen den Kongress unternehmen«? Und Dr. Mandelkern erklärte seine Bemerkung: Eine Tradition besage, daß Maschiach nicht am Freitag und nicht am Sabbath erscheine. Bis heute, Donnerstag abend könne er noch kommen – dann würde der Kongress überflüssig. Sei er aber bis dahin nicht gekommen, so werde er auch am Freitag und am Sabbath nicht erscheinen, dann werde der Kongress am Sonntag stattfinden können.[82]

Auffällig ist, daß die beiden strittigen Punkte selten übereinstimmend beantwortet wurden. Herzls »Welt« als programmatisches Organ der Bewegung

---

[80] Vgl. in diesem Zusammenhang die grundlegenden Überlegungen von Jacob Katz: Messianismus und Zionismus. In: ders.: Zwischen Messianismus und Zionismus. Zur jüdischen Sozialgeschichte. Frankfurt a. M.: Jüdischer Verlag im Suhrkamp Verlag 1993, S. 21–36; Michael A. Meyer: Zion. Das jüdische Volk als Zentrum. In: ders.: Jüdische Identität in der Moderne. Frankfurt a. M.: Jüdischer Verlag im Suhrkamp Verlag 1992, S. 83–113; Avineri: The Making of Modern Zionism (Anm. 4), S. 3–13: »Zionisms as a Revolution«. Diese Einleitung ist auch in deutscher Fassung erschienen: Shlomo Avineri: Die Krise der jüdischen Identität und die Anfänge des Zionismus. In: Geschichte in Wissenschaft und Unterricht 31 (1980), S. 531–540.

[81] Salomon Mandelkern (1846–1902), russischer Lexikograph, hebräischer Dichter und Übersetzer. Er verbrachte seine Jugend bei Anhängern des Chassidismus, kam aber bald unter den Einfluß der Haskalah. Eines seiner wichtigsten Werke ist eine große Bibelkonkordanz (1896). Er gehörte zu den Teilnehmern des Ersten Zionistenkongreß.

[82] Marcus Cohn: Erinnerungen eines Baslers an den ersten Zionistenkongress. In: Schweizerischer Israelitischer Gemeindebund 1904–1954. Festschrift zum 50jährigen Bestehen. Basel 1954, S. 225–236, hier S. 226. Der Anekdotencharakter dieser Episode ist zu betonen; Marcus Cohn war damals erst sieben Jahre alt.

ignorierte die religiöse Debatte. Wohl auch um diese Ignoranz des Religiösen zu kompensieren, neigten Vertreter der religiösen bzw. gesetzestreuen Richtung dazu, die Frage der Realisierbarkeit zurückzustellen. Dies hatte gleichzeitig den Effekt, daß weder diejenigen, die Herzls Pläne aus religiösen Gründen ablehnten, noch diejenigen, die die Durchführbarkeit bestritten, sich den Zugang zur ›zionistischen Aufbruchsstimmung‹ dieser Jahre völlig versperrten. Anders formuliert: Viele reagierten positiv auf Herzls Vorstoß und die daraus entstehende Diskussion,[83] solange praktische Folgerungen ausgeschlossen waren, sie sahen theoretisch kein Problem, insistierten aber selbst auf der Undurchführbarkeit der Idee.[84]

Ein interessantes Beispiel ist die Haltung des orthodoxen »Israelit«. Im März 1896 hatte ein Artikel an Herzls jüngst publiziertem »Judenstaat« kein gutes Haar gelassen: Das wirkliche Motiv sei die psychologische Verunsicherung Herzls, dem als bloßem ›Namenjuden‹ gegenüber antijüdischen Gehässigkeiten die Zuflucht in die Religion fehle. Solche Juden stünden wie »Herkules am Scheidewege«; sie könnten zur Taufe entfliehen oder sich entschließen, »Held« und »Märtyrer« einer jüdischen Nationalität zu werden. Es handle sich um »utopistische [...] Ausführungen«, und es sei naiv zu erwarten, die Orthodoxie werde sich wegen der Autorität des »historischen Sinnes« den Zionisten bzw. Nationaljuden anschließen. Schließlich sei der Zionismus für das Judentum eine ernstzunehmende Gefahr. Daß aber noch manche Blätter sich, ungeachtet des tatsächlichen Inhalts von Herzls Plänen, allein dafür begeistern könnten, daß jemand wie er sich um jüdische Angelegenheiten kümmere, sei völlig unverständlich.[85] Ein gutes halbes Jahr später verbreitete die gleiche Zeitschrift: »Dieser Name [Herzl] ist es, welcher der Schrift eine Bedeutung beilegt, die sie geradezu zum System eines vollendeten Umschwungs der jüdischen Meinung stempelt.«[86] Der Rezensent ging auffällig fair mit Herzl um

---

[83] Eine unbestimmte Sympathie ist z. B. den Worten von Arthur Eibenschütz zu entnehmen, der von seiner Ablehnung eines jüdischen Separatismus ausdrücklich »den Plan der Gründung eines Judenstaates« ausnahm, der, »mag er auch eine unrealisirbare Utopie sein, nichtsdestoweniger als erhabenes poesievolles ›Ideal‹ gewürdigt und hochgeschätzt werden muß« (Assimilation oder Separatismus? In: BOW 14 [1897], Nr 6 [5. Februar], S. 115f.). Um die Frage »Assimilation oder Separatismus« entspann sich im Februar 1897 in »Bloch's Oesterreichischer Wochenschrift« eine längere Debatte, in deren Verlauf u. a. gegen genau diese Formulierung protestiert wurde: Die messianische Hoffnung sei mehr als ein ›bloßes Ideal‹, sie bilde tatsächlich »ein heiliges, unantastbares, religiöses Dogma jedes wahren Juden« (Dr. Th. U.: [Assimilation oder Separatismus?]. In: BOW 14 [1897], Nr 8 [19. Februar], S. 157f.)

[84] So war Benjamin Rippner der Ansicht, daß der jüdisch-nationale Staat keine Überlebenschance habe; dies heiße aber nicht, daß er nicht gegründet werden dürfe. Vgl. Rippner: Der Streit um Zion (Anm. 54), S. 631.

[85] Vgl. M. R.......d: Nationaljudenthum. In: ISR 37 (1896), Nr 22 (16. März), S. 449–452.

[86] N.N.: Ein merkwürdiger Umschwung der jüdischen öffentlichen Meinung. In: ISR 37 (1896), Nr 90 (9. November), S. 1711ff. (»Leitender Artikel«), und N.N.: Ein merkwürdiger Umschwung der jüdischen öffentlichen Meinung. II. In: ebd., Nr 92 (16. November), S. 1753–1756 (»Leitender Artikel«). Wie eine Fußnote zeigt, war

und referierte sachlich dessen Grundgedanken. Er stellte auch die Realisierbarkeit des Projekts ausdrücklich nicht in Frage: Daß Herzls Plan phantastisch erscheine, heiße nicht, daß er utopisch sei. ›Kühne Ideen‹ würden den Massen erst langsam deutlich. Jedoch wäre ein verwirklichter Herzlscher Judenstaat »nicht die Realisirung dieses Ideals [...], das unsere Thora verkündet, unsere Propheten prophezeit und in dessen Erreichung die Sehnsucht des heißesten Lebenswunsches der jüdischen Diaspora seit Jahrtausenden aufgeht.« Von den im 5. Buch Mose formulierten »fundamentalen Bedingungen [für das Ende der Zerstreuung] findet sich in dem Herzl'schen Judenstaat kein Sterbenswörtchen. Das eigenartige thränenreiche Geschick der jüdischen Exulanten ist Herrn Dr. Herzl keine Sühne ihrer eigenen Verirrungen, sondern eine Folge der – Emancipation.«[87] Herzl brauche Geistliche und Rabbiner, »um Stimmung für die Sache zu machen.« Falls diese aber dem tradierten Ideal eines Judenstaates treu blieben, würde die von Herzl angestrebte Bekenntnis- und Glaubensfreiheit problematisch, sie würde

> auf Schritt und Tritt zum Stein des Anstoßes und zum Zankapfel werden. Es ist z. B. in der Broschüre wiederholt von den Schiffen, Eisenbahnen, Telegraphen des neuen Staats die Rede. Werden diese an Sabbat und Feiertag funktioniren oder feiern?

Nach dieser Auffassung hatte Herzl also den Kernpunkt gar nicht behandelt, daß nämlich der Judenstaat dem Gottesgesetz unterliegen müßte. An dieser Stelle folgt die Kehrtwendung zurück zur Utopie: »Wenn für dieses alte, echte unverwässerte Judenthum in dem neuen Judenstaat kein Platz ist, dann ist in der That das ganze ein utopisches Luftschloß, denn dann fehlt ihm der Boden, auf dem er sich allein consolidiren kann.« Wenn man andererseits »die Lehren des Judenthums für den zu gründenden Judenstaat« berücksichtige, entfalle jedes menschliche Bemühen, ihn zu erreichen, von vornherein. Der Rezensent zog ein zwiespältiges Fazit:

> Müssen wir d e ß h a l b das ganze Unternehmen schon in der Idee für verfehlt halten, so konstatiren wir dennoch mit Befriedigung den Umschwung der öffentlichen Meinung, daß man nur mit dem Gedanken eines Judenstaats rechnet und ihm, wenn auch nur in der hier gewürdigten Weise, das Wort redet.[88]

Auch die Stellungnahme des Rabbiners Simon Stern[89] zu Herzls Broschüre zeigt ein interessantes ›sowohl als auch‹. Er wies einerseits Herzls Plan einer

---

sich die Redaktion dessen bewußt, daß das Werk »nach anderer Richtung hin bereits« besprochen worden war.

[87] Hierzu merkte die Redaktion in einer Fußnote an: darin liege doch eine »relative Wahrheit«; noch vor zehn Jahren habe niemand den Mut gehabt, die Emanzipation als Ursache des Antisemitismus zu erkennen und zu bezeichnen. Auch diese Auffassung sei ein Symptom des diagnostizierten Umschwungs.

[88] N.N.: Ein merkwürdiger Umschwung der jüdischen öffentlichen Meinung. II (Anm. 86), S. 1753–1756 (»Leitender Artikel«).

[89] Simon Stern (1856–1930), Rabbiner in Saaz (Böhmen), war Redakteur und, zusammen mit Adolf Kurrein und Ignaz Ziegler, Herausgeber der »Jüdischen Chronik«.

organisierten Staatsgründung zurück, da es zu riskant sei, als Staat von dem
»Wohlwollen der Völker« abhängig zu sein, andererseits gefiel ihm die Idee,
ein jüdischer Staat könne allmählich durch die Abenteuerlust einiger junger
Leute gegründet werden, die »sich irgendwo eine Heimath suchen«. Zwar sah
er als Hauptaufgabe das »Streben, das Judenthum zur Weltreligion zu machen«, plädierte aber für eine »Theilung der Arbeit [...] die Gründung eines
jüdischen Staates in einer neuen Heimat und die Verherrlichung des Judenthums in der alten.«[90] Erst nachdem Güdemanns Broschüre »Nationaljudenthum« erschienen war,[91] fand Stern über dessen Unterscheidung zwischen
religiösem und nationalem Zionismus zu einem etwas klareren Standpunkt: Er
bezeichnete sich jetzt als ›Antizionist‹, wünschte aber doch »auf die Gefahr
hin zu jenen gerechnet zu werden, ›die sowohl Ja, als auch Nein sagen‹ – daß
ein jüdischer Staat entstehe«, gegründet von jungen Leuten, die auf eigene
Faust »jenseits des Meeres« siedeln.[92] Mit der Orientierung an Güdemanns
Schrift »Nationaljudenthum« war Stern kein Einzelfall. Ein Rezensent in
Blochs »Oesterreichischer Wochenschrift«[93] nannte die Schrift ein »Geburts-
tagsgeschenk für das Volk Israel«, gerade passend zu Pessach. Aus dem ›Ge-
burtstagswunsch‹ »Im kommenden Jahre in Jerusalem« war die Frage abzulei-
ten, ob das irdische oder das ideale Jerusalem gemeint sei.

Mit anderen Worten: Ist die Verheißung von der Zurückführung nach Jerusalem auf
eine Neugründung des Nationalstaates zu beziehen, oder bedeutet sie das ideale Ziel
der Erhebung aller Völker zur Höhe eines von allen unwesentlichen Zuthaten geläu-
terten Gottesglaubens und humanen Denkens?

---

[90] Simon Stern: Judenstaat und jüdischer Staat. In: JC 2 (1895/1896), S. 358–366,
Zitate S. 364ff.

[91] Moritz Güdemann: Nationaljudenthum. 2., unveränderte Aufl. Leipzig, Wien: Breitenstein 1897. Neudruck: Nationaljudenthum [in Hebrew and German]. Introd. Robert S.
Wistrich. Transl. Miriam Dinur. Jerusalem: Dinur Center, Hebrew University 1995.

[92] Simon Stern: Nationaljudenthum. In: JC 4 (1897), Nr 1 (Mai), S. 18–24, Zitat S. 23.
Ähnlich schloß auch ein in der »Laubhütte« abgedruckter Artikel nicht aus, daß »für
die Colonien, wenn sie sich vermehren und erweitern, später eine gewisse Autonomie
erstrebt werden kann« (N.N.: In Brünn [...]. In: LH 14 [1897], Nr 21 [3. Juni], S. 295).

[93] -n [d. i. Siegmund Feilbogen]: »Nationaljudenthum«. Von Oberrabbiner Dr. Güdemann. In: BOW 14 (1897), Nr 16 (16. April), S. 321f. Die Identität des Rezensenten
wird durch Herzls Notizen geklärt. »Bloch erzählte nun, da der Humor der Sache in
ihm erwacht war, daß er mich mit der Besprechung von Güdemanns Broschüre in
der Wochenschrift nur zu einer Antwort habe reizen wollen. Darum liess er durch
Feilbogen, dem er die Recension aufgab, betonen, daß »der vierte Abschnitt heissen
sollte: Dr. Güdemann contra Dr. Herzl.«« Herzl glaubte das freilich nicht: »Eher
glaube ich, daß Feilbogen mir ein Bein stellen wollte, u. daß Bloch bei der Wendung, welche die Sache zu meinen Gunsten zu nehmen scheint, sich auf die Seite
des Stärkeren schlagen will. Wenn ich bei einem nächsten Zwischenfall erliege, ver-
lässt er mich. Beiläufig erzählte er auch den Grund seines Hasses gegen Güdemann.
Dieser habe ihn in der Seminarfrage treulos im Stich gelassen.« Herzl: Zionistisches
Tagebuch 1895–1899 (Anm. 5), Viertes Buch, S. 504.

Zur Beantwortung sei Güdemann besonders berufen:

> Aus Güdemann's Prämisse, daß die historische Mission[94] des Judenthums geradezu
> in der Bekämpfung des exclusiven Nationalbewußtseins bestehe, kann sich für die
> Beurtheilung des Nationaljudenthums nur ein Schluß ergeben, den zu ziehen der Au-
> tor auch nicht zögert. *›Würde das Judenthum in allen seinen Anhängern das Bestre-*
> *ben erwecken, wieder eine Nation zu werden, so beginge es einen Selbstmord.‹*

Die Rezension besteht zu großen Teilen aus Zitaten der Schrift Güdemanns:
Demnach erscheint ein Aufruf zur Wiedergewinnung der »nationalen Selbst-
ständigkeit« als »Eingriff in die Führung Gottes«, das Nationaljudentum als zu
weit gehende Assimilation und die ruhmreiche Zeit der Diaspora als Beweis,
daß das Judentum mehr als eine Nation ist.

Herzl antwortete, ebenfalls in Blochs »Wochenschrift«,[95] öffentlich auf Güdemanns »tückische Gegenbroschüre«, die – so seine Notizen im »Zionistischen Tagebuch« – »in vagen, feigen Unbestimmtheiten« gehalten sei, aber
»die ersichtliche Absicht [habe], Munition für kühnere Streiter zu liefern.«[96] Er
fand einen Widerspruch bei Güdemann in der Frage, ob die jüdische Religion
ausschlaggebend für politische Fragen sei oder ob sie mit diesen nichts zu tun
habe. Wenn das erste richtig sei, bleibe die Sache aber dennoch unentschieden,
weil die Theologen sich nicht einig sind: »Der eine Chief-Rabbi sagt Nein, der
andere Chief-Rabbi sagt Ja, von den Rabbinern ganz zu schweigen, die sowohl
Ja als auch Nein sagen.« Über Güdemanns Verweis auf die Symbolhaftigkeit[97]
der Bitte um Rückkehr nach Zion ereifert sich Herzl:

> Und in dem Augenblicke, wo die Beschaffenheit der Weltverhältnisse, der nach der
> Emancipation eingetretene also endgiltige Antisemitismus, das wiedererwachende

---

[94] Zur Frage von jüdischer Mission und Nationalität vertrat der Mitherausgeber Ignaz
Ziegler in der »Jüdischen Chronik« einen ganz speziellen Standpunkt: Die Mission
des Judentums, nämlich Zeuge des Monotheismus zu sein, erfordere strenggenom-
men die Entnationalisierung der Konfession (weil kaum eine nationale Religion von
einer anderen Nation angenommen würde), die man heute, in der Diaspora, nur sehr
vorsichtig wage. Existiere ein jüdischer Staat, würde sich jedoch die Situation än-
dern. »Wenn also behauptet wird, der Judenstaat bringe ein Nationaljudenthum, so
heißt das einfach die Wahrheit auf den Kopf gestellt, denn nur die Diaspora erhält
das Nationaljudenthum, ein Judenstaat wird bald mit ihm aufräumen.« Die notwendige Verkettung von Nation und Religion würde aufgehoben, eine geläuterte Religion würde möglich, vom Judenstaat könnte Propaganda ausgehen, die in der Diaspora bleibenden Juden könnten die Entnationalisierung der Religion ohne Furcht vo-
rantreiben. Ziegler: Judenthum und Judenstaat. III. Israels Mission. In: JC 4 (1898),
Nr 12 (April), S. 372–379, Zitat S. 378 im Original fett.
[95] Herzl: Dr. Güdemann's »Nationaljudenthum« (Anm. 42), S. 345ff.
[96] Herzl: Zionistisches Tagebuch 1895–1899 (Anm. 5), Viertes Buch, S. 501.
[97] Güdemann hatte geschrieben: »Zion galt und gilt den Juden als das Symbol ihrer
eigenen, aber auch der die ganze Menschheit umfassenden Zukunft. In diesem,
nichts weniger als nationalen Sinne ist auch die Bitte um Rückkehr nach Zion in unseren Gebeten zu verstehen, in welchen sie demnach einen rechtmässigen Platz behauptet.« Güdemann: Nationaljudenthum (Anm. 91), S. 41.

Nationaljudenthum, die Lage im Orient und die technischen Errungenschaften zusammenwirken, um die Rückkehr nach Zion zu einer nahen Möglichkeit zu machen – in diesem Augenblick sagt ein Oberrabbiner: »Macht Euch nichts daraus – es war nur ein ›Symbol‹!«[98]

Als erklärter »Gegner des jüdischen Nationalismus« wies Gotthard Deutsch aus Cincinnati in einem Diskussionsbeitrag in Blochs »Wochenschrift« auf den von Herzl angesprochenen wunden Punkt hin. Er, der an den Sieg des Kosmopolitismus in der Weltgeschichte glaubt, erklärt das augenblickliche »Reussiren« des Zionismus u. a. mit einer Schwäche der religiösen Anschauung im Judentum, mit einer »absichtlich festgehaltene[n] Unklarheit, welche zu einem absichtlichen Selbstbetrug führt.« Einerseits werde die universalistische Tendenz betont, andererseits würden permanent die »Wünsche um die Wiederherstellung eines nationalen Israel« wiederholt, bis man dann erkläre, in den Gebeten sei alles nur symbolisch gemeint.[99]

In der »Neuzeit« wurde Güdemanns Schrift kritischer besprochen. Hier fand der Rezensent den harmonisierenden Ausweg, man könne doch auch die Einigung der Nation in Palästina als göttliche Führung bzw. Vorsehung betrachten. Es könne doch nicht sein, daß die Gebete, die die Vorfahren seit zweitausend Jahren gesprochen hätten, nur auf ein Symbol bezogen gewesen seien.

> Gewiß, die jüdische Lehre ist erfüllt und durchtränkt von der Idee der einstigen Verbrüderung aller Menschen in Liebe und Gerechtigkeit, diese Idee findet ihren Ausdruck in erhabenen Bildern der Propheten, in rührenden Gebeten, aber neben ihr hatte in der Volksseele den gleichen Raum die Hoffnung auf die einstige Wiederkehr in das Land der Verheißung. Die jüdische Mission begann nicht erst mit der Diaspora, sie würde mit deren Aufhören nicht erlöschen, und – die Diaspora würde selbst mit der Gründung des ›Judenstaates‹ nicht aufhören. Fänden auch die kühnsten Träume und Hoffnungen ihre Verwirklichung, so würde doch kein Theil der Erde, in welchem die Juden sich niederließen, von ihnen ganz verlassen.[100]

Im Frühsommer und Sommer 1897 wurden die Stellungnahmen zu diesem Punkt eindeutiger. Die »entschiedenen Vorkämpfer der Orthodoxie«, so die »Allgemeine Zeitung des Judentums« in einer Rezension zu Güdemanns Schrift,[101] sähen mit Recht im Zionismus »einen Eingriff in die Führung Gottes, in dessen weisen Plänen auch die Diaspora so gut wie die Ankunft des Messias ihre vorbestimmte Stelle einnimmt«; als Resolution der New Yorker

---

[98] Herzl: Dr. Güdemann's »Nationaljudenthum« (Anm. 42), S. 347.

[99] G[otthard] Deutsch: [Zionismus oder Assimilation]. In: BOW 14 (1897), Nr 24 (11. Juni), S. 483f. Gotthard Deutsch (1859–1921) war seit 1891 Professor für Jüdische Geschichte und Philosophie am Hebrew Union College Cincinnati und gehörte als einer der führenden Vertreter zu den Gemäßigten der Reformbewegung. Er war bekannt für seine Sympathie für die Orthodoxie. Zwar kein Zionist, stimmte er doch vielen Aspekten der zionistischen Lehre zu. 1901 wurde er als Nachfolger von Isaac Meyer Herausgeber der deutsch-amerikanischen Monatsschrift »Deborah«.

[100] R.: »Nationaljudenthum« (Anm. 35), S. 184.

[101] N.N.: Gegen den Zionismus (Anm. 59), S. 218.

Rabbiner wurde verbreitet, es werde keinen jüdischen Staat in Palästina geben,
»es sei denn in der von Gott bestimmten Zeit und in dem von ihm vorgeschrie-
benen Wege.«[102] Die Redaktion der »Laubhütte« verkündete: »Unsere Hoffnung auf einen jüdischen Staat, der zugleich mit der Erlösung der ganzen
Menschheit, mit dem Reiche Gottes auf Erden errichtet werden soll, ist genau
bestimmt durch das Prophetenwort. Diesen Staat wird der Messias errichten.«[103] Eine ›empirische Variante‹ steuerten Sigmund Maybaum und Heinemann Vogelstein bei, die daran erinnerten, die Geschichte habe vor achtzehn-
hundert Jahren über die Auflösung des jüdischen Staates entschieden.[104] Mit
der Erklärung des Vorstands des Rabbinerverbandes in Deutschland wurde der
»Lehrinhalt« des Judentums gleichsam offiziös so bestimmt:

> Die Bestrebungen der sogenannten Zionisten, in Palästina einen jüdisch-nationalen
> Staat zu gründen, widersprechen den messianischen Verheißungen des Judenthums,
> wie sie in der heiligen Schrift und den späteren Religionsquellen enthalten sind.[105]

Der Versuch der deutschen Zionisten, sich auf Rabbi Kalischer als ›hervorra-
gendste rabbinische Autorität‹ zu berufen, die »unwiderleglich« behaupte, daß
die messianischen Verheißungen nicht gegen eine Rückkehr nach Palästina
sprächen, vermochte dagegen wenig, rief aber eine Bemerkung der Redaktion
der »Allgemeinen Zeitung des Judentums« hervor, aufgrund fehlender hebräischer Sprachkenntnisse könnten die deutschen Zionisten Kalischer doch gar
nicht gelesen haben.[106] Auch dies blieb nicht unbeantwortet:

> Von wo weiss das die »Allg. Ztg. des Judentums«? Zionisten sind gewöhnt, die Bü-
> cher zu lesen, über die sie schreiben. Man kann das Buch sogar auf der Redaktion
> dieser Zeitung lesen, da es auch eine von Rabbi Dr. P o p p e r in Czarnikau be-
> sorgte deutsche Uebersetzung giebt.[107]

Zeitgleich mit diesem Wortgefecht ergänzte der »Israelit« die kurze Mitteilung
der Rabbiner über die messianischen Verheißungen mit längeren Ausführungen
über ›unseren‹, d. h. den orthodoxen Zionismus, da man in der letzten Zeit »so
unendlich viel gegen den Zionismus, aber so wenig für Zion geschrieben« habe.

> Ein merkwürdiger Wandel der Zeiten. Vor dreißig Jahren mußte das winzige Häuf-
> lein der am Gesetze Festhaltenden den Messiasglauben und den Opferkultus gegen
> die erdrückende Majorität der Reformer vertheidigen, eine sogenannte jüdische

---

[102] N.N.: Zur zionistischen Bewegung. Proteste und Warnungen aus Deutschland,
       England und Amerika (Anm. 27), S. 506.

[103] N.N.: Der Zionismus. In: LH 14 (1897), Nr 23 (17. Juni), S. 321ff., hier S. 323.

[104] Maybaum / Vogelstein / Red.: Gegen den Zionismus (Anm. 48), S. 277.

[105] Rabbiner-Verband / Red.: [Erklärung des Deutschen Rabbinerverbandes] (Anm.
       22), S. 338. Mit einleitendem Kommentar der Redaktion. Auch in: [Rabbinerver-
       band, Deutschland]: [Gegen den Zionismus] (Anm. 22), S. 221.

[106] [Max Isidor] Bodenheimer / [Rudolf] Schauer / Red.: [Zionistenkongreß ... Bingen
       Vorbesprechung]. In: AZJ 61 (1897), Nr 30 (23. Juli), S. 350 (Rubrik »Die Wo-
       che«). Auch in: N.N.: [Der Zionisten-Congreß] (Anm. 24), S. 640.

[107] Sachse / Loewe: Zionistenkongreß und Zionismus (Anm. 56), S. 19, Fußnote.

Synode konnte noch Ende der Siebziger Jahre in Augsburg Beschlüsse fassen, welche den jüdischen Nationalitäts-Gedanken perhorrescirten und dafür den Beifall der großen Menge unserer modernen Brüder ernteten, und heute schützt das gesammte Judenthum, Neu und Alt, orthodox und neolog, den Glauben an die messianische Verheißung vor der verhältnismäßig unbedeutenden Partei der Zionisten. Wer vermag darin nicht einen deutlichen Fingerzeig Gottes zu erkennen, der vielleicht gerade deßhalb die zionistische Bewegung hat entstehen lassen, um im Gegensatz zu ihr, die Gesammtheit Israels zum Glauben an den Erlöser zurückzuführen.[108]

Auch hier wird die Bereitschaft deutlich, die Wiederbelebung der Zionsfrage durch die politischen Zionisten als insgesamt positive Erscheinung zu betrachten, wenn auch in den Bestrebungen Herzls und seiner Anhänger »eine gewaltige Verkennung des Wesens und der weltgeschichtlichen Aufgabe des Judenthums« gesehen wird. Eine gewaltsame oder vorzeitige Inbesitznahme des heiligen Landes sei nicht gesetzmäßig und bedeute das Lossagen vom wahren Judentum. Die Orthodoxie selbst wolle, unabhängig von einem Zeitgeist für oder wider Zion und unbeeinflußt von Verspottungen und Verfolgungen, dem Gesetz treu bleiben und auf den Zeitpunkt warten, zu dem Gott die Verbannung beende.[109]

Nachdem der Verlauf des Kongresses auch die Deutung erlaubte, der Zionismus erstrebe, zumindest ›vorläufig‹, nichts weiter als die Förderung der Kolonien in Palästina, ergab sich ein neuer Weg, religiöse Bedenken zu zerstreuen. Der Vorstand des Rabbiner-Verbandes habe zwar durch seine öffentliche Erklärung »colossale Propaganda« gemacht, schrieb Rabbiner Arthur Cohn.

Aber abgesehen davon, daß es wirklich seltsam berührt, wenn ein Mann wie Dr. Maybaum, Rabbiner in Berlin, der öffentlich in seinen Schriften die Göttlichkeit der Thora leugnet, sich jetzt als der Hüter der messianischen Weissagungen aufspielt, verstehe ich nicht, was der Glaube an den Messias, auf dessen Ankunft wir hoffen, mit der Colonisation Palästinas zu thun hat. Wenn selbst einige Millionen Juden im heiligen Lande wohnen sollten, so werden doch noch genug Glaubensgenossen in den anderen Ländern zerstreut bleiben, die einst der Messias sammeln wird, von den vier Enden der Erde.

Die Fürsprachen von Rabbi Hirsch Kalischer und Rabbi Schmul Mohilewer, so Cohn, belegten die religiöse Unbedenklichkeit des Zionismus.[110] H. Goitein[111] ging noch einen Schritt weiter und sah in einer allmählichen Kolonisierung wie in der Staatsgründung den Anfang der kommenden messianischen Zeit. Er verwies auf eine entsprechende Talmudstelle, wonach lediglich die Anwendung von Gewalt zur Gründung eines Staates in Palästina unzulässig sei. Das orthodoxe Judentum sei nicht der Überzeugung, daß die Wiederherstellung Zions nur durch ein göttliches Wunder zu erwarten sei. Wer aber auf ein Wun-

---

[108] N.N.: Zionismus und Zion. In: ISR 38 (1897), Nr 56 (15. Juli), S. 1089f. (»Leitender Artikel«), hier S. 1089.

[109] Ebd., S. 1090.

[110] Cohn / Red.: Was lehrt uns der Zionisten-Congreß (Anm. 9), Zitat S. 1381.

[111] H. Goitein: Gedanken über Nationaljudenthum und Zionismus. III. Schluß. In: JC 4 (1897), Nr 5 (September), S. 142–148.

der keinesfalls verzichten wolle, könne dies, so Goitein, im Umschwung von
den Tendenzen der »Reformhelden, welche jeden Gedanken von Zion und
Jerusalem aus unseren Gebeten ausmerzen« wollten, hin zu den Bestrebungen
der heutigen Zionisten sehen.

> Die messianischen Weissagungen haben eben einen doppelten Charakter; die Einen
> verkünden das »Reich Gottes«, die dereinstige Herrschaft der Gerechtigkeit und des
> Friedens auf Erden, die Anderen die Wiedereinsetzung des Volkes Israel in sein hi-
> storisches Recht. […] Daß die Verheißungen der Schrift, die von Zion und Jerusa-
> lem reden, sinnbildlich zu nehmen seien und n u r auf das »Reich Gottes« sich be-
> ziehen, war von jeher die Auffassung des Christentums, das unter Zion und Jerusa-
> lem die K i r c h e verstand, niemals aber die des Judenthums.

Goitein kam nach gründlicher Abwägung zu dem Schluß, daß vom religiösen
Standpunkt her dem Zionismus nicht beizukommen sei, ja daß vielleicht gerade im Interesse der jüdischen Religion der Zionismus gefördert werden sollte.[112] Ebenfalls im September 1897 vertrat der Breslauer Ernst Kalmus in der
»Jüdischen Presse« einen ähnlichen Standpunkt: »Gott hilft nur da, wo
menschliche Hilfe versucht wird […]. Das thätige Eingreifen zur Förderung
des messianischen Zeitalters ist also Pflicht jedes gesetzestreuen Juden.« Charakteristisch für die Haltung der Redaktion, die zwar den als streng gesetzes-
treu bekannten Kalmus zu Wort kommen lassen wollte, jedoch nicht ohne an
entsprechenden Stellen Widerspruch anzumelden, ist der Kommentar, das
›thätige Eingreifen‹ sei die »Erziehung der Mitmenschen zur Reinheit in Glauben und That!«[113]

Eine Ausnahme bildet die Stellungnahme in Blochs »Oesterreichischer Wochenschrift«, in der sowohl die Rechtmäßigkeit wie die Durchführbarkeit des
Unternehmens bestritten wurde: »Einfach […] nach Palästina [zu] pilgern und
dort das zu leisten, was man im Mutterlande geleistet hat«,[114] sei nicht das Ziel

---

[112]   Ebd., S. 146 und 143.
[113]   Kalmus: National-Conservativ (Anm. 62), S. 397. Ernst Kalmus hatte 1895 u. a.
        mit Heinrich Loewe zum ersten Präsidium der »Vereinigung jüdischer Studieren-
        der« (später Verein jüdischer Studierender, V. J. St.) gehört, deren Gründung von
        Mitgliedern des Vereins »Jung Israel« und der »Jüdischen Humanitätsgesellschaft«
        (gegr. 1893) initiiert wurde. Der Name »Humanitätsgesellschaft« ist laut Licht-
        heim darauf zurückzuführen, daß »die Gründer wie die ersten Mitglieder sich noch
        nicht recht trauten, nach dem Vorbilde Jung ›Israels‹ unter der nationalen Flagge
        zu kämpfen.« (Lichtheim: Geschichte des deutschen Zionismus [Anm. 2], S. 118)
        Andererseits war die »Humanitätsgesellschaft«, gerade wegen des vagen Programms
        zur Förderung jüdischen Selbstbewußtseins, eher geeignet, die akademische Jugend
        anzuziehen (vgl. Jehuda Reinharz: Ideology and Structure in German Zionism 1888–
        1933. In: Essential Papers on Zionism. Ed. by Jehuda Reinharz and Anita Shapira.
        New York: New York University Press 1996, S. 268–297, hier S. 272).
[114]   S. W.: Ein Ideal. In: BOW 14 (1897), Nr 23 (4. Juni), S. 468: »Um den Zionismus
        wahr zu machen, müßten alle jene Institutionen, wie sie einstens bestanden, wie-
        derhergestellt werden. Wer ist das auszuführen im Stande? Der Messias müßte er-
        scheinen […]«

des Gläubigen und kein Zionismus; andererseits aber hinderten sachliche Gründe daran, einfach nach Palästina zu gehen. Herzls Plan könnte überall besser ausgeführt werden als in Palästina, außerdem würden die Staaten die Auswanderung ihrer Untertanen überhaupt nicht zulassen.[115]

Ausführlich wurden praktische Bedenken mittels eines unkommentierten, längeren Zitats des »rühmlichst bekannte[n]« Arabienreisenden Dr. Eduard Glaser publiziert. Dieser wies darauf hin, daß Palästina nicht herrenlos[116] und eine Preisgabe der Türkei nicht zuzumuten sei. Nur dann aber wäre die Einwanderung von Millionen Juden möglich. Palästina liege zu nahe an Rußland, das, falls die Türkei verzichten würde, vermutlich »maßgebend« in Palästina würde. Dies wäre den Juden nicht zuzumuten. Da Palästina auch für die Christen heilig sei, würde eine »jüdische Herrschaft in Palästina [...] zu nichts Anderem als zu unausgesetzten Kreuzzügen führen, deren Ende leicht abzusehen wäre.«[117] Willy Bambus meldete Zweifel daran an, ob denn die Massen des jüdischen Volkes, also die Ostjuden, die man ja brauche, sich dazu verleiten lassen würden, aus ökonomischen Gründen die religionsgesetzlichen Bedenken zu übergehen.[118] Mit diesem Einwand, der praktische und religiöse Zweifel verband, stand Bambus recht einsam da; es war eher üblich, vor der Gefahr der begeistert aufbrechenden ostjüdischen Massen zu warnen. Außerdem hielt Bambus es für fraglich, ob ein jüdischer Staat »lebensfähig« erhalten werden könnte, da Bauernstand und Industrie fehlten.[119] Als Förderer der Kolonisation ging er allerdings nicht so weit wie der »Israelit«, der einwandte, die in Palästina lebenden Juden seien schon jetzt nicht in der Lage, sich ihre Existenz ohne Hilfe zu sichern.[120] Überhaupt nahmen in den Kommentaren des »Israelit« nach dem Kongreß die praktischen Bedenken größeren Raum ein als zuvor, ja größeren als die religiösen Bedenken. Der Judenstaat sei ein aussichtsloses Postulat. Selbst wenn es politisch möglich wäre, Palästina zu kaufen, würden die anderen Religionen, denen Jerusalem ebenfalls heilig sei, gegen eine »Judaisierung« Palästinas protestieren. Würde man als »Ehrenwache« der heiligen Stätten einen Fehler begehen, der die anderen Religionen kränke, könnte dies den ganzen Staat in Gefahr bringen.[121] Der christliche Anspruch auf das heilige Land sei beim Kongreß ignoriert worden.

Auch über den hohen Grad, inwieweit die Assimilation unter den Juden vorgeschritten, täuscht man sich zweifellos in zionistischen Kreisen, wenn man behauptet, daß

---

[115] Ebd.
[116] Rippner erinnerte an die Existenz der ›fanatischen Mohammedaner‹: »[...] Palästina [ist] weder herrenloses Land noch etwa uns zum Kaufe angeboten«. Rippner: Ein sonderbarer Streiter für Zion (Anm. 61), S. 612.
[117] Eduard Glaser: Zur zionistischen Bewegung. In: NZ 37 (1897), Nr 28 (9. Juli), S. 290.
[118] Vgl. Bambus: Der Kongreß der Zionisten II (Anm. 34), S. 289.
[119] Vgl. ebd. III, S. 294f.
[120] Vgl. N.N.: Der Zionismus. II (Anm. 73), S. 1420.
[121] N.N.: Der Zionismus. I (Anm. 73), S. 1396.

in kürzester Zeit das bloße Zusammenwohnen in Palästina einen Ausgleich zwischen Ost- und Westjuden herbeiführen, ein einheitliches nationales Gepräge dem jungen Staate aufdrücken würde.[122]

Der »Israelit« schloß seine Artikelserie mit einer Absage an die zionistische Bewegung, die versteckt die Zwiespältigkeit noch einmal zum Ausdruck bringt:

> Wohin wir immer blicken, von welcher Seite auch wir den Zionismus betrachten, es findet sich nichts, was zu Gunsten dieser Bewegung spricht. Viele freuen sich darüber, daß Dank der zionistischen Bewegung jüdische Gesetzesverächter, die früher die Gebete um Jerusalem aus den Gebetbüchern gestrichen hätten, heute von Zion und Jerusalem, als dem Ziele ihrer Sehnsucht sprechen. Wir können auch diese kleine Freude nicht theilen. […] Je mehr wir uns mit ihr [der zionistischen Bewegung] beschäftigen, um so mehr fühlen wir uns von ihr abgestoßen. Auch in uns lebt die altjüdische Liebe für Zion und Jerusalem, jeder Nerv erbebt in uns, wenn wir das herrliche Sehnsuchtslied R. Juda Halivi's [!] lesen, wenn wir an den Feiertagen all des Hohen und Heiligen gedenken, das wir entbehren müssen, solange der Tempel in Trümmern liegt. Und weil wir Zion lieben, darum ist unsere Abneigung gegen den Zionismus so groß, der einen Namen, an den sich die heiligen und reinen Gefühle des jüdischen Volkes knüpfen, mißbraucht, um damit Bestrebungen zu benennen, die unsinnig, unnütz, gefährlich und unjüdisch sind.[123]

Die wenigen Sätze machen sehr deutlich, wie eng diese geradezu schroffe Ablehnung mit einer Versuchung zusammenhing, die von dieser, wie der Kongreß gezeigt hatte, jungen, lebendigen und hoffnungsvollen zionistischen Bewegung für diejenigen ausging, in denen die ›altjüdische Liebe für Zion und Jerusalem‹ lebte.

Wer fürchtet sich vor – ›Zionismus‹?

Vor allem von Herzls entschiedenen Gegnern wurde der Spott als Mittel der Propaganda gewählt. Diese Methode schien in zweifacher Weise erfolgversprechend: Nach innen, für die jüdischen Leser, wurde so der Weg geebnet, sich von derart lächerlichen Plänen zu distanzieren bzw. sich gar nicht erst dafür zu interessieren, wollte man nicht selbst zum Gespött werden. Etwaigen nichtjüdischen Lesern signalisierte man, daß Herzl mit seinem »Judenstaat« und der Kongreßankündigung eine nebensächliche Ausnahmeerscheinung sei, die man belustigt abtun könne, keinesfalls aber als repräsentativ für die Judenheit anzusehen habe. Der Wunsch, sich in nichtjüdischen Augen von Herzl zu distanzieren, wird in einer frühen Rezension des »Judenstaats« im »Israelit« deutlich, wo man bedauert, daß Herzl an anderer Stelle nicht deutlich genug

---

[122] N.N.: Nachklänge zum Zionistenkongreß. Basel, 7. September. In: ISR 38 (1897), Nr 72 (9. September), S. 1403f. (»Leitender Artikel«. Erste Beilage), Zitat S. 1404.

[123] N.N.: Der Zionismus. V (Anm. 73), S. 1504f. (»Leitender Artikel«).

als »Namenjude« gekennzeichnet worden sei, der kein Recht habe, für das Judentum zu sprechen.[124] Ebenfalls nach Erscheinen des »Judenstaats« wurde Herzl in der »Allgemeinen Israelitischen Wochenschrift« als eingebildeter Erfinder eines »perpetuum mobile« hingestellt, dessen ›prätentiöses Geschwätz‹ dem Leser der Rezension als naiv, dumm und überheblich erscheinen muß.[125] Diese Linie vertrat die Zeitschrift mit dem Abdruck von Anton Bettelheims Artikel »Trutz-Juden« noch im August 1897:[126] Herzls »Judenstaat« sei eines Kommentars gar nicht würdig; die Schrift wird als Witz abgetan, deren ›monumentalen Humor‹ man nicht entweihen wolle. Herzl selbst gehöre »zum niemals aussterbenden Geschlecht unbelehrbarer, unbekehrbarer Projektenmacher«; die Zionisten insgesamt werden zu »ABC-Schützen« politischer Bildung. Bettelheim arbeitet gern mit Sprachspielen, aus Herzls Werbeformulierung »das Judentum unterwegs« wird bei ihm »das Judentum auf dem Holzweg«. Insgesamt bleibt für den Leser als Eindruck, er habe weder Herzl noch seine Schrift, weder seine Anhänger noch den Kongreß ernst zu nehmen, was abschließend verstärkt wird durch den ironischen Hinweis auf zwei »Kleinigkeiten«, die zum Judenstaat noch fehlten: »der nöthige Staat und die erforderlichen Juden«. Anton Bettelheims Artikel »Trutz-Juden«, insbesondere der zuletzt zitierte einprägsame Satz, gehörte zu den Texten, die durch Zitat und Wiederabdruck eine nachhaltige Verbreitung fanden.[127]

Naivität, lächerliche Selbstüberhebung und der Verweis auf die Phantasie des ›Poeten‹[128] Herzl zogen sich bis zum Zionistenkongreß als Vorwurf durch die verschiedenen Kommentare. Zionisten bzw. Herzls Anhänger galten ent-

---

124 M. R.......d: Nationaljudenthum (Anm. 85), S. 449.

125 M[ax] A[lbert] Klausner: Der Judenstaat. In: AIW 5 (1896), Nr 10 (6. März), S. 169f. Herzl erschien dieser ›Verriß‹ »ungefähr im Radauton der Berliner Theaterhyänen, die eine Première heruntermachen.« (Zionistisches Tagebuch 1895–1899 [Anm. 5], Zweites Buch, S. 309).

126 Anton Bettelheim: Trutz-Juden. In: AIW 6 (1897), Nr 35 (27. August), S. 587–590. Am 28. Februar 1896 war in der »Münchner Allgemeinen Zeitung« mit Bettelheims Rezension des »Judenstaat« »der bisher niederträchtigste Angriff«, so Herzl im »Zionistischen Tagebuch« vom 6. März 1896 ([Anm. 5], Zweites Buch, S. 309), erschienen.

127 Der »Israelit« brachte eine Kurzfassung von Bettelheims Artikel, die besonders den Aspekt hervorhebt, Herzls Bewegung vernachlässige die Religion, und mit dem spöttischen Satz über die zwei fehlenden Kleinigkeiten schließt. N.N.: [Deutschland] Berlin, 25. August ... Bettelheim. In: ISR 38 (1897), Nr 68 (26. August), S. 1313f. (Rubrik »Zeitungsnachrichten und Correspondenzen«). Auch die »Mittheilungen aus dem Verein zur Abwehr des Antisemitismus« druckten den Artikel. Der Text ist hier zum Teil ins Präteritum verwandelt; offenbar hatte man damit gerechnet, daß der Abdruck erst nach dem Kongreß erscheinen würde. Anton Bettelheim: Trutz-Juden. In: MVAA 7 (1897), Nr 35 (28. August), S. 280, 283f.; ders.: Trutz-Juden. (Schluß). In: MVAA 7 (1897), Nr 37 (11. September), S. 291–293 (Aus der »Nation« übernommen).

128 S. W.: Ein Ideal (Anm. 114), S. 468.

sprechend als ›schwärmende Phantasten‹[129] oder »»Judenstaat‹-Schwärmer«,[130] die der »Mißgeburt einer Idee«[131] anhingen. Vermeintliche Fürsorge verstärkt in der Warnung, die Benjamin Rippner im Juli 1897 in Blochs »Oesterreichischer Wochenschrift« an die Zionisten richtete, die ironisch-spöttische Wirkung: Wer demnach gegen den angekündigten Kongreß sei, der »den böswilligen Zuschauern im Herbste einen sehr deplacirten unfreiwilligen Carnevalsscherz gewähren« würde, wolle nur in guter Absicht verhindern, daß die »edlen, wohlwollenden Männer« sich lächerlich machen.[132]

Hatte noch 1896 Gustav Karpeles in der »Allgemeinen Zeitung des Judentums« in einem Leitartikel zum »Judenstaat« gemeint, daß man die Schrift nicht »mit einigen billigen Witzen oder gar mit harten Scheltworten abthun« könne,[133] leitete die gleiche Zeitung im folgenden Jahr die Ankündigung des Kongresses ein mit: »Man höre und staune«, womit dem Leser klar gewesen sein dürfte, daß er den Plan als lächerliche Selbstüberhebung einzuschätzen habe.[134]

Herzls Begrüßung in Sofia am 17. Juni 1896[135] hatte Singer in der »Allgemeinen Israelitischen Wochenschrift« mit der Bemerkung kommentiert, hier sei zum erstenmal ein Messias mit Hüteschwenken begrüßt worden; schade nur, daß er nicht auf einem Esel geritten sei.[136] Die Begeisterungsstürme am Bahnhof in Sofia waren wohl auch Herzls Mitstreitern nicht ganz geheuer, denn Ruben Bierer, der zugleich als Mitglied des Empfangskomitees wie als Berichterstatter beteiligt war, schrieb in »Zion«: »[…] schließlich überreichte man ihm einen Kranz (was vielleicht vernünftiger Weise unterblieben wäre).«[137] Die »Allgemeine Israelitische Wochenschrift« blieb sich in der Diffa-

---

[129] N.N.: [Amerika … Königreich … München]. In: AZJ 61 (1897), Nr 23 (4. Juni), S. 266.

[130] Red.: [»Judenstaat«-Schwärmer]. In: IDR 3 (1897), Nr 9, S. 456 (Rubrik »Briefkasten der Redaktion«. Antwort der Red. an DL). Vgl. auch M. R.......d: Nationaljudenthum (Anm. 85), S. 451.

[131] N.N.: Die Mobilmachung der Rabbiner gegen den »Judenstaat« (Anm. 68), S. 335.

[132] Rippner: Ein sonderbarer Streiter für Zion (Anm. 61), S. 612.

[133] Gustav Karpeles: Der Judenstaat. In: AZJ 60 (1896), Nr 9 (28. Februar), S. 97f. Inhaltlich lehnte Karpeles den »Judenstaat« jedoch deutlich ab: »Wir haben schon vor Jahren davor gewarnt, die sogenannte zionistische Bewegung einfach zu übersehen oder mit fadenscheinigen Argumenten vernichten zu wollen. Man hat uns deshalb – was ja im Grunde mehr lächerlich als boshaft war – der Hinneigung zum Zionismus beschuldigt, während wir doch diese Strömung von Anfang an mit aller Entschiedenheit bekämpft haben, weil wir sie für utopistisch und unjüdisch gehalten haben und noch immer halten, ohne daß wir aber darum den auf Kolonisation gerichteten Bestrebungen je unsere Sympathie versagt hätten.«

[134] AZJ 61 (1897), Nr 17 (16. April), S. 183f., hier S. 183.

[135] Die Szene wird auch ausführlich von Herzl geschildert: Zionistisches Tagebuch 1895–1899 (Anm. 5), Drittes Buch, S. 358.

[136] Vgl. Singer: Die Staatsjuden des Judenstaats. In: AIW 5 (1896), Nr 29 (17. Juli), S. 487f.

[137] Ruben Bierer: Dr. Theodor Herzl in Bulgarien. In: Z 2 (1896), Nr 6 (15. Juli), S. 173–176, hier S. 175.

mierung Herzls als ›Möchte-gern-Messias‹ treu: 1897 wurde unter der Überschrift »Intimes vom Zionistenkongreß« Herzls dortiges Auftreten wie folgt beschrieben: »Der Mann geberdete sich wie der Messias und trug eine lächerliche Würde zur Schau, als wäre er bereits zum mindesten Präsident der jüdischen Republik und nicht vorläufig nur der eines Kongresses [...]«.[138] Eine weitere Variante des Messias-Spotts traf Herzls vergeblichen Versuch, von prominenten wohlhabenden Juden Unterstützung für sein Projekt zu gewinnen: »[...] so respectabel die Londoner Börse ist, es ist schwer anzunehmen, daß der Messias gerade auf dieser Börse zuerst sich offenbaren wird.«[139]

Auf der Gegenseite wurden namentlich die »Protestrabbiner« zum Ziel spöttischer Bemerkungen. Die »jüdischen Päpstlein von Berlin, Breslau und Stettin«[140] könnten gegen sie selbst gerichteten Spott gar nicht vertragen: Nachdem der amerikanische Rabbiner Gottheil es gewagt hatte,[141] das Wort »Begeisterung« aus dem Munde der Rabbiner »etwas komisch« zu finden, »besonders wenn die ganze Begeisterung in nichts sich zeigt als im thatenlosen Bewußtsein«, konterte Vogelstein indigniert: Die jüdischen Soldaten waren 1870 begeistert, wir sind jetzt begeistert – und niemand hat das Recht, dies komisch zu finden.[142]

---

138 N.N.: Intimes vom Zionistenkongreß. In: AIW 6 (1897), Nr 39 (4. September) S. 663.

139 [Benjamin] Rippner: Eine Nationalität, oder eine Religion? In: BOW 14 (1897), Nr 23 (4. Juni), S. 461f.

140 Spectator [d. i. Wilhelm Goldbaum]: Der Papst und die Zionisten. In: W 1 (1897), Nr 16 (17. September), S. 1f., hier S. 1. Der Wiener Journalist Wilhelm Goldbaum (1843–1912) war seit 1872 Herzls Kollege bei der »Neuen Freien Presse«, außerdem Mitarbeiter der »Westermann'schen Monatshefte«, der »Deutschen Rundschau«, der »Gegenwart«, der »Gartenlaube« sowie der »Nationalzeitung«. In der Welt schrieb er unter den Pseudonymen Spectator und Erter. Vgl. Herzl: Zionistisches Tagebuch (Anm. 5), Anm. zum Zweiten Buch, S. 831, Anm. 305.

141 Gustav Gottheil (1827–1903), Reformrabbiner, Liturgist und zionistischer Führer. Er war der wichtigste unter den amerikanischen Rabbinern, die zu dieser Zeit den Zionismus öffentlich unterstützten. Zusammen mit seinem Sohn Richard sowie Stephen S. Wise gehörte er zu den Gründern der »Federation of American Zionists«.

142 G[ustav] Gottheil / H[einemann] Vogelstein / Red.: Ein Briefwechsel über den Zionismus. In: AZJ 61 (1897), Nr 36 (3. September), S. 421ff. Als Reaktion auf die Erklärung der Rabbiner Maybaum und Vogelstein hatte die AZJ eine Zuschrift aus New York von Rev. Dr. Gottheil erhalten, die zusammen mit einer Entgegnung Vogelsteins abgedruckt wurde. An diesem Beispiel wird besonders deutlich, wie in der Kontroverse mit der Zuweisung positiver oder negativer menschlicher Eigenschaften gearbeitet wurde: Hatten die beiden deutschen Rabbiner den Glauben an die Realisierbarkeit des zionistischen Projekts als »naiv« bezeichnet, so sind es nach den Worten Gottheils »die Herren Kollegen«, die »naiv genug sind, an einen Siegeszug bloßer Ideen [gemeint sind Grundsätze der Humanität] zu glauben [...]«. Diese Naiviät zeuge umso mehr von der persönlichen Schwäche der Männer, »in deren Händen die geistige Führung des Volks liegt«, als sie auf eine »offene Kriegserklärung« der antisemitischen Bewegung zu reagieren hätten. Um den

Herzl dagegen, der sich schon vor Erscheinen des »Judenstaats« klar darüber war, daß man spöttisch auf ihn reagieren würde,[143] versuchte dem offen-
siv zu begegnen. Seine Replik auf die bereits erwähnte Rezension der »Allgemeinen Israelitischen Wochenschrift«, in der er als eingebildeter Erfinder abgetan wurde, leitet der Satz ein: »Der Spott der Juden wird vielleicht über
diese erste unvollständige Veröffentlichung herfallen.« Scheinbar lud Herzl
damit den Leser selbst dazu ein, seinen Entwurf mit der Kategorie ›lächerlich‹
abzutun, tatsächlich aber drehte er die Waffe des Spotts um: »Die böse und
thörichte Selbstbespöttelung ist eine der Sklaveneigenschaften, die wir uns in
Jahrhunderten der Bedrückung angeeignet haben. Ein Freier findet sich nicht
lächerlich und duldet nicht, daß man über ihn lächle.« Er sprach ausdrücklich
die »starken, innerlich freien Juden« an und schmeichelte dem Leser, dem er
auch noch die Wahl ließ, sich von ›Begeisterung‹ oder ›Nüchternheit‹ für
Herzls Gedanken erwärmen zu lassen: »Wohl hoffe und glaube ich, daß eine
wunderbare Begeisterung im Judentum aufflammen wird, aber ich will heute
nur mit nüchternen Worten zur Vernunft praktischer, gebildeter und auf moderner Höhe stehender Menschen sprechen.«[144]

Zu den Kategorien ›Sklave‹ und ›Freier‹ tritt bei der propagandistischen In-
strumentalisierung von Angst und Gefahr ein weiteres Begriffspaar: ›ängstlich‹
und ›mutig‹. Eher selten ist die Variante, die wir in der öffentlichen Erklärung
der Münchener Gemeinde finden: sie sprach von der eigenen »Beunruhigung«,
sah den Frieden gefährdet und gab sich »schmerzlich berührt«.[145] Diese Art
der Selbstdarstellung, quasi als Opfer der zionistischen Bestrebungen, rief
jedoch Mißfallen hervor; Benjamin Rippner, selbst durchaus kein Befürworter
des Zionismus, kritisierte die Reaktion als »allzu ängstlich«. Im gleichen Artikel stellte er aber auch fest, daß der Zionismus nur so tue, als ob er mutig sei,

---

Sieg humanitärer Ideen zu erzwingen, seien ›wir‹, d. h. hier die Juden überhaupt,
»zu winzig, zu schwach und zu muthlos.« Gegen dieses Bild zeichnet Gottheil nun
die Zionisten als Männer, die »offen, ehrlich, furchtlos und ohne Prahlerei« einen
anderen Weg versuchen wollen als den des Bittens bei Regierungen. Vogelsteins
Replik: »Immer von Neuem wollen wir unser Recht geltend machen, als ›Männer,
furchtlos, ehrlich‹, ohne zu betteln oder zu kriechen, und zugleich uns als patriotische, dem Vaterlande treu ergebene Bürger zeigen [...].« Das von Vogelstein ver-
tretene ›wir‹ bestehe aus »vielen gebildeten, für Religion und Vaterland warm er-
glühenden Juden«. Gottheil wurde für seine Zuschrift von Heinrich Loewe als eines der »aufrichtigen Elemente der Reformbewegung« gelobt, die »sich mit auf-
richtiger Liebe dem alten, neuen Zionsgedanken hingeben« (Sachse / Loewe: Zionistenkongreß und Zionismus [Anm. 56], S. 17).

143 Er notierte am 16. Juni 1895 im »Zionistischen Tagebuch«: »Eine der Haupt-
schlachten werde ich dem Judenspott widmen müssen.« (Herzl: Zionistisches Tagebuch [Anm. 5], Erstes Buch, S. 133)

144 Th[eodor] Herzl: Der Judenstaat. In: AIW 5 (1896), Nr 11 (13. März), S. 188ff.,
hier S. 188.

145 r.: [München Zionistenkongreß]. In: AZJ 61 (1897), Nr 25 (18. Juni), Beilage »Der
Gemeindebote«, S. 3f.

tatsächlich bedeute er jedoch »ein bedingungsloses Die-Waffen-Strecken gegenüber dem Antisemitismus.«[146]

Nachdem also mutiges Verhalten die erwünschte Tugend war, erhob man
denn auch folgerichtig, als zweite Variante, gegen den jeweiligen Gegner den
Vorwurf der Ängstlichkeit: Auf der einen Seite schien Ängstlichkeit eine Ei-
genschaft der Antizionisten, die »sich als Verachtete und Beschimpfte wohl-
fühlen«, die nicht, wie die Zionisten, etwas »wagen« wollen, um ihre Lage zu
bessern.[147] Auf der anderen Seite galt die »krankhafte Angst« der Zionisten
vor den Antisemiten als Ursache ihrer »Phantastereien«. Bemerkenswert ist,
daß im gleichen Leserbrief in der »Allgemeinen Zeitung des Judentums« den
Zionisten geraten wurde, sich vom »grimmige[n] Behagen« und der »höhni-
sche[n] Freude der Antisemiten über den Zionistentag« belehren und von der
Veranstaltung abhalten zu lassen.[148] Gleichsam diesen extremen Haltungen
vorausgreifend, hatte Arthur Eibenschütz im Februar 1897 als Verhaltensma-
xime gegenüber dem Antisemitismus geraten, sich einerseits nicht der christlichen Gesellschaft aufzudrängen, sondern an das angesichts der Märtyrerver-
gangenheit ›berechtigte Selbstbewußtsein‹ zu denken; sich aber andererseits
nicht nervös machen zu lassen, indem man durch separatistische Bestrebungen
den Antisemiten nütze und die hiesigen Juden gefährde. Eibenschütz meinte,
weil der Zionismus eine Reaktion der Entrüstung und des Zorns sei, sei er
unvernünftig, nicht objektiv und somit für jüdische Interessen schädlich.[149]
Vom Selbstbewußtsein als Juden sprach indirekt auch Heinrich Meyer Cohn,
als er eine zweite, diesmal aber selbst erkämpfte Emanzipation für die Juden
als Gesamtheit forderte. Diese Art der Emanzipation werde von den Zionisten
gefördert. Berechtigte Vorwürfe seien den Juden wegen eines angeblichen
Konflikts zwischen Staatsbürgertreue und Nationalbewußtsein nicht zu machen.[150] Man hielt ihm entgegen, diese These der – in Anlehnung an Bettel-

---

[146] Rippner: Der Streit um Zion (Anm. 54), S. 630ff., hier S. 631.
[147] Zitiert nach: Bettelheim: Trutz-Juden (Anm. 126), S. 589.
[148] Meyer: [Der Zionistentag … in München] (Anm. 49), S. 324.
[149] Vgl. Eibenschütz: Assimilation oder Separatismus (Anm. 83), S. 115f. – Benjamin
       Rippner warnte davor, aus dem Groll gegen die Antisemiten Trotz werden zu las-
       sen. »Der Antisemitismus darf die Gestaltung des Judenthums nicht bestimmen.«
       Rippner: Eine Nationalität, oder eine Religion? (Anm. 139), S. 462.
[150] Cohn: Zionismus und Staatsbürgertum (Anm. 68), S. 711f. Cohn spielt verschiede-
       ne Möglichkeiten durch, bei denen ein Konflikt zwischen Staatsbürgerpflicht und
       Plänen oder Idealen entstehen könnte, und kommt zu dem Schluß, daß eine jü-
       disch-nationale Bewegung etwa für den österreichischen Staat weitaus harmloser
       als eine deutschnationale sei. »Weil uns die Emancipation ohne große Mühe, fast
       wie eine reife Frucht, in den Schoß fiel, nur deshalb konnte sie so leicht wieder
       verloren gehen. Nur die Emancipation aber hat Werth und ist eine wirkliche, die
       wir uns erkämpfen und nicht erschnorren, das heißt bei der wir den Vorurtheilen
       unserer christlichen Mitbürger nicht nachgeben und uns nicht zu Geschöpfen nach
       ihrem Ebenbilde umzumodeln suchen; bei der wir eine Gleichberechtigung in er-
       ster Linie nicht erstreben für den Einzelnen, daß er Adjunct oder Officier werde,
       sondern für die Gesammtheit, daß sie nach ihrer Façon selig werden könne.« (S. 712)

heim so genannten –»Trutzjuden« sei gefährlich, weil »wir [Juden] Alle mit
einander zu bodenlosem Idealismus neigen«. Als »winzige Minorität« könne
man sich eine »so stolze Sprache« nicht leisten und müsse auch unberechtigte
Vorwürfe zu vermeiden suchen.[151] Dennoch war es dem Zionismus schon
recht früh gelungen, auch bei Gegnern als Förderer jüdischen Stolzes und
jüdischer Selbstachtung zu gelten.[152]

Eine dritte Variante: es wurde versucht, beim Leser Angst zu erzeugen, indem eine bestimmte oder unbestimmte Gefahr heraufbeschworen wurde. Für
letzteres sind Formulierungen wie »großes«[153] oder »unermeßliches Unheil«,[154] »verhängnißvolle Irrthümer«, »große Gefahr«[155] usw. symptomatisch.
Für die »Allgemeine Zeitung des Judentums« steigerte sich die Gefährlichkeit
der zionistischen Bewegung mit der Art der Anhänger: erst waren es ›nur‹
russische Studenten, dann deutsche Studenten, jetzt »reife und erfahrene Männer«.[156] Wurde in diesem Fall die Bewegung als harmlos betrachtet, solange es
nur russische Studenten waren, bezieht sich eine Parallelformulierung auf die
Sprache: »So lange die Zionisten hebräisch schrieben«, seien sie nämlich auch
nicht so gefährlich gewesen wie »jetzt, da sie deutsch schreiben«.[157] Ein anderes
Phänomen der Steigerung finden wir in der Kontroverse zwischen den Rabbinern
Maybaum und Vogelstein einerseits und Rülf andererseits: Rülf reagierte auf die
Verunglimpfung der »Welt« als »Unglück, das abgewehrt werden muß«: »Nein!
nicht die Zeitung, aber die Rabbiner sind unser Unglück, jene leitenden Irreleiter,
die Antisemitismus treiben, schlimmer als der schlimmste Antisemit«.[158]

In der emotional geprägten Debatte über potentielle Gefahren wurden verschiedene Zusammenhänge zwischen Zionismus und Antisemitismus thematisiert. Schon in einer Rezension zum »Judenstaat« hatte Singer mit seiner Be-

---

151 Frank: Zionismus und Staatsbürgertum. In: BOW 14 (1897), Nr 36 (3. September),
     S. 721ff. »Welcher Staat wird dagegen auch nur einen Finger rühren, wenn wir Ju-
     den etwa wegen ›unberechtigter Vorwürfe‹, oder weil unsere Zionisten in den
     Massen die tolle Idee hervorgerufen hätten, die Gesammtheit der Juden sehne sich
     nach Palästina, in die wirklich ernste Gefahr geriethen, aus dem Lande hinausge-
     drängt zu werden, in dem wir angeblich nicht bleiben wollen?« (S. 722)
152 Vgl. N.N.: Der Baseler Zionisten-Kongreß. In: IDR 3 (1897), Nr 10, S. 476–484,
     hier S. 476; N.N.: Der Zionisten-Congreß. In: LH 14 (1897), Nr 35 (9. September),
     S. 507ff., hier S. 508; Deutsch: [Zionismus oder Assimilation] (Anm. 99), S. 483f.
153 So z. B. Bambus: Der Kongreß der Zionisten I (Anm. 34), S. 266. Die Bemerkung
     wurde zitiert: N.N.: [München … Zionistenkongreß]. In: IDR 3 (1897), Nr 6,
     S. 338f., hier S. 339.
154 N.N.: [London, 5. August]. In: IDR 3 (1897), Nr 9, S. 450f., hier S. 450.
155 Beide Zitate stammen von Vogelstein aus: Gottheil / Vogelstein / Red.: Ein Brief-
     wechsel über den Zionismus (Anm. 142), S. 422.
156 N.N.: Gegen den Zionismus (Anm. 59), S. 217.
157 Maybaum / Vogelstein / Red.: Gegen den Zionismus (Anm. 48), S. 277. Diese
     Befürchtungen konnte die »Laubhütte« nicht so ernst nehmen; sie kommentiert:
     »Sie schreiben schon lange deutsch«. N.N.: Die Mobilmachung der Rabbiner ge-
     gen den »Judenstaat« (Anm. 68), S. 335.
158 Rülf: Erklärung gegen Erklärung (Anm. 63), S. 1f., hier S. 1.

merkung, man könne aus der antisemitischen Presse über Herzls Aktivitäten erfahren, auf die Gefahr unerwünschter Aufmerksamkeit von dieser Seite hingewiesen.[159] Im Bestreben, den Kongreß in München zu verhindern, wurde die dortige Gemeinde deutlicher und stellte fest, daß die Antisemiten den Kongreß »mit Freuden« begrüßten.[160] Anton Bettelheim nannte in seinem vielzitierten Artikel die Zionisten »[...] die schlimmsten Antisemitenknechte. Denn das und nichts anderes sind die heutigen sogenannten Zionisten, tolle Hetzjuden, wie sie tolle Judenhetzen züchteten und naturgemäß züchten mußten.«[161] So erschien der Zionismus als Beweis für den ›traurigen‹ Erfolg des Antisemitismus,[162] manche behaupteten gar, der Zionismus sei gefährlicher als der Antisemitismus.[163] Ob man, wie Arthur Eibenschütz, dem Zionismus unterstellen solle, er liefere den Antisemiten die »gefährlichsten Waffen«,[164] war umstritten: manche meinten trotz ihrer Gegnerschaft zum Zionismus, bei den Antisemiten habe man ohnehin nichts zu verlieren;[165] andere behaupteten, der politische Zionismus habe die ›Judenfrage‹ überhaupt erst erschaffen. Zuvor habe es, so Siegmund Mayer, zumindest in Österreich nur eine ›Antisemitenfrage‹ gegeben.

> Jede Regierung und jede Partei mußte sich sagen; wir können doch die Juden ebensowenig erschlagen, wie verjagen, wir müssen sehen, die antisemitische Bewegung los zu werden. Jetzt will ihnen das Projekt Herzls zeigen, daß man nicht diese, sondern die Juden los werden kann, jetzt ist der Punkt gefunden, wo sich Antisemiten und Nichtantisemiten finden können, jetzt haben wir thatsächlich erst die ›Judenfrage‹.

---

159   Vgl. Singer: Die Staatsjuden des Judenstaats (Anm. 136), S. 487.

160   r.: [München Zionistenkongreß] (Anm. 145), S. 3f.

161   Bettelheim: Trutz-Juden (Anm. 127), S. 283. Das Schlagwort wiederholte er selbst gleich noch einmal: »[...] nur die Judenhetze hat die Hetzjuden erzeugt. Der Zionismus ist der Rückschlag des Antisemitismus. Der Eine des Andern werth in seiner sinnlosen Einseitigkeit und verblendeten Ungerechtigkeit.« (S. 284)

162   Vgl. N.N.: Der Zionisten-Congreß in Basel. In: ABPWM 17 (1897), Nr 10 (1. Oktober), S. 217–220, hier S. 218.

163   Vgl. N.N.: Zur zionistischen Bewegung. Der Papst und die Juden. In: BOW 14 (1897), Nr 39 (24. September), S. 785f., hier S. 786; die »AZJ« zitierend: A. Levy: Videant consules. In: AZJ 61 (1897), Nr 38 (17. September), S. 449f., hier S. 450: »Jedoch nicht nur seine Folgen, sondern auch noch mehr infolge seiner ganz anderen Art und Weise, wie er in Erscheinung tritt, ist der Zionismus gefährlicher als der Antisemitismus.«

164   Eibenschütz: Assimilation oder Separatismus (Anm. 83), S. 116. Vgl. auch Leimdörfer: Gegen den Zionismus (Anm. 57), S. 316f., hier S. 317: »Die Feinde der Juden nutzen diese Bewegung zu unserem Ungunsten aus [...]«. Ein Autor des »Israelit« meinte: »Fast Alles, was die Rassenantisemiten gegen uns ins Felde führten, sprechen ihnen die Rassenjuden, laut und lärmend wie jene, in Wort und Schrift nach. [...] Herzl, Nordau und ihre Gesinnungsgenossen, der Zionismus, den sie predigen, bilden eine ernste Gefahr für das friedliche Zusammenleben der Juden mit ihren Mitbürgern, sie treiben Wasser auf die Mühlen des Judenhasses.« N.N.: Der Zionismus. III (Anm. 73), S. 1437f.

165   Vgl. Rippner: Ein sonderbarer Streiter für Zion (Anm. 61), S. 612.

Mayer nannte Herzl einen »Bundesgenosse[n] der Antisemiten«.[166] Anlaß zu konkreten Befürchtungen gab Herzls Vorstellung von der »innere[n] Wanderung der christlichen Staatsbürger in die aufgegebenen Positionen der Juden«.[167] Blochs »Oesterreichische Wochenschrift« gab Mayer ausdrücklich recht: »Das ist die ernste reelle Gefahr, die Suggestion des Abzuges, nicht der Operettengedanke des Einzuges in Palästina und des Judenstaates auf Actien der Antisemiten!«[168] Am Jahresende sah man sich durch den christlichen Zionisten Friedrich Hemann im »starren Pessimismus« gegenüber den Judenstaatsideen bestätigt:[169] Es bestehe die Gefahr, daß den in Europa zurückbleibenden Juden nur noch die Wahl zwischen Fremdenrecht und Taufe bliebe.[170]

Stellvertretend für die vielen, die sich um die Legitimation der Juden als patriotische Staatsbürger in den verschiedenen Ländern sorgten, sei hier eine frühe Stimme aus dem orthodoxen »Israelit« zitiert:

> Darf es uns Wunder nehmen, wenn wir immer wieder ungeachtet aller Widerlegungen von unseren Feinden den Vorwurf hören müssen, daß wir keine Patrioten seien? Auf den deutsch-französischen Schlachtfeldern ist vergebens jüdisches Blut geflossen, wir arbeiten umsonst an der Aufgabe der Gesammtheit, wenn das Nationaljudenthum den Antisemiten, die ohnedies vor Verallgemeinerungen nicht zurückschrecken, Veranlassung gebe, diese Vorwürfe stets zu erneuern. Der Jude ist Patriot.[171]

---

166 Mayer: [Wider den Antisemitismus] (Anm. 76), S. 317 (Aus der Wiener »Zeit« vom 28. August übernommen). – Ähnlich hatten die »Mittheilungen« schon zuvor gemeint, der Kongreß fördere die antisemitische Bewegung, »die im Zionismus ihren glänzendsten Bundesgenossen begrüßt.« N.N.: Vom Zionistenkongreß in Basel. In: MVAA 7 (1897), Nr 37 (11. September), S. 293.

167 Herzl: Der Judenstaat (Anm. 1), S. 16.

168 Frank: Zionismus und Staatsbürgertum (Anm. 151), S. 723.

169 Vgl. zu Carl Friedrich Hemann (1839–1919) Patrick Kury: »Zuerst die Heimkehr, dann die Umkehr«. Christlicher Zionismus und Philosemitismus im Umfeld des Ersten Zionistenkongresses. In: Der Erste Zionistenkongress (Anm. 2), S. 185–190.

170 Vgl. Frank: Das Programm der arischen Zionisten. In: BOW 14 (1897), Nr 50 (10. Dezember), S. 1003ff. Deutlich negativer interpretierte der »Israelit« Hemanns Schrift (»Das Erwachen der jüdischen Nation. Der Weg zur endgültigen Lösung der Judenfrage«, Basel 1897). Er sah in Hemann zugleich den Antisemiten wie den Missionar, der die zionistischen Ideen für beide Zwecke ausnutze. Vgl. N.N.: Eine zionistische Missionsschrift. In: ISR 38 (1897), Nr 96 (6. Dezember), S. 1823ff. (»Leitender Artikel«). Mittels einer Korrespondenz aus Frankfurt über einen Vortrag von Charles L. Hallgarten berichteten auch die »Mittheilungen aus dem Verein zur Abwehr des Antisemitismus« über Hemanns Buch. Es werden hauptsächlich Absätze über die Schwierigkeiten einer Staatsgründung in Palästina sowie über die Option zwischen Judenthum und jüdischer Nationalität und Deutschtum und deutscher Nationalität zitiert. Die »Mittheilungen« kommen zu dem Schluß, man könne Hemann den Antisemiten als tüchtigen Führer empfehlen. -t-.: »Gegen den Zionismus«. In: MVAA 7 (1897), Nr 48 (27. November), S. 377f. (Leitartikel).

171 M. R.......d: Nationaljudenthum (Anm. 85), S. 452.

Die Abwehr politisch-zionistischer Ideen rief auch poetische Äußerungen hervor:

> Doch nein! Es ist ein Unkenruf,
> Der lockend da ertönet;
> Zum alten Weh uns neues schuf,
> Wer also uns verhöhnet.
> Wir haben noch ein Vaterland
> An dem wir liebend hangen,
> Wir trügen nur zur eig'nen Schand
> Nach neuem das Verlangen.[172]

Eine weitere Möglichkeit lag darin, Angst vor einer allgemeinen Gefährdung des Judentums hervorzurufen. Dabei wurde ›Judentum‹ je nach Standpunkt als Religion, Volk, Stamm, Nation oder als gesellschaftliche Gruppe definiert, deren politische Rechte im jeweiligen Land in Gefahr geraten. So war in der »Allgemeinen Zeitung des Judentums« zu lesen: »Hat der Antisemitismus die Juden nur in ihren staatsbürgerlichen und materiellen Interessen bedroht, so bedroht der Zionismus das Judenthum in seinem ganzen Bestande.«[173] In diesem Zusammenhang konnte dem Antisemitismus aber auch eine ganz andere Rolle zugeschrieben werden, die das Nationaljudentum als potentiellen Retter der jüdischen Religion in einer religiös indifferenten Zeit erscheinen läßt:

> [...] man kann sogar behaupten, daß das principielle Streben nach Assimilation und nach Abstreifung alles Nationaljüdischen früher oder später zum Untergange des Judenthums selbst führe, weshalb auch der gläubige Jude in dem modernen Antisemitismus, der den Assimilationsbestrebungen, meist gegen den Willen der Juden, Einhalt that, ein Werk der Vorsehung erblicken wird, welche das Judenthum der Welt erhalten wissen will.

Dagegen bewähre sich die »jüdisch-nationale Bewegung als ein vortreffliches Mittel zur Erhaltung und Festigung auch des religiös-jüdischen Bewußtseins.«[174] Ganz anders bewertete der »Israelit« die Belebung des Nationaljudentums durch Herzls Zionismus: »Und um Zion und Jerusalems willen dürfen wir nicht schweigen und nicht ruhen, bis wir gezeigt haben, daß im Zionismus keine Förderung, sondern eine furchtbare Gefahr für unsere heilige Religion liegt.« Selbst wenn eine Staatsgründung nach Herzls Plan »nicht widersinnig, unmöglich und gefährlich wäre«, sei man standhaft genug, »die Erfüllung eines unserer heißesten Wünsche nicht aus den Händen der dem wahren Judenthum ganz fern stehenden Führer des Zionismus entgegenzunehmen.«[175]

---

[172] J. Ruff: Das Wunder in der Wüste. In: JC 3 (1896/97), S. 9ff., hier S. 9.

[173] AZJ 61 (1897), Nr 38 (17. September), S. 447 (Rubrik »Die Woche«). Das Zitat wurde übernommen in: N.N.: Zur zionistischen Bewegung. Der Papst und die Juden (Anm. 163), S. 786.

[174] H. Goitein: Gedanken über Nationaljudenthum und Zionismus. II. In: JC 4 (1897), Nr 4 (August), S. 111–117, hier S. 112f.

[175] N.N.: Der Zionismus. IV (Anm. 73), S. 1484 und 1483 (»Leitender Artikel«).

Eine nationale Separierung könnte zu »geistige[r] Verkümmerung« führen, warnte Arthur Eibenschütz.[176] Andere sahen im Zionismus die Gefahr, die Religion als Bindemittel durch die Nation ersetzen und den »Stamm« schädigen zu wollen, da das Nationalgefühl niemals stark genug sei, Märtyrer zu erzeugen.[177]

Soweit die Erinnerung an ›falsche Messiasse‹ in der jüdischen Geschichte nicht als spöttische Diffamierung, sondern als verklausulierte Frage nach der – religiösen – Rechtmäßigkeit der zionistischen Pläne gemeint war, spielte auch sie auf mögliche Gefahren für das Judentum an. So wurde etwa die zionistische Bewegung mit Sabbatai Zewi in Verbindung gebracht und daran erinnert, daß sowohl ihr Fortbestehen wie ihr Scheitern »furchtbare Gefahren für Israel« verursachen könnten.[178] Der orthodoxe »Israelit« kritisierte anläßlich einer Besprechung des »Judenstaats« den von Herzl propagierten Zionismus als »moderne Miniaturausgabe des mittelalterlichen Messiasthums«,[179] ein Vorwurf, den Simon Stern in der »Jüdischen Chronik«, ebenfalls in einer Rezension des »Judenstaats«, ausdrücklich verwarf: Herzl habe seinen Vorschlag ja der Öffentlichkeit zur Prüfung übergeben, damit verhindert werde, daß das Kapitel der ›Pseudomessiasse‹ fortgeschrieben werde.[180]

Auf die »Befürchtung, welche manche ängstliche Gemüther« hinsichtlich der politischen und sozialen Stellung haben könnten, reagierte H. Goitein mit dem Hinweis, daß der Antisemitismus in Deutschland, und gerade in der Hauptstadt Berlin, wo die Assimilation am weitesten fortgeschritten sei, seinen Ausgangspunkt gehabt habe.

> Alle Betheuerungen des Deutschthums und des Patriotismus waren nutzlos einer Bewegung gegenüber, die aus alten Vorurtheilen ihre Nahrung zog, in wirthschaftlichen Verhältnissen ihre Veranlassung fand und gewissen leitenden Kreisen ein erwünschtes Mittel bot, um den Socialismus und den politischen Freisinn überhaupt auf dem Rücken der Juden todtzuschlagen. Wo und so lange diese Motive bestehen, kann der Judenheit auch das Behaupten der jüdischen Nationalität nicht mehr s c h a d e n und deren Verleugnung durch das ernstlichste Assimilationsstreben nichts n ü t z e n , es wäre denn, daß dieses consequenter Weise auch die letzte Schranke, die R e l i g i o n , durchbricht und dann durch die grundsätzliche Mischehe auch die Verschiedenheit der A b s t a m m u n g allmählig aufhebt.[181]

Sowohl für wie gegen den Zionismus wurde das Bild des Selbstmords benutzt: Ruben Bierer stellte die Assimilation als »nationalen Selbstmord« dar, der dem »Volksindividuum« durch ›Hypnotiseure‹ und ›Suggestore‹ ein Jahrhundert lang aufgeredet worden sei; nur die osteuropäischen Juden hätten »noch

---

[176] Eibenschütz: Assimilation oder Separatismus (Anm. 83), S. 115.
[177] S. B.: Die Kehrseite der Medaille. In: AIW 6 (1897), Nr 37 (10. September), S. 625ff., hier S. 626.
[178] N.N.: Der Zionismus. III (Anm. 73), S. 1435f. Die Stelle wird zitiert in: N.N.: Zur zionistischen Bewegung. Der Papst und die Juden (Anm. 163), S. 786.
[179] M. R.......d: Nationaljudenthum (Anm. 85), S. 449.
[180] Vgl. Stern: Judenstaat und jüdischer Staat (Anm. 90), S. 361.
[181] Goitein: Gedanken über Nationaljudenthum und Zionismus. II (Anm. 174), S. 116.

Selbstbesinnung genug, um als Nachkommen der Hebräer in das Zeitalter der Verheißung und der Befreiung aus der 1800jährigen Diaspora einzumünden.«[182] Umgekehrt hatte Güdemann einen Versuch des Judentums, wieder Nation zu werden, als Selbstmord bezeichnet.[183] Damit verwandt ist die Anschuldigung gegen den Zionismus, »ein Attentat auf d i e S e e l e unseres Stammes«[184] oder auch »politischen Selbstmord«[185] zu verüben, wohingegen Anhänger des Zionismus für sich reklamierten, die Seele des jüdischen Volkes überhaupt erst wieder zum Leben erweckt zu haben. Ebenfalls in dieses Umfeld gehört die Darstellung der »Welt«, nach der junge deutsche Juden »Seelenqualen furchtbarer Art« erlitten und »mit dem deutschen Wesen viel zu fest verwachsen sind, um jemals von ihm loszukommen«, obwohl sie vom »antisemitischen Deutschland […] fortwährend verworfen und fortgeworfen« würden.[186]

Als letzte Variante soll hier die Gefährdung der ›ostjüdischen Massen‹ genannt werden: danach sei es nicht zu verantworten, in den unterdrückten »naiven armen Leuten«, die sich, von Zionisten in die Irre geleitet, schon ernsthaft auf die Auswanderung nach Palästina vorbereiteten, solche Illusionen zu wekken.[187] Die drastische Schilderung der »Millionen von Dürftigen«, die in Palästina »dem Hunger und dem Abfall« preisgegeben wären, wurde durch den Hinweis unterstützt, daß Missionare erfahrungsgemäß in Jerusalem leicht Opfer fänden. »Die große Gefahr dieser Bewegung für die wenig denkenden

---

182   B[ierer]: Nationale Lebenszeichen. I (Anm. 18), S. 286. Vgl. auch: Leo Herzberg-Fränkel: Assimilation oder Separatismus? In: BOW 14 (1897), Nr 7 (12. Februar), S. 135f.

183   »Würde das Judenthum in allen seinen Bekennern das Bestreben erwecken, wieder eine Nation zu werden, so beginge es einen Selbstmord, denn es würde für eine im günstigsten Falle zweifelhafte Gegenwart die Zukunft preisgeben.« (Güdemann: Nationaljudenthum [Anm. 91], S. 35) Der Satz wurde von der zeitgenössischen Presse aufgenommen; vgl. -n [d. i. Siegmund Feilbogen]: »Nationaljudenthum«. Von Oberrabbiner Dr. Güdemann (Anm. 93), S. 322.

184   S. B.: Die Kehrseite der Medaille (Anm. 177), S. 627.

185   N.N.: Eine zionistische Missionsschrift (Anm. 170), S. 1823 (»Leitender Artikel«): »Erst die Verzweiflung über den allenthalben wieder auflebenden Judenhaß hat unbesonnenen, ungestümen und ehrgeizigen Männern die gefährlichste Waffe des Zionismus in die Hand gedrückt, mit welcher sie den politischen Selbstmord verübten, das Judenthum aus einer Religion zum Träger unklarer Nationalitätsbestrebungen zu machen.«

186   Salomo Liebhardt [d. i. Samuel Lublinski]: Der Congreß und die deutschen Juden. In: W 1 (1897), Nr 13 (27. August), S. 3–6, hier S. 5.

187   N.N.: Ein Brief aus London. In: BOW 14 (1897), Nr 45 (5. November), S. 901f. Vgl. auch N.N.: Nachklänge zum Zionistenkongreß. Basel, 7. September (Anm. 122), S. 1403f. (»Leitender Artikel«. Erste Beilage). Der Artikel schließt mit dem Satz: »Daß eine solche Bewegung, einmal in Fluß, nicht so leicht eingedämmt werden, den Führern über den Kopf wachsen könnte, daß andererseits die Folgen eines Mißlingens, das doch auch im Bereiche der Möglichkeit liegt, unheilvoll für die getäuschten Massen sein könnten, hat Niemand in Betracht gezogen.« (S. 1404) Im gleichen Sinn: N.N.: Der Zionismus. III (Anm. 73), S. 1435–1438.

Massen liegt, wie wir schon bemerkt haben, darin, daß sie ihnen den geliebten Namen Zion entgegenhält.«[188]

Der angedeutete Gegensatz von Westjuden versus Ostjuden – mit Zuordnung von Kategorien wie Übersicht, klarem Denken und Verantwortungsgefühl an die Westjuden, naiver Hoffnung und Illusionen an die Ostjuden – wiederholt sich in der Berichterstattung über den Kongreß und die Kongreßteilnehmer in der Presse.

Wie präsentiert sich – ›Zionismus‹?

Die Konstituierung einer zionistischen Versammlung in Gestalt des von Herzl angekündigten ersten Zionistenkongresses führte zu scharfen Auseinandersetzungen in den deutsch-jüdischen Periodika. Auch das anstehende Ereignis selbst wurde immer wieder heftig diskutiert. Im Vorfeld des Kongresses ging es, wie bereits beim Kampf um die semantische Besetzung des Zionismusbegriffs, um die Autorisation der politischen Zionisten. So meldete sich in der »Jüdischen Presse« Willy Bambus zu Wort: Herzl habe »gemeinsam mit einigen Freunden« – zu denen er im weiteren Sinne ja selbst hinzuzurechnen ist – den Kongreß bei der Vorbesprechung in Wien anders geplant, als er ihn nun ankündige. Bambus warf Herzl vor, sich »über den Widerspruch, den er innerhalb seiner Gruppe und bei seinen Anschauungen sehr nahe stehenden Freunden fand, hinweggesetzt« zu haben.[189] Mit diesem Hinweis ließ Bambus es aber nicht bewenden. Er wiederholte Anfang Juli den Vorwurf gegen Herzl noch drastischer: Dieser habe nicht die notwendige »Disciplin« gezeigt, als er sich über das »Gesamtinteresse« hinwegsetzte. Unter Mißachtung der Kommission und des Komitees veranstalte er »aus eigener, selbstherrlicher Machtvollkommenheit einen Kongreß mit d u r c h a u s   a n d e r e m Programm, als beschlossen war!«[190] Wie sollte eine solche Persönlichkeit einen Staat organisieren können? Bambus warnte zudem vor einer Überschätzung des Kongresses, da dieser keineswegs repräsentativ für die Judenheit sei. Es werde keine Opposition laut werden können, da nur die »blindergebenen Freunde des Dr. Herzl« an der Tagung teilnehmen, »die Gegner aber, auch diejenigen, die prinzipiell seinen Standpunkt teilen, fernbleiben« würden. Der Ton wurde zunehmend schärfer: »Die Herren werden ganz unter sich sein, werden in ungestörter Harmonie an den glänzendsten Zukunftsplänen sich berauschen und vor der Welt posiren: Hier sind die ›Vertreter des jüdischen Volkes‹ versammelt und bitten die Großmächte: Gebt uns einen Staat!«[191] Mitte Juli, nach Änderung des Tagungsprogramms, stellte Bambus zufrieden fest, daß der

---

[188] N.N.: Der Zionismus. V (Anm. 73), S. 1504 und 1505.
[189] Bambus: Der Kongreß der Zionisten I (Anm. 34), S. 265.
[190] Ebd., III, S. 294f.
[191] Ebd.

Kongreß jetzt einen »durchaus anderen Charakter« erhalten werde. Er stelle sich nun so dar, wie es von der vorbereitenden Kommission gewollt gewesen sei. Jedoch sei es zweifelhaft, ob die Besinnung nicht zu spät komme. Hätte man den Komplex ›Staat‹ von Anfang an ausgeklammert, so Bambus, wären alle Diskussionen unterblieben und auch die Erklärung des Rabbinerverbandes überflüssig gewesen.[192] Der orthodoxe »Israelit« sah die Mäßigung des Programms anders: »Indem die Zionisten dieses Zugeständnis an die große Masse der Juden der ganzen Welt gemacht haben, haben sie gleichzeitig eine ihrer besten Triebfedern, die nationale Begeisterung für das angestammte Land preisgegeben und so ihre Aussicht auf ihren Fortbestand bedeutend reduzirt.«[193]

Trotz der Programmänderung blieben auf der Seite der Gegner Zweifel an der Veranstaltung bestehen. So beklagte Anton Bettelheim – ganz ähnlich wie Bambus –, daß die »überwältigende Mehrheit aller abendländischen Juden«, nämlich jene, die für die »Verschmelzung« einträten, vom Kongreß ausgeschlossen seien. Herzls Ankündigung in der »Welt« und verschiedene Protesterklärungen aufgreifend, stellte er lapidar fest: »Angesichts dieser geschlossenen Gegnerschaft ausschlaggebender jüdischer und nichtjüdischer Kreise wird der prahlerisch als bedeutungsvolles Ereignis in der Geschichte der Juden angekündigte Baseler Kongreß in der Welthistorie voraussichtlich eine etwas kleinere Episode bilden, als das Baseler Konzil heillosen Angedenkens.«[194]

Von Herzls »Welt« dagegen wurde die Tragweite des Kongresses selbstverständlich positiv hervorgehoben. Die Ausgabe vom 27. August 1897 sah schon allein darin, »daß Juden aus den verschiedenen Ländern auf einen nationalen Ruf herbeieilen, [...] eine Thatsache von Bedeutung.«[195] Das Blatt verkündete mit Verweis auf Herzls eigene Formulierung euphorisch: »Ein Märchen! Ist es denn Wirklichkeit und kein Traum! Seit Titus die erste Judenversammlung, keine jüdische, sondern eine Versammlung der Juden.«[196] Die ›Vereinnah-

---

[192] Willy Bambus: Deutschland [Berlin, 18. Juli]. In: JP 28 (1897), Nr 29 (21. Juli), S. 315 (Rubrik »Correspondenzen«). Der Teil des Textes, in dem Bambus die Änderung und damit die Mäßigung des Programms begrüßt, wurde von der »Neuzeit« und vom »Israelitischen Gemeinde-Blatt« nachgedruckt: Willy Bambus: Zum Zionistencongreß. In: NZ 37 (1897), Nr 31 (30. Juli), S. 322. Das geänderte Programm selbst hatte die »Neuzeit« in der Woche zuvor ohne eigenen Kommentar abgedruckt. Willy Bambus: [Brief an JP]. In: IGB Köln 10 (1897), Nr 31 (30. Juli), S. 245. Sinngemäß findet sich die gleiche Stellungnahme in der »Laubhütte«: »Vom › J u d e n s t a a t ‹ ist nicht mehr die Rede. Wäre das Programm ursprünglich in dieser Form aufgestellt worden, so hätte der Congreß von großer Bedeutung für die C o l o n i s a t i o n P a l ä s t i n a s werden können und die verschiedenen Proteste wären überflüssig gewesen.« N.N.: Zionisten-Congreß in Basel. In: LH 14 (1897), Nr 30 (5. August), S. 439 (Zweite Beilage).
[193] N.N.: [Schweiz] Basel (Zionisten-Congreß). In: ISR 38 (1897), Nr 63 (9. August), S. 1230f., hier S. 1231 (Rubrik »Zeitungsnachrichten und Correspondenzen«).
[194] Bettelheim: Trutz-Juden (Anm. 127), S. 280.
[195] N.N.: Die Woche. Wien, den 26. August 1897. In: W 1 (1897), Nr 13 (27. August), S. 3.
[196] N.N.: Vor dem Congreß. In: W 1 (1897), Nr 14 (3. September), S. 2.

mungsstrategie‹ der ›Politischen‹ offenbart sich hier ebenso wie in dem Versuch, den Kongreß eng mit den Palästinavereinen in Verbindung zu bringen:

> Der 15jährige Gedenktag der Gründung von Rischon l'Zion, der Gedenktag an all das harte und schwere Ringen mit dem Boden, das endlich von solchem Erfolge gekrönt war, ist für die Zionisten von feierlichem Werth und hoher festlicher Bedeutung. Als Jubiläumskundgebung für diesen Tag muß der Zionisten-Congreß in Basel betrachtet werden, wo die Zionsfreunde aus allen Ländern des Exils einander kennen lernen und sich die Hände reichen werden, um einträchtig und planmäßig das große heilige Werk zu vollführen und die Colonisierung der Juden im Lande der Väter auf eine würdige, gesicherte Höhe emporzuheben.[197]

Ruben Bierer, der die Uneinigkeit im ›zionistischen‹ Lager sehr wohl sah und bedauerte, daß der Kongreß ›nur‹ ein Kongreß der Zionisten sei, schwärmte in der »Neuzeit« noch vor der Eröffnung:

> [...] unsere Brüder werden Meere durchsegeln, Berge und Thäler durchqueren, um dem Rufe zu folgen, und in der freien gastfreundlichen Schweiz werden die Brüder aus West und Ost, aus Nord und Süd einander in weihevoller Stimmung die Hand reichen zum nationalen Bunde, wird sich das Wunder vollziehen, wie ein Volk, das achtzehnhundert Jahre in der Diaspora lebt unter dem Tod und Verderben bringenden Gewalten aller Menschenracen und Classen, sich anschickt, ein neues kräftiges Eigenleben zu führen.[198]

Während vor allem die ›zionistischen‹ und ›prozionistischen‹ Blätter bestrebt waren, den Basler Kongreß als feierlichen Akt und historisches Ereignis zu charakterisieren, bemühten sich die Gegner immer wieder darum, der Veranstaltung die Berechtigung einer repräsentativen Institution abzusprechen. Hierbei fällt unter anderem die Unterscheidung von ›westjüdischen‹ und ›ostjüdischen‹ Interessen und Eigenarten ins Auge, auf die noch zurückzukommen ist. Die Art und Weise, in der sowohl der Kongreß wie seine Teilnehmer positiv dargestellt oder diskreditiert werden, spiegelt die unterschiedlichen Haltungen der deutsch-jüdischen Presseorgane deutlich wider. Auch gewichten die Presseberichte vor, während und nach dem Kongreß das Ereignis durchaus unterschiedlich.[199]

---

[197] Aminadaw (»Hameliz«): Ein zionistisches Jubiläum. In: W 1 (1897), Nr 13 (27. August), S. 10.

[198] Ruben Bierer: Vor dem Congreß. In: NZ 37 (1897), Nr 35 (27. August), S. 353.

[199] Ausführliche Kongreßberichte erschienen in folgenden Blättern: BOW 14 (1897), Nr 36 (3. September), S. 737–742; ISR 38 (1897), Nr 69 (30. August), S. 1336ff. und 1343–1347, Nr 70 (2. September), S. 1359ff. und 1375–1378; IGB Köln 10 (1897), Nr 36 (3. September), S. 281–284 und Nr 37 (10. September), S. 292; JC 4 (1897), Nr 6 (Oktober), S. 174–183; JP 28 (1897), Nr 35 (1. September), S. 373–378; LH 14 (1897), Nr 34 (2. September), S. 489ff.; NZ 37 (1897), Nr 36 (3. September), S. 364f. und Nr 37 (10. September), S. 375ff.; W 1 (1897), Nr 3 (3. September); N.N.: Der Baseler Zionisten-Kongreß (Anm. 152), S. 476–484. Kürzer berichteten die AIW 6 (1897), Nr 36 (3. September), S. 603f. (jedoch noch mehrere Zusatzartikel) sowie die AZJ 61 (1897), Nr 37 (10. September), S. 433f.

So erscheint es wenig verwunderlich, daß auch die »Laubhütte« trotz inhalt-
licher Vorbehalte im Kongreß eine »imposante Kundgebung Jung-Jsraels«
sah.[200] Diese Einschätzung widerspricht der Charakterisierung des Kongresses
als Privatvergnügen eines »Baseler Kränzchens«[201] zum Zwecke der Selbstbe-
spiegelung. Ähnlich bilanzierte die »Jüdische Chronik«, das wichtigste Ergebnis des Kongresses sei die Erkenntnis, daß es tatsächlich »in aller Herren Länder [...] und nicht in geringer Zahl« Zionisten gebe, die weder »fromme
Schwärmer« noch von Burschenschaften »als nicht-arisch« abgewiesene Studenten seien.[202] Auch der Berichterstatter des »Israelit« nannte im Resümee
seines ausführlichen Kongreßberichts die Information über den Verbreitungs-
grad der zionistischen Bewegung an erster Stelle, um dann fortzufahren:

> Der Verlauf des Congresses war ein angemessener, die Debatten oft erregt aber im-
> mer sachlich, jede Polemik vermieden, Fragen der Religion und des Cultus blieben
> unberührt; das Präsidium in den Händen des Herrn Dr. H e r z l war ein objektiv
> sicheres und energisches. Wie man auch immer über den Zionismus denken mag, seine
> Ziele und seine Bestrebungen, mit Freude muß man begrüßen, daß der kalte Indifferen-
> tismus aufgehört, daß Männer, die nicht die schlechtesten unseres Stammes, sich als
> Juden fühlen, sich und ihr Können in den Dienst ihrer armen Brüder stellten.[203]

Insgesamt scheinen sich die Befürchtungen der Herzl-Gegner nicht bestätigt zu
haben. Willy Bambus, der schließlich doch am Kongreß teilnahm,[204] stellte
nach dessen Ende fest, sein gemäßigter Verlauf habe »weder die Erwartungen,
noch die Befürchtungen gerechtfertigt«. Jedenfalls seien »Zusammenhörig-
keitsgefühl, Begeisterung und Thateneifer für unseren Stamm und unser Bekenntnis in Kreisen geweckt und gekräftigt [...], welche bisher, zumal in

---

Der Berichterstatter für »Bloch's Oesterreichische Wochenschrift« war Julius
Kohner aus Willomitz, der selbst Teilnehmer des Ersten Zionistenkongresses war
(vgl. Haiyim Orlan: The Participants in the First Zionist Congress. In: Herzl Yearbook, New York, 6 [1964–65], S. 133–152) und zu den ersten Mitgliedern des anläßlich des Kongresses gegründeten »Syndicats zionistischer Journalisten und
Schriftsteller« gehörte (vgl. S[aul] R[aphael] Landau: Syndicat zionistischer Journalisten und Schriftsteller. In: NZ 37 [1897], Nr 40 [1. Oktober], S. 409).

[200] N.N.: Der Zionisten-Congreß (Anm. 152), S. 489.

[201] Bettelheim: Trutz-Juden (Anm. 126), S. 587.

[202] A.K.: Der Baseler Congreß (Eine Original-Correspondenz von A.K.). In: JC 4
(1897), Nr 6 (Oktober), S. 174–183, hier S. 175.

[203] N.N.: Zionisten-Congreß. Original-Bericht für den »Israelit« (Fortsetzung aus der
ersten Beilage.) Basel, 31. August. In: ISR 38 (1897), Nr 70 (2. September),
S. 1375–1378, hier S. 1378 (Dritte Beilage. »Leitender Artikel«).

[204] Willi Bambus hatte sich schließlich doch zur Teilnahme entschlossen, um Herzls
Rückhalt bei den Delegierten zu brechen oder, nach seiner Darstellung, das
Schlimmste zu verhindern. Bei Herzl rief Bambus' Anwesenheit, die er wie die
von Isaak Turoff zuerst zu verhindern gesucht hatte, große Beunruhigung hervor.
Vgl. Elon: Herzl (Anm. 2), S. 235f., Herzl: Briefe 1895–1898 (Anm. 10), S. 339
und Herzl: Zionistisches Tagebuch 1895–1899 (Anm. 5), Fünftes Buch, S. 533,
536, 538 und 541f.

Westeuropa, völlig abgestorben schienen.« Willy Bambus spricht in diesem Zusammenhang von einer »Renaissance«. Da die Bewegung nun einmal existiere und zudem stärker sei als man gedacht habe, sollte man nicht abseits stehen, sondern versuchen, sie zu beeinflussen und vor allem, sie vom Radikalismus fernzuhalten.[205] Ähnlich, wenn auch mit anderer Tendenz, war in der »Allgemeinen Israelitischen Wochenschrift« zu lesen, der Kongreß habe die Befürchtungen nicht bestätigt, keinesfalls habe er die gesamte Judenheit nach irgendwelcher Seite kompromittiert. Andererseits habe er auch keine Legitimation für Beschlüsse.[206]

Nach dem Kongreß wurde die Veranstaltung in der »Welt« verständlicherweise als Erfolg gewertet und den bisherigen Gegnern die Einsicht nahegelegt, daß das Ereignis eine Gelegenheit zur Berichtigung der Irrtümer sein könne, denn »wer gestern gegen uns war und sich uns heute ergriffen anschließt, beweist damit eine edle Fähigkeit, sich zu begeistern, für die wir nicht genug erkenntlich sein können. Willkommen also die neuen Freunde in unseren Reihen.«[207] Hiermit könnte etwa der Baseler Rabbiner Arthur Cohn gemeint sein. Dieser hatte am Kongreß teilgenommen, während der Schlußveranstaltung das Wort ergriffen und erklärt, er sei als bisheriger Gegner des Zionismus von einigen Reden sehr beeindruckt worden. Nur teile er mit den anderen orthodoxen Rabbinern die Sorge, der Zionismus könne die religiösen Vorschriften ignorieren oder verletzen, was von Herzl persönlich zurückgewiesen wurde.[208] Nachträglich schrieb Cohn, der »bekanntlich dem Zionismus gegenüber eine ausgesprochen feindliche Haltung eingenommen hatte«,[209] so die Welt, noch unter »dem vollen Eindruck des Zionisten-Congresses« einen begeisterten Artikel für den orthodoxen »Israelit«.[210] Dieser Artikel bzw. Cohns Rede wurde nicht nur von der Redaktion der »Welt«,[211] die sich für die Zielgruppe religiöser Juden keine bessere Werbung wünschen konnte, sondern auch von diversen anderen jüdischen Periodika zitiert.[212] Cohn und seine deutschen

---

[205] W[illy] Bambus: Der Zionisten-Kongreß (Anm. 70), S. 386f. Nachdruck: Willy Bambus: Die Ergebnisse des Congresses (Anm. 70), S. 414f.

[206] S. B.: Die Kehrseite der Medaille (Anm. 177), S. 625.

[207] N.N.: Der Zionisten-Congreß in Basel (Anm. 69), S. 1.

[208] Dieses Intermezzo war zwischen Cohn und Herzl zuvor besprochen worden, wie Cohns Sohn Marcus berichtet: vgl. Cohn: Erinnerungen eines Baslers (Anm. 82), S. 231. Vgl. zu den Baseler Vorverhandlungen zwischen Herzl, Cohn und weiteren orthodoxen Rabbinern Heumann: Israel entstand in Basel (Anm. 2), S. 115ff.

[209] Cohn: Ein orthodoxer Rabbiner. In: W 1 (1897), Nr 16 (17. September), S. 16.

[210] Cohn / Red.: Was lehrt uns der Zionisten-Kongreß (Anm. 9), S. 1379–1383 (»Leitender Artikel«).

[211] Unter dem Titel »Ein orthodoxer Rabbiner« übernommen in W 1 (1897), Nr 16 (17. September), S. 16.

[212] Beispielsweise A.K.: Der Baseler Congreß (Anm. 202), S. 182: Herzls Zionismus und der Kongreß habe durch Cohn »die Weihe des Frommen« erhalten. Auffällig ist, daß die »Jüdische Chronik« Sätze aus Cohns späterem Artikel im »Israelit« als »begeisterte Ausrufe« beim Kongreß zitiert. Vgl. auch: N.N.: Die Schlußsitzung des Zionisten-Congresses. In: BOW 14 (1897), 10. September, S. 750–753, hier

Gesinnungsgenossen hatten im Nationaljudentum eine »eigenartige Erscheinung« gesehen, »für welche der gläubige Jude wenig Verständnis hat«, ein »Messer ohne Klinge, dem das Heft fehlt«. Doch man habe die »zionistische Bewegung ganz bedeutend unterschätzt«. Er belegte dies u.a. mit der Zahl der Petitionen, Absichtserklärungen und Telegramme, die während des Kongresses verlesen worden waren. Der Kongreßverlauf hatte ihn davon überzeugt, daß Herzls Satz »Der Zionismus ist die Rückkehr zum Judenthum vor der Rückkehr ins Judenland« keine bloße Phrase sei, daß es erstmals wieder eine aufsteigende Perspektive für das religiöse Judentum gebe.[213] »Ja, die Zionisten sind die geborenen Verbündeten der Orthodoxen im Kampf gegen die Reform.« Die Redaktion des »Israelit« bemerkte treffend in einer Nachbemerkung zu Cohns Artikel, er zeige, welch »fascinirenden Eindruck diese merkwürdige Versammlung auf alle Theilnehmer machte.«

Einige Blätter schwenkten, wie Cohn, nach dem Kongreß von ihrem bisherigen Kurs ab. Mitverantwortlich für diese Sinneswandlung scheinen außer Herzls Persönlichkeit besonders das Auftreten und das Referat des charismatischen Max Nordau gewesen zu sein. Die »Jüdische Presse« berichtete nach dem Kongreß mit zustimmendem Grundton über das Ereignis:

> [...] die Thatsache, daß zum ersten Male ein derartiger internationaler Areopag sich zusammenfand, um über die Möglichkeit einer Linderung der schweren Noth der schweren Zeit zu berathen, daß – ein seltenes Schauspiel – eine so große Summe von Idealismus und Hingebung, von materiellen Opfern und geistiger Capacität in den Dienst j ü d i s c h e r Interessen gestellt wird, muß in jedem Falle wohlthuend empfunden werden [...].

Der Kongreß habe, so der Berichterstatter der »Jüdischen Presse« weiter, ein »Anrecht auf das aufmerksame Interesse aller Kreise unserer Glaubensgemeinschaft«. Besonders die »gewinnende Persönlichkeit« Max Nordaus erzielte nachhaltige Wirkung: Bei seiner Darstellung »des Trauerspiels, das die Geschichte der Juden heißt, sah man in vielen Augen Thränen schimmern«. Nordaus Rede, sicherlich neben der Herzls der Höhepunkt der Veranstaltung, wurde als »oratorische Großleistung« bezeichnet, deren Eindruck auf die Zuhörer sich »nicht schildern« ließe.[214] Die »Neuzeit« fand es »kaum möglich, den glänzenden Eindruck dieser geistvollen und gewandten, gediegenen und

---

S. 752. N.N.: Basel 31. August: Zionisten-Kongreß. Bericht über den letzten Kongreßtag. In: IGB Köln 10 (1897), Nr 37 (10. September), S. 292. N.N.: Der Zionisten-Congreß in Basel. (Von unserem Berichterstatter). Basel, 29. August. In: JP 28 (1897), Nr 35 (1 September), S. 373–378, hier S. 378. Kalmus: National-Conservativ (Anm. 62), S. 395ff., hier S. 397. Nach Kalmus sollten die Vertreter der deutschen Orthodoxie »endlich« den Zionismus fördern und durch Mitarbeit vor »falschen Bahnen« bewahren.

213 Die »Wahrheit« in diesem Satz wurde auch von einer anderen, kritischeren Stimme im »Israelit« bestätigt: vgl. N.N.: Nachklänge zum Zionistenkongreß. Basel, 7. September (Anm. 122), S. 1403f. (»Leitender Artikel«. Erste Beilage), hier S. 1404.

214 N.N.: Der Zionisten-Congreß in Basel (Anm. 212), S. 373 und 375.

gedankenreichen Rede oder den riesigen Beifall zu schildern«.[215] Auch Rabbiner Cohn würdigte an Nordau besonders dessen Redekunst:

> Nicht nur die blendenden Geistesblitze, mit denen er bekannte Thatsachen durchleuchtet, die psychologische Feinheit, mit der er das Seelenleben Einzelner und des ganzen Volkes analysirt, sondern auch die geradezu klassische Form, in die er seine Gedanken kleidet und die unnachahmliche Kunst des Vortrags erklären die stürmische Begeisterung, zu welcher seine Rede, ebenso wie die Freunde, so auch die Zuschauer, ja sogar die Gegner der Bewegung hinriß.[216]

Cohns Sohn Marcus analysierte in seinen Erinnerungen Nordaus Vortragskunst mit feiner Ironie:

> Die Wirkung seiner voll Feuer und Temperament vorgetragenen Rede wurde noch dadurch verstärkt, daß er völlig frei sprach und bei einzelnen besonders kraftvollen Sätzen die Wirkung dramatisch zu steigern wusste, indem er nach passenden Worten suchte. (Allerdings erweckte es dann ein erstauntes Lächeln, wie er nach Schluss seiner Rede das wörtlich vorbereitete Manuskript aus der Tasche zog und dem Stenographen überreichte.)[217]

Der Hinweis, daß der durch Nordaus Rede hervorgerufene Enthusiasmus viele darüber hinwegtäuschte, daß Nordau »nur« das Judenelend beschrieben, jedoch weder den Zionismus begründet noch ihn inhaltlich umrissen habe, blieb vereinzelt,[218] genauso wie die Auffassung, daß Nordau mit seiner düsteren Schilderung den Antisemiten einen Ansporn gegeben habe, indem er die Verhältnisse so schildere, wie jene sie sich wünschten.[219] Die »Allgemeine Israelitische Wochenschrift« bezeichnete Nordaus Rede als »Spiegel der Gegenwart« und sah darin »ein Dokument, das in einem jüdischen Blatte nicht fehlen darf«:

> [...] darum tragen wir trotz unserer ablehnenden Haltung gegenüber dem Zionismus und besonders dem Judenstaate und unbekümmert um unsere Ansicht über den ganzen Kongreß, der wir an anderer Stelle Ausdruck geben, kein Bedenken, die Rede Nordaus in ihrem wesentlichen Teile folgen zu lassen.[220]

Diese Feststellung ist insofern bemerkenswert, als sie die ungeheure Wirkung Nordaus über die Grenzen der sich befehdenden Lager hinweg dokumentiert. Noch während der Kongreß tagte, wurde nämlich für die Leser der »Allgemei-

---

[215] N.N.: Der Zionisten-Congreß (Telegramm). In: NZ 37 (1897), Nr 36 (3. September), S. 364f., hier S. 365. Die »Neuzeit« dokumentierte Nordaus Rede in einem gesonderten Artikel: 37 (1897), Nr 38 (17. September), S. 381–385.

[216] Cohn / Red.: Was lehrt uns der Zionisten-Congreß (Anm. 9), S. 1380.

[217] Cohn: Erinnerungen eines Baslers (Anm. 82), S. 229.

[218] Vgl. N.N.: Nachklänge zum Zionistenkongreß. Basel, 7. September (Anm. 122), S. 1403f. (»Leitender Artikel«. Erste Beilage), hier S. 1403.

[219] Vgl. N.N.: Der Zionismus. III (Anm. 73), S. 1437.

[220] Red. / Max Nordau: Ein Spiegel der Gegenwart. In: AIW 6 (1897), Nr 37 (10. September), S. 623ff., hier S. 623. Die angekündigte ablehnende Haltung wurde in der gleichen Ausgabe von S. B. unter dem Titel »Die Kehrseite der Medaille« begründet (S. 625ff.).

nen Israelitischen Wochenschrift« betont, es könne keine nennenswerten Ergebnisse geben, weil die Teilnehmer außer ihrer »geräuschvollen Vordring-
lichkeit« keine Legitimation für sich in Anspruch nehmen könnten. Es wurde
bedauert, daß der Kongreß nicht »von allen ernst denkenden Juden« besucht,
sondern die Frage der »Wiederbelebung« des jüdischen Stammesbewußtseins
»Narren und Schelmen« überlassen werde.[221]

Um einer Überschätzung des Kongresses polemisch entgegenzusteuern,
vermittelte die »Allgemeine Israelitische Wochenschrift« ein ganz anderes
Bild der Teilnehmer als der Rabbiner Cohn, der »z a h l l o s e   g e r e i f t e
M ä n n e r « und »e h r w ü r d i g e   Greise im Silberhaar«[222] erwähnt hatte.
Die Informanten der »Wochenschrift« hatten ›unreife‹, ›dumme‹ und ›grüne‹
Jungen‹ gesehen. Diese seien nur gekommen, um dabei gewesen zu sein, und
hätten »geschnorrt«, um ihre Hotelrechungen bezahlen zu können. »Natürlich
ist Armut keine Schande; aber ist da nicht die Frage berechtigt, ob verbummel-
te Studenten, die aus Faulheit bisher nur vom Schmarotzen ihr Dasein fristen
konnten, legitimiert erscheinen, ›im Namen der Judenheit‹ allen historischen
Institutionen den Krieg zu erklären?« Ernstzunehmende Debatten konnten, so
die »Allgemeine Israelitische Wochenschrift«, unter diesen Umständen natürlich nicht stattgefunden haben: »Was für ein Unsinn da zusammen gesprochen,
welches ungeheure Quantum an Phrasen da konsumiert worden ist, kann man
sich unmöglich vorstellen.«[223]

Die Diskreditierung der Kongreßteilnehmer war eine beliebte Methode der
›Antizionisten‹. Die Gegner der Veranstaltung versuchten immer wieder herauszustellen, daß die versammelten Delegierten kein eigentliches Mandat
hätten und somit nicht repräsentativ für die Judenheit seien, in deren Namen
sie sprächen. Bemerkenswert ist eine Abgrenzung der (zurückhaltenden) Westjuden von den Ostjuden, auf die Samuel Lublinski aufmerksam machte: »Gerade die Juden des Ostens zeigten sich in den Vorconferenzen von einer stürmischen Begeisterung beseelt, die jeden Anlaß ergriff, um ihrem elementaren
Drang in stürmischer Weise Luft zu machen.«[224] Ein anderer Artikel in der
»Welt« schildert derlei Gefühlsausbrüche in der Absicht, die eindrucksvolle
Atmosphäre der Veranstaltung zu unterstreichen. Hier heißt es, die Szenen, die
sich nach Herzls Schlußrede abspielten, seien nur schwer zu beschreiben:

> Die Männer stampfen mit den Füßen, die Damen schwenken die Tücher, die Galeri-
> en erdröhnen unter dem tosenden Beifallssturm der Baseler Juden und Christen.
> Man umarmt und küßt sich. Vieler Augen werden feucht.[225]

---

[221] S. B.: Ein Nachwort. In: AIW 6 (1897), Nr 36 (3. September), S. 604ff., hier
       S. 606 und 605.
[222] Cohn / Red.: Was lehrt uns der Zionisten-Congreß (Anm. 9), S. 1380.
[223] N.N.: Intimes vom Zionistenkongreß (Anm. 138), S. 663.
[224] S[amuel] Lublinski: Ein geschichtlicher Augenblick. In: W 1 (1897), Nr 14
       (3. September), S. 1f., hier S. 1.
[225] N.N.: Dritter Verhandlungtag. In: ebd., S. 15–18, hier S. 18.

Die »Allgemeine Zeitung des Judentums« betonte, ein Großteil der etwa 300 Kongreßteilnehmer sei aus Rußland, Polen, Ungarn und den Balkanstaaten gekommen.[226] Auf eine ungewohnte und fremdländische Eigentümlichkeit der Kongreßteilnehmer wurde auch in der nichtjüdischen Presse hingewiesen. Ein Artikel der »Kölnischen Zeitung« wurde von der »Welt«[227] und von der »Allgemeinen Israelitischen Wochenschrift« – wenn auch in ganz unterschiedlicher Absicht – übernommen. Hier wurde besonders die »rein menschliche [...] ästhetische Seite« herausgestellt, deren Eindrücklichkeit »so stark und eigenartig« sei, daß sie zur Wiedergabe geradezu herausfordere.

> Dem Ethnographen und Psychologen, der nach Material sucht, dem Dichter und Künstler, der nach ›Impressionen‹ begehrt, hätte man den Besuch des Kongresses empfehlen können. [...] Man könnte ein ganzes Buch schreiben, wollte man all die interessanten Typen schildern, die einem da begegneten, denn der Kongreß war nach dieser Richtung hin unendlich reich.

Des weiteren beschreibt der Berichterstatter den »zionistischen Tolstoi«, der, »bewaffnet mit der ganzen Bildung des Jahrhunderts«, als einziger in der alten Judentracht erschienen sei; »in langem, bis an die Füße wallendem Rock und stets bedeckten Hauptes wandelt er einher.« Schließlich wird als »Kuriosum« erwähnt, daß »sogar einige Zionisten christlicher Konfession sich eingefunden hatten«. Besonders herausgehoben wird auch Israel Zangwill, von dem es heißt, der bekannte Romanschriftsteller und Verfasser von Ghetto-Novellen »würde entschieden einen Preis bekommen«, wenn man »eine Häßlichkeitskoncurrenz veranstaltete«. Die »interessante Häßlichkeit« wird in provozierender Stereotypik weiter ausgeführt:

> Ein glattrasiertes, scharfmarkiertes Gesicht von echt semitischem Typus, mit gewaltiger Hakennase und vorragender Unterlippe, das pechschwarze, dicke Lockenhaar à la Beaconsfield [Benjamin Disraeli] gescheitelt. Das Deutschsprechen fällt ihm recht schwer; er unterhielt sich von Zeit zu Zeit mit seinen englischen Landsleuten, meistens aber saß er schweigend da und sammelte wohl in aller Stille »documents humains«. Vielleicht, daß in einer seiner nächsten Novellen der Kongreß eine Rolle spielen wird. Hat er doch schon in einigen seiner Erzählungen die palästinensischen Kolonisationsgesellschaften und das Herzlsche Projekt erwähnt.[228]

---

[226] In den jüdischen Kreisen des Westens war es verpönt, die ›Judenfrage‹ in der Öffentlichkeit zu erörtern. Man bestritt, daß ein solches Problem überhaupt existierte. »Unter den Juden des Westens gab es nur wenige, die das Unwürdige und Unwahre in dieser Situation sich ganz klarmachten: verschroben erscheinende Einzelgänger, zahlenmäßig unbedeutende Grüppchen der »Chowewe Zion« und der studentischen Jugend.« Bein: Judenfrage (Anm. 19), Bd 1, S. 285.

[227] N.N.: Eindrücke vom Baseler Zionistencongreß. In: W 1 (1897), Nr 16 (17. September), S. 5f.

[228] K.Z.: Kongreß-Typen. In: AIW 6 (1897), Nr 38 (17. September), S. 641f. Tatsächlich verarbeitete Zangwill seine Kongreßeindrücke in dem Buch »Dreamers of the Ghetto« (1898).

Für Herzls Anhänger jedoch und die, die es durch den Kongreß geworden waren, blieb der Kongreß eines der »größten Wahr- und Lebenszeichen unseres Volkes während der ganzen Leidenszeit der Diaspora.«[229]

Wie verkauft sich – ›Zionismus‹?

Nach Erscheinen des »Judenstaats« hatte Herzl gehofft, seine Publikation habe die »allgemeine Diskussion über die Judenfrage« eröffnet.[230] Dies war spätestens nach seiner öffentlichen Ankündigung eines ›Zionistenkongresses‹ tatsächlich der Fall.[231] Nach der »Alarmirung der jüdischen Öffentlichkeit«[232] fühlten sich sowohl die ›zionistischen‹ wie die ›antizionistischen‹ Gegner zur Gegenpropaganda herausgefordert; ›Unwissende‹ in Nathan Birnbaums Sinne konnte es nun nicht mehr geben. Damit war die von Herzl immer wieder beklagte gegnerische Taktik, seine Bewegung ›totzuschweigen‹, unterlaufen: »Anfangs das verblüffte Erstaunen, das Gelächter, darauf das verlegene oder böswillige Schweigen und endlich – wir haben es mit Genugthuung begrüßt – der erste offene Angriff.«[233] Nur wenige Blätter blieben darin so fest wie

---

[229] Ruben Bierer: Nationale Lebenszeichen. V. Nach dem Congreß. In: NZ 37 (1897), Nr 40 (1. Oktober), S. 402ff., hier S. 404. Eine sehr lebendige zeitgenössische Schilderung der Kongreßtage und gleichzeitig eine Illustration der damaligen Begeisterung bietet de Haas: Theodor Herzl (Anm. 2), I, S. 167–183.

[230] Th[eodor] Herzl: Der Judenstaat II. In: AIW 5 (1896), Nr 12 (20. März), S. 211–214, hier S. 212.

[231] Im Juli 1896 hatte Ruben Bierer Herzls Popularität bei bulgarischen Juden damit begründet, daß dieser »offen und unumwunden dasjenige in deutsche Sprache kleidete, was achtzehn Jahrhunderte das Volk Israel mit mehr oder weniger Inbrunst in der heiligen Sprache zu All-Vater und Erlöser betet.« (Bierer: Dr. Theodor Herzl in Bulgarien [Anm. 137], S. 173) Bemerkenswert ist, daß auch der orthodoxe »Israelit« bereits im November 1896 einen »merkwürdigen Umschwung der jüdischen öffentlichen Meinung« konstatierte: »Daß der in dieser Schrift angeregte Gedanke von großen, dem orthodoxen Judenthum ebenfalls abholden Kreisen aufgegriffen, zur Diskussion gestellt worden ist und täglich mehr und mehr die allgemeine Aufmerksamkeit auf sich zieht, das gilt uns als ein so bedeutungsvoller Wendepunkt, daß im Vergleich dazu, der Gegenstand der Schrift selbst uns von untergeordneter Bedeutung erscheint.« N.N.: Ein merkwürdiger Umschwung der jüdischen öffentlichen Meinung (Anm. 86), S. 1711.

[232] N.N.: [Der Zionisten-Congreß] (Anm. 24), S. 640.

[233] Herzl in einer Rede anläßlich des Festcommers der vier zionistischen Verbände am 28. April 1897 in Brünn, in: N.N.: Die Zionisten an der Arbeit. In: BOW 14 (1897), Nr 20 (14. Mai), S. 415f., hier S. 415. Vgl. dazu Eloni: Zionismus in Deutschland (Anm. 2): »Herzl nahm die Kampfansage der Münchner Kultusgemeinde und der Rabbiner an. In Wahrheit war sie ihm sogar willkommen. Als Journalist wußte er instinktiv, daß dieser Streit gerade den Zionisten Gelegenheit bot, aus ihrer Anonymität herauszukommen und gegen die Politik des »Totschweigens« zu kämpfen.« (S. 88)

Adolf Brülls »Populär-Wissenschaftliche Monatsblätter«, die erst im Oktober 1897 auf den Kongreß zu sprechen kamen, indem sie zum Protest gegen die zionistische Bewegung aufriefen.[234] Die »Allgemeine Zeitung des Judentums« bedauerte Anfang Juni 1897, daß die Nachricht vom Kongreß in ›ernsthaft politischen Blättern‹ verbreitet worden war. Ihre Gegenmaßnahme bestand darin, im Sinne der ›Spott‹-Propaganda die ganze Angelegenheit als möglichst unglaubwürdig darzustellen: Der »Nationalitätenschwindel« sei nichts weiter als eine ›sensationelle Ente‹ und ›phantastischer Unsinn‹.[235] Über die Versammlung in New York, deren Echo in europäischen Blättern viel zu der ›Alarmierung der deutschen Juden‹, insbesondere der Gemeinde in München, beigetragen hatte, berichtete die »Allgemeine Zeitung des Judentums« selbst erst am 18. Juni 1897 in einer kleinen Notiz.[236] Welche Beweggründe auf der Seite der ›zionistischen‹ Gegner Herzls hinter dem Wunsch nach Diskretion steckten, läßt sich einem im Juni 1897 in der »Jüdischen Presse« veröffentlichten Artikel von Willy Bambus entnehmen. Die andeutende, etwas ›geheimnistuerische‹ Sprache ist so kennzeichnend, daß die Stelle hier im vollen Wortlaut zitiert wird:

> Nun liegt zweifellos eine schwere Verurtheilung des ganzen Beginnens schon in der Thatsache, daß sich schwere Bedenken aufdrängen, daßelbe überhaupt ernsthaft vor der Oeffentlichkeit zu diskutieren, weil es schon durch die bloße Hervorhebung der Gefahren, durch die seriöse Bekämpfung eine Folie erhält, die ihm nicht zugestanden werden darf. Herr Dr. Herzl wird in dieser energischen Abweisung seines Planes engherzige oder gar feige Voreingenommenheit erblicken; Kundige wissen, daß in diesem Urtheile auch Kreise sich zusammenfinden, welche dem Plane als solchem durchaus nicht feindlich gegenüberstehen, aber auch das bloße S t r e b e n , denselben zu verwirklichen, an gewisse Bedingungen knüpfen, deren selbst nur theilweiser Erfüllung sich zur Stunde noch Schwierigkeiten entgegenstellen und in absehbarer Zeit entgegenstellen werden, deren Beseitigung, ja auch nur Verminderung außerhalb unserer Machtsphäre liegt.[237]

Anders hielt es Blochs »Oesterreichische Wochenschrift«, die sich bereits im Februar 1897 anläßlich eines Artikels zum Thema selbst dazu verpflichtet hatte, die Leserschaft zu informieren, und zwar ausdrücklich auch bei einer ablehnenden Haltung der Redaktion.[238] Der Waffe des ›Totschweigens‹ wurde von Herzls Anhängern mit der trotzigen Aufforderung begegnet, die Zionisten ›in Ruhe zu lassen‹: So sprach Isaak Rülf denjenigen, die in seinen Augen nicht zum jüdischen Volk gehören wollen, das Recht ab, mitzudiskutieren. Auf diese Weise drängte er den ideologischen Gegner aus dem zweiten in den ›äußersten‹ Kreis der Öffentlichkeit zurück und stellte ihn der nichtjüdischen Öffentlichkeit gleich: »[...] wir müßten sonst in Zukunft nicht nur hebräisch

---

234 Vgl. N.N.: Der Zionisten-Congreß in Basel (Anm. 162), S. 217–220.
235 N.N.: [Amerika ... Königreich ... München] (Anm. 129), S. 266.
236 Vgl. AZJ 61 (1897), Nr 25 (18. Juni), S. 4 (Beilage »Der Gemeindebote«).
237 Bambus: Der Kongreß der Zionisten II (Anm. 34), S. 289.
238 Vgl. Fußnote der Red.: BOW 14 (1897), Nr 6 (5. Februar), S. 115.

schreiben [...], sondern noch viel eifriger und fleißiger als bisher auch deutsch; deutsch schreiben und deutsch reden – mit euch!«[239] Gedroht wurde mit der öffentlichen Auseinandersetzung in deutscher Sprache – genau das, was diejenigen, die das ›Totschweigen‹ bevorzugten, gerade nicht wollten. De Haas spricht in diesem Zusammenhang von der Aufgabe des Zionismus und inbesondere des Kongresses, die Juden programmatisch ›sichtbar‹ zu machen, was für alle anderen Juden eine Katastrophe zu sein schien. Bisher hätten sich westeuropäische jüdische Organisationen kaum einmal in der Anwesenheit von Pressevertretern getroffen; eine Ausnahme bildete England. »Obscurantism was part of the undispersed ghetto mist in which Jews had lived for centuries.«[240] Schon im April 1897 hatte Herzl Pläne gemacht, um eine möglichst breite Berichterstattung über den Kongreß zu erreichen:

> Ich werde alle grossen Blätter zum Congress einladen. Aber wer Platz reserviert haben will, muss früher anmelden. Dadurch erzwinge ich vielleicht, daß A l l e vom Congress reden – aus Concurrenzfurcht.[241]

Ende August thematisierte die »Welt« das ›Totschweigen‹, um die Schwäche der Gegner herauszustellen: Die ›Herren Rabbiner‹ hätten schon erkannt, daß ihre ›geharnischten Proteste‹ vergeblich blieben, und seien wieder zum ›Totschweigen‹ zurückgekehrt. »Wenigstens die große Mehrzahl deutscher Zeitungen versucht es mit dieser Methode, und glaubwürdige Zeugen, die sich den Blättern als Berichterstatter für den Congreß anboten, versicherten stets, daß die ablehnenden Bescheide der Redactionen jüdische Namensunterschriften trugen.«[242] Diese Darstellung der Situation war selbst schon geeignet, mehr Aufmerksamkeit auf den Kongreß zu ziehen, da etwas, was so offensichtlich verheimlicht werden sollte, natürlich besonderes Interesse entfachte. Tatsächlich fand Herzls Kongreßplan die gewünschte Publizität, was auch Willy Bambus in der »Jüdischen Presse« bestätigte:

> Wer in den letzten Wochen die jüdischen Zeitungen zur Hand nahm, fand in jeder Nummer derselben, mochten sie in Europa oder in Amerika, in deutscher, hebräischer oder englischer Sprache etc. erscheinen, Artikel über den Zionismus und das National-Judenthum, sowie Berichte über den geplanten Kongreß in München. Seit Langem hat keine Bewegung so stark in die jüdische Oeffentlichkeit eingegriffen, wie die jetzt von Dr. Theod. Herzl inscenierte, wie die geplante Zusammenkunft der Zionisten.[243]

Von einem klar assimilatorischen Standpunkt beschrieb auch Adolf Silberstein die Effektivität der zionistischen Propaganda:

---

239 Rülf: Erklärung gegen Erklärung (Anm. 63), S. 1f., hier S. 2.
240 Vgl. de Haas: Theodor Herzl (Anm. 2), I, S. 156–160, Zitat S. 160.
241 Herzl: Zionistisches Tagebuch 1895–1899 (Anm. 5), Viertes Buch, S. 501.
242 Liebhardt [d. i. Lublinski]: Der Congreß und die deutschen Juden (Anm. 186), S. 3.
243 Bambus: Der Kongreß der Zionisten I (Anm. 34), S. 265.

Wir halten diese ganze Bewegung für vorübergehend und vermögen ihr kein prakti-
sches Ergebnis zu prophezeien. Aber als eine Art politischer Romantik, als ein Ex-
emplar für den ewigen Kreislauf der Ideen interessirt uns diese Gährung im Judenthum doch. Und da einige geistreiche, jüdische Schriftsteller mit weitem Ge-
sichtskreise an der Spitze dieser Bewegung stehen, da man schon die Presse, die Regierungen, das Kapital für diese Renaissance des Nationaljudenthums mobil zu machen angefangen hat, müssen wir uns schon aus kulturhistorischen Gesichtspunkten
publizistisch damit befassen.[244]

Daß die Zeitschriften zum Teil gegen ihre ursprüngliche Absicht zur Berichterstattung und Verbreitung beitrugen, zeigt sich noch nach dem Kongreß am
Beispiel der »Allgemeinen Zeitung des Judentums«, die zwar feststellte, man
solle keinesfalls der zionistischen Bewegung »irgend welche Wichtigkeit«
beimessen, in der selben Ausgabe aber drei Artikel zu dem ›unbedeutenden‹
Thema brachte.[245]

Ein wesentliches Instrument für die Agitation war Herzls publizistische
Neugründung »Die Welt«. Als Joseph Lurie, damals Anhänger der Palästina-
Bewegung in Warschau, sich 35 Jahre später an seine Beweggründe für die
Kongreßteilnahme erinnerte, betonte er nicht zuletzt die große Wirksamkeit
der »Welt«: »Die Existenz der Zeitung selbst war für uns ein Beweis für den
Umfang der großen Möglichkeiten, die Herzl mit sich brachte.« Wer die
»Selbst-Emanzipation« Nathan Birnbaums, ein frühes zionistisches Blatt,
gekannt hatte, war jetzt überrascht über das »Erscheinen einer großen, talent-
und würdevoll redigierten Zeitschrift«.[246] In einem programmatischen Artikel
in der ersten Nummer wurde die »Welt« als »Wehr und Waffe« für das jüdische Volk bestimmt, die sich gegen seine Feinde richtet – wobei ›Feinde‹ nicht
durch die Konfession bestimmt ist. Sie sollte für das »wiedergeborene [...]
Nationaljudenthum« zugleich Propaganda- und Aufklärungsinstrument sein.[247]
Genau das ist von Gegnern so erkannt und offensichtlich ernstgenommen worden, wie die Erklärung von Sigmund Maybaum und Heinemann Vogelstein als
Reaktion auf die »Welt« zeigt, die, wie sie schrieben, »Stimmung« für den
Kongreß machen soll. Als »Unglück« empfanden Maybaum und Vogelstein
die Tatsache, daß die Zionisten jetzt »deutsch schreiben« – d. h. tatsächlich
eine breite Öffentlichkeit erreichen könnten. Sie zogen daraus die Konsequenz,
daß man ihnen nun »entgegentreten« müsse; eine inhaltliche Auseinandersetzung wäre aber, so behaupteten sie abschätzig, nicht angebracht. Sie schlugen

---

244   Adolf Silberstein: Nationalität im Judenthum. In: JC 4 (1897), Nr 2 (Juni), S. 53–
      59, hier S. 54.
245   Red.: [Basler Zionistenkongreß ist vorüber] (Anm. 74), S. 423. Ein Artikel ohne
      Titel und Verfasser, beginnend mit: »Basel, 31. August: Im ›Stadtkasino‹ trat vor-
      gestern der erste Zionistenkongreß zusammen. [...]« In: Der Gemeindebote (Beila-
      ge zur AZJ), 36 (3.9.1897), S. 3f. Dieser Artikel berichtet objektiv über den bishe-
      rigen Verlauf des Kongresses.
246   Lurie: Warum gingen wir (Anm. 78), S. 65.
247   Red.: Programm. In: W 1 (1897), Nr 1 (4. Juni), S. 1.

vielmehr die Strategie ein, die zionistische Bewegung, wenn sie schon nicht mehr ›totgeschwiegen‹ werden konnte, nun möglichst ›kleinzureden‹. Daß sie tatsächlich noch klein war und Herzl mehr der Meister darin, sie künstlich ›großzureden‹, was dann wiederum neue Anhänger schuf, ist die andere Seite der Medaille.[248] Die beiden Rabbiner verkündeten apodiktisch, daß deutsche Rabbiner oder Gemeindevorsteher auf dem Kongreß nicht erscheinen würden. Auch durch das Nennen verschiedener prominenter Namen (Chief Rabbi Hermann Adler, Grand Rabbin Zadoc Kahn, Großrabbiner der Türkei Mose Levi) wird verbal eine möglichst große Protestgruppe versammelt, die den Leser vom Außenseitertum Herzls und seiner Anhänger überzeugen soll.[249] Auch Bambus betonte im Juni, in Deutschland begeistere sich »nur ein kleines Häufchen« für die Kongreßidee. Er beschrieb ausgiebig den Widerspruch in Kreisen, die eigentlich Herzls Idee nahestehen müßten:

> Ganz besonders bezeichnend und das untrüglichste Zeugniß für die nahezu einmüthige Ablehnung des Unternehmens ist die Thatsache, daß innerhalb der Organe der jüdisch-öffentlichen Meinung, in den jüdischen Blättern, keine einzige Stimme von Gewicht sich für daßelbe erhebt, wohl aber in seltener Uebereinstimmung dagegen Stellung genommen wird: das von Herzl speziell zur Propagirung seiner Ideen begründete Organ »Die Welt« und die von Rabb. Kopfstein-New York zu demselben Zwecke geschaffene »Tolerance« stehen völlig vereinzelt; nicht einmal die älteste und energischste zionistische Monatsschrift, der »Zion« tritt ganz auf ihre Seite.[250]

In einer polemischeren Version stellte Blochs »Oesterreichische Wochenschrift« fest, als »immense Majorität der Juden« müsse man sich vom »Spleen einiger Sonderlinge« distanzieren.[251] Als Einleitung zu der Erklärung des »Geschäftsführenden Vorstands des Rabbinerverbandes in Deutschland« stellt die Redaktion der »Allgemeinen Zeitung des Judentums« die Mehrheitsverhältnisse ebenfalls, gleich im ersten Satz, deutlich – und bildlich – heraus: »Gegen die z i o n i s t i s c h e Bewegung erhebt sich gegenwärtig das gesammte Judenthum ohne Unterschied der religiösen Parteirichtung.«[252]

Genauso wie die bloße Tatsache einer öffentlichen Diskussion wurde auch der Stil der offensiven, teilweise recht emotionalen Auseinandersetzung in den Periodika selbst diskutiert. Bambus fand, die deutschen Rabbiner dürften sich nicht mit einer »bloßen Erklärung« gegen das Nationaljudentum begnügen, die

---

[248] Max Isidor Bodenheimer bezifferte die Anzahl der deutschen Zionisten, die zur »Nationaljüdischen Vereinigung für Deutschland« gehörten, in der Vorbereitungszeit des Kongresses auf weniger als 50 Personen, von denen kaum zehn als »ernste, zuverlässige, unbedingte Anhänger« zu betrachten waren. In: Warum gingen wir (Anm. 78), S. 25.

[249] Maybaum / Vogelstein / Red.: Gegen den Zionismus (Anm. 48), S. 277, hier Redaktion.

[250] Bambus: Der Kongreß der Zionisten I (Anm. 34), S. 266.

[251] Frank: Zionismus und Staatsbürgertum (Anm. 151), S. 722.

[252] Rabbiner-Verband / Red.: [Erklärung des Deutschen Rabbinerverbandes] (Anm. 22), S. 338.

nur alte Argumente wiederhole. Es sei »doch diesmal eine viel ernstere Sache«.[253] Andere meinten, der Protest der Rabbiner zeige die »Schalheit der Phraseologie«, und nannten die historischen Schriften der Rabbiner gegen die sabbatianische Bewegung als positives Gegenbeispiel.[254] »Die dankenswerthen Kundgebungen der Herren Rabbiner Werner, Dr. Maybaum und Vogelstein reichen allein nicht aus«, fand auch der Rechtsanwalt Dr. Meyer; er schlug in der »Allgemeinen Zeitung des Judentums« vor, zeitgleich zum Zionistenkongreß eine Gegenveranstaltung in Berlin abzuhalten, wo ›nationalgesinnte Juden‹ gegen die Ziele der Zionisten protestieren sollten.[255] Nachdem Herzl als anonymer Zionist in Blochs »Oesterreichischer Wochenschrift« ›gedroht‹ hatte: »Wer mit uns Zionisten anbinden will, soll nur kommen«, sah sich die Redaktion gezwungen, in einer Fußnote den Stil der Auseinandersetzung zu mäßigen: Es gehe »nicht an, jede ruhige kaltblüthige und sachliche Meinungsäußerung durch die Drohung, ›man könnte bös werden‹, unterdrücken zu wollen.«[256] Besonders eingehend beschäftigte sich Benjamin Rippner in der »Wochenschrift« mit dem Stil der Auseinandersetzung.[257] Er fand es sonderbar, »in welche Gluth sich die Streiter für und gegen den Zionismus hineingeredet haben«, und hielt besonders den Ton von Rülfs »Erklärung gegen Erklärung« für übertrieben. Durch die »giftigen Worte«, das »öde Schimpfen«, das »Tamtamschlagen« und die »laute Agitation« könnten die Kolonien gefährdet werden; das »patriotische Prahlen« Rülfs, der die Vereinbarkeit von Zionismus und deutscher Vaterlandsliebe verteidigt hatte, sei »widerlich«. Sarkastisch meinte Rippner, vielleicht stamme Rülf »trotz seines national-jüdischen Fanatismus« von einem »blonden Germanen« ab, der sich der jüdischen Religion angeschlossen habe. Bei dem ›Greis‹ Rülf erschien dessen Fanatismus erst recht ›unpassend‹. Jedoch wurden auch Maybaum und Vogelstein von Rippner kritisiert: ihre Erklärung sei zu »burschikos«. Rippner selbst, der einmal als der »ruhigste und kaltblütigste Gegner Herzl's« bezeichnet wurde,[258] stellte sich als über den Dingen stehend dar und wiegelte in alle Richtungen ab. Auch der Stil von Herzls Erwiderung auf die Erklärung des geschäftsführenden Vorstands des Rabbiner-Verbandes wurde von ihm am 30. Juli 1897 kritisiert. »Als hätten die Juden noch nicht genug an den erbarmungslosen Feinden von Außen, so beginnen sie sich jetzt aus Anlaß des geplanten Congresses unter

---

253 Bambus: Der Kongreß der Zionisten I (Anm. 34), S. 265.
254 S. B.: Ein Nachwort (Anm. 221), S. 604ff.
255 Meyer: [Der Zionistentag … in München] (Anm. 49), S. 324.
256 Ein Armer [d. i. Theodor Herzl]: [Nationaljudenthum und Zionismus]. In: BOW 14 (1897), Nr 19 (7. Mai), S. 399; Red.: [Nationaljudenthum und Zionismus] Nachschrift der Redaction. In: ebd., S. 399. Die Zuschrift des ›Armen‹ wurde unter dem Datum vom 7. Mai 1897 als Brief an Josef Samuel Bloch in Herzls Briefe aufgenommen, Herzl: Briefe 1895–1898 (Anm. 10), S. 246.
257 Rippner: Ein sonderbarer Streiter für Zion (Anm. 61), S. 612.
258 [Heinrich Meyer] Cohn: Zionismus und Staatsbürgertum (Anm. 68), S. 711.

einander zu zerreißen und in den Schmutz zu ziehen«. Er beanstandete die Umgangsformen: »in diesen schlichten Worten« der Rabbiner ein »Winseln um die Gunst der Feinde zu sehen«, sei »kein Zeichen eines guten Geschmacks«.[259] Herzl habe sich »ungezogene Scherze« gegen die Rabbiner geleistet, die umgekehrt mit ihm »sanfter« hätten verfahren können.[260] Bettelheim nannte Herzls Antwort auf die Rabbinererklärung eine »blindwüthige Anklage«. Da Herzl im Jahr zuvor im »Judenstaat« noch die Seelsorger zur Mitwirkung aufgerufen habe, wird er nun als »der allerdings grimmig Enttäuschte« dargestellt, der »wettert«.[261] Auch die Themenauswahl in der »Welt« fand Bettelheims Mißfallen: Die Berichterstattung über antisemitische Vorfälle solle nur »die Judenschaft durch Spott und Hohn von allgemeinen vaterländischen Angelegenheiten ab- und immer wieder auf ihre höchstpersönlichen besonderen Judenschmerzen hinlenken« mit der wahren Absicht, den Juden ihre jetzige Heimat zu »verekeln«.[262]

Daß »der bösen Welt das Schauspiel der Entzweiung« geboten wurde,[263] lastete man zunächst den Zionisten an, einerseits weil sich die »einzelnen kleinen Gruppen« öffentlich untereinander bekämpften,[264] andererseits, weil, wie die »Allgemeine Zeitung des Judentums« am Jahresende bilanzierte, die zionistische Bewegung insgesamt »Zersplitterung und Zerfahrenheit in die jüdischen Kreise getragen« habe.[265] Leon Kellner, ein enger Mitstreiter Herzls, sah dies anders. Er nahm den Versöhnungstag zum Anlaß, in Blochs »Oesterreichischer Wochenschrift« den »mit Feuer und Schwert« agierenden antizionistischen Fanatismus anzuprangern. Die Zionisten dagegen hätten erreicht, daß »ein Zug von Einkehr und Selbstbesinnung durch die jüdische Welt« gehe:

Deshalb haben die Zionisten ein Recht, von Versöhnung und Frieden zu reden in diesen Tagen der Versöhnung. Sie haben die Juden der verschiedensten Zungen vereinigt, sie haben die Väter mit den Söhnen, die Gegenwart mit der Vergangenheit versöhnt.[266]

---

259 Angespielt wird hier auf den Artikel: H[erzl]: Protestrabbiner (Anm. 23), S. 1f.
260 Rippner: Der Streit um Zion (Anm. 54), S. 631.
261 Bettelheim: Trutz-Juden (Anm. 127), S. 283.
262 Bettelheim: Trutz-Juden. (Schluß) (Anm. 127), S. 291 und 292.
263 Rippner: Der Streit um Zion (Anm. 54), S. 631.
264 Bambus: Spaltungen im Lager der Zionisten (Anm. 28), S. 528 (Nachsatz der Redaktion).
265 N.N.: Zum Jahresschlusse. In: AZJ 61 (1897), Nr 53 (31. Dezember), S. 625f., hier S. 626.
266 Leo Rafaels [d. i. Leon Kellner]: Versöhnung. In: BOW 14 (1897), Nr 40 (1. Oktober), S. 802ff.
   Leon Kellner (1859–1928) lehrte an der Universität Wien englische Literatur. Er publizierte erfolgreiche wissenschaftliche Werke, aber auch Artikel, Erzählungen und feuilletonistische Beiträge in englischen und deutschen Zeitungen und Zeitschriften. Herzls Bitte, die »Welt« herauszugeben, lehnte er zunächst ab, veröffentlichte jedoch unter seinem eigenen Namen und unter dem Pseudonym »Leo Rafa-

Den zusätzlichen Reklameeffekt der erhitzten Debatte verbuchte Herzl schon im Juni 1897 in der »Welt«: »Schon jetzt hat der Congreß die Ehre, recht lebhaft bekämpft zu werden.«[267] Seinen Gegnern war natürlich bewußt, daß auch Gegenpropaganda den Kongreß bekannt machte.[268] Ein Versuch, diesem unerwünschten Effekt zu begegnen, war der Hinweis auf verpönte ›Meinungsmache‹ und ›Effekthascherei‹ seitens der Zionisten. So war schon anläßlich der Berichte über Herzls begeisterte Begrüßung in Sofia 1896 in der »Allgemeinen Israelitischen Wochenschrift« die »Taktik« der »Staatsjuden« kritisiert worden, denen es ja nur auf den Reklamezweck ankomme.[269] Ein Jahr darauf beschrieb David Leimdörfer in der »Allgemeinen Zeitung des Judentums« das Vorgehen der »Fanatiker«, um ihre seiner Meinung nach phantastischen Ideen zu verbreiten: sie »senden Redner nach England und Deutschland, um eine Propaganda der That in Szene zu setzen, um glauben zu machen, der Zionismus sei keine Utopie [...]«.[270] Durch die Begrifflichkeit unterstellte Leimdörfer, es könne sich bestenfalls um Schauspielerei handeln.

Herzls »Welt« jedoch setzte die Propaganda für den Kongreß unverdrossen fort,[271] nicht zuletzt, indem sie die Diskussionen und die dadurch erreichte Publizität des Kongresses als Werbeargument nutzte.

> Alle Versuche, die von unseren Gegnern unternommen wurden, um den Congreß zu schädigen, werden zu weiter nichts gedient haben, als dazu, daß sich die Sympathien der Unbefangenen dem bekämpften Congresse zuwenden. Wenn es noch eines Beweises bedurft hätte, daß dieser Congreß, der unter der Controle der gesammten öffentlichen Meinung tagen soll, eine Nothwendigkeit ist – die Mittel und Mittelchen unserer Gegner haben den Beweis dafür erbracht.[272]

Kurz vor dem Kongreß reklamierte die »Welt« nochmals den propagandistischen Sieg für sich:

---

els« in der »Welt«. In den Jahren 1899 und 1900 war er dann Herausgeber der »Welt«. Er fungierte als Herzls literarischer Testamentsvollstrecker. Von Kellners Herzl-Biographie ist nur ein erster Teil erschienen: Theodor Herzl's Lehrjahre (1860–1895). Nach den handschriftlichen Quellen. Wien und Berlin: R. Löwit 1920.

[267] Herzl: Der Congreß (Anm. 47), S. 2.

[268] So sah etwa Adolf Silberstein in Güdemanns Frontstellung gegen den Zionismus ein Zeichen für dessen starken Fortschritt. Silberstein: Nationalität im Judenthum (Anm. 244), S. 55. Vgl. auch Eliav: Güdemann (Anm. 5), S. 158: »Im Grunde hat aber Güdemann dem Zionismus einen Dienst erwiesen. Er brachte eine Diskussion in Gang, und ermöglichte den Sprechern des Zionismus, eine vernichtende Erwiderung in die Öffentlichkeit zu lancieren.«

[269] Singer: Die Staatsjuden des Judenstaats (Anm. 136), S. 488.

[270] Leimdörfer: Gegen den Zionismus (Anm. 57), S. 316f.

[271] Vgl. Avineri: Making of Modern Zionism (Anm. 4), S. 88–100. Vgl. zu Herzls Bewußtsein für politisches Handeln und seinen Sinn für die Beeinflussung der Massen, für public relations und theatralische Effekte auch Beller: Herzl (Anm. 2), S. 65–82.

[272] N.N.: Der Congreß. In: W 1 (1897), Nr 5 (2. Juli), S. 6f., hier S. 6.

Wir können heute keinen wichtigeren und würdigeren Gegenstand für unsere Betrachtungen finden, als diese Veranstaltung, die sich trotz aller Spötteleien, Ränke
und Anfeindungen durchgesetzt hat. Unsere Freunde wissen, was alles gegen den
Congreß aufgeboten worden ist. Wir haben die Mehrzahl dieser Jämmerlichkeiten
mit Stillschweigen übergangen, weil wir das betrübende Schauspiel nicht in die
Breite zerren wollten. Späterhin wird es unseren Gegnern wohl kaum zur Ehre gerechnet werden, daß sie mit solchen Mitteln eine Bewegung bekämpften […].[273]

Schon jetzt warb Herzl mit »bemerkenswerthe[n] Aeußerungen hervorragender
Tagesblätter und Revuen«. Doch die mögliche negative Kehrseite einer breiten
Berichterstattung war Herzl offensichtlich auch bewußt, da er in der gleichen
Ausgabe die Teilnehmer ermahnte, während des Kongresses die Wirkung auf
die Presse zu bedenken.

Viel vom Eindruck, den der Baseler Congreß auf die politische Welt machen wird,
hängt vom Maß und der Würde der dortigen Berathungen ab. Jedes einzelne Con-
greßmitglied trägt mit an der Verantwortung. Niemand soll vergessen, daß die kleinen Schwächen von Vereins- und Versammlungsmenschen gerade in Basel übler
wirken müßten, als irgend anderswo. Streit, Nörgeleien, lärmende Scenen, Obstruc-
tion, die doch in jeder größeren Versammlung vorkommen […] würden in Basel
einfach zu einem Zeugniß wider die Richtigkeit unserer Principien, wider die Möglichkeit ihrer Ausführung aufgebauscht werden.[274]

Den Hintergrund für diese Mahnungen erfahren wir ebenfalls aus der »Welt«,
die von der »stürmischen Begeisterung« der Juden aus dem Osten berichtet,
die sich während der Vorkonferenzen ungern vom Vorsitzenden »zu Mäßigung
und Vorsicht« mahnen ließen. »Trotzdem aber gaben sie nach und so erlebten wir
in den letzten Tagen vor dem Congreß, um mit Schiller zu reden, das erhebende
Schauspiel eines Volkes, welches, mit dem Schwerte in der Faust, sich mäßigt.«[275]
Die Redaktion der »Welt« beeilte sich, positive Presseberichte im Interesse
der Bewegung zu verwerten. Bereits am 3. September 1897 wurde die Berichterstattung der Baseler Presse als sachlich und gut informiert mit Freude zu
Kenntnis genommen.[276] Am 10. September belegte die »Welt« den Erfolg des
Kongresses mit Auszügen aus der sowohl jüdischen wie nichtjüdischen deutschen, ungarischen, schweizerischen, englischen und französischen Presse. Der
Kongreß habe damit das Schweigen, das als Waffe benutzt worden sei, gebrochen. »In Basel gab der Zionismus sein erstes weittönendes Lebenszeichen von
sich. Die Presse trug es weit hinaus.« Insbesondere die »sonderbare Wand-
lung« der zionsfeindlichen Blätter wurde von der »Welt« festgehalten; die
Sprache sei offensichtlich von der Atmosphäre des Kongresses beeinflußt.

Das ist die überwältigende Kraft, die von einer hundertköpfigen Versammlung be-
geisterungsvoller Menschen ausgeht, die hinreißende Kraft, die sich ungehemmt auf

---

[273] N.N.: Die Woche (Anm. 195), S. 3.
[274] Ebd.
[275] Lublinski: Ein geschichtlicher Augenblick (Anm. 224), S. 1.
[276] Vgl. B.F.: Die Baseler Presse. In: ebd., S. 14.

den Berichterstattertisch fortpflanzt, den Zweifel erdrückt, den Spott entwaffnet und ihren Weg in die Spalten der Blätter nimmt.

Mit Befriedigung wurde auch vermerkt, daß vor allem die nichtjüdischen deutschen Blätter sich mit dem Kongreß beschäftigten. Genannt werden die »Kölnische Zeitung«, die »Norddeutsche Allgemeine Zeitung«, die »Münchener Neuesten Nachrichten«, die »Münchener Allgemeine Zeitung«, die »Frankfurter Zeitung«, die »Vossische Zeitung« und der »Fränkische Courier«. Diejenigen, die negativ berichteten, wurden als »Berufskläffer« abgetan. Bei den anderen aber wollte der Referent der »Welt« »zwischen den Zeilen« lesen, »daß der Berichterstatter – vielleicht der jüdische Berichterstatter – seine Meldung niederschrieb, während ihm noch der Beifallssturm aus dem Casinosaal im Ohr summte und das frische Erinnerungsbild des erhebenden Augenblickes sich zwischen die Buchstaben hineindrängte.«[277]

Selbstverständlich blieben solche Erklärungen nicht ohne Widerspruch. Die ausführlichen Berichte einzelner Tagesblätter, so hieß es, stellten die zionistische Bewegung vergeblich weitaus größer dar, als sie war.[278] Daß die Publizität des Kongresses für die zionistische Bewegung äußerst erfolgreich war, nahm auch die »Allgemeine Zeitung des Judentums« zur Kenntnis: »Es giebt Leute, die sich vor der Macht der vollendeten Thatsachen nicht tief genug beugen können. Je schärfer sie vorher das Projekt angegriffen, desto tiefer ist ihre Reverenz, nachdem das Projekt zur Thatsache geworden.«[279] Die »Allgemeine Israelitische Wochenschrift« prangerte an, daß »einige fin de siècle-Journalisten, welche mit dem Tamtam der modernen Reclame sehr gut vertraut sind«, es verstanden hätten, »die Welt von sich reden zu machen und so zu thun, als wäre die ganze Judenheit durch sie vertreten.«[280] Der Verfasser dieses Berichts war aber selbst recht geschickt, indem er andeutete, unter dem Titel »Intimes vom Zionistenkongreß« auf nachträglich bekannt gewordene Hintergrundinformationen von Teilnehmern zurückzugreifen. Dadurch wurde der Eindruck erweckt, die Kommentare über die ›Unwürdigkeit‹ von Veranstaltern, Teilnehmern und Veranstaltung seien Tatsachen, die eigentlich verschleiert werden sollten. Ähnlich war die »Allgemeine Zeitung des Judentums« schon vor dem Kongreß vorgegangen, als sie den Veranstaltern des Kongresses dafür ›dankte‹, die wahren Ziele enthüllt und den bisher arglosen Beobachtern »die Augen geöffnet« zu haben.[281] Nach dem Kongreß verwies sie auf die »vielen uns zugegangenen Schreiben, in denen die Interna des Kongresses ausgeplaudert oder die Sache selbst entweder in pathetischer oder spöttischer

---

[277] Red.: Die Zeitungsstimmen. In: W 1 (1897), Nr 15 (10. September), S. 12ff., hier S. 13 und 14.

[278] N.N.: Vom Zionistenkongreß in Basel (Anm. 166), S. 293.

[279] N.N.: Der Zionistenkongreß (Anm. 79), S. 433f.

[280] N.N.: Intimes vom Zionistenkongreß (Anm. 138), S. 663.

[281] Rabbiner-Verband / Red.: [Erklärung des Deutschen Rabbinerverbandes] (Anm. 22), S. 338.

Weise dargestellt wurde«,[282] verzichtete aber auf einen Abdruck. Immerhin blieb es so den Lesern überlassen, sich die ›Wahrheit des Kongresses‹ auszu-malen. Völlig unbeeindruckt zeigt sich ein Verfasser im »Israelit«, der keinen Grund anerkannte, in die »Ruhmesposaune« zu stoßen: »[…] warum sollen in einer schönen Stadt in der Schweiz nicht zweihundert schwärmerische Juden zusammenkommen können«, wenn doch auch »über die Kleidung der Radfah-rer internationale Besprechungen stattfinden«? Das wirklich Bemerkenswerte am Kongreß sei ›tieftraurig‹ gewesen, da nämlich aus der Versammlung der zweihundert Juden der Name »Gott« nicht zu hören war, was anwesende Fromme noch nicht einmal bemängelt hätten.[283]

Benjamin Rippner beschrieb in Blochs »Oesterreichischer Wochenschrift« den Propagandaeffekt etwas freundlicher:

> Einen Triumph hat Dr. H e r z l zweifellos errungen; ohne jede unwürdige Recla-me ist es ihm gelungen, die Aufmerksamkeit von ganz Israel für den Zionistencon-greß zu gewinnen; auch wer ganz bestimmt wußte und tausend Wetten darauf einge-gangen wäre, daß dort in Basel nichts Besonderes herauskommen könne, blickte dennoch mit Spannung auf die dort gepflogenen Verhandlungen, hatte den Wunsch, in der Mitte dieser Männer eine Zeit zu weilen, und als die »Oesterreichische Wo-chenschrift« einen so prompten und ausführlichen Bericht brachte, da ging es sicher-lich vielen Lesern wie dem Referenten: man griff zuerst nach der Beilage, als ob die Heilsbotschaft aus Basel käme, um sich dann davon zu überzeugen, was doch von vor-nehrein feststand, daß auch der Congreß die Welt nicht aus den Angeln gehoben hat.

Herzl jedenfalls bescheinigt Rippner ein »beneidenswerthes organisatorisches Talent«, mit dem er erreicht habe, daß Menschen »oft ihrer besseren Einsicht zum Trotz etwas Unerwartetes von dieser Vereinigung erhofften.«[284]

Noch vor dem Kongreß gestand Cohn, der Herzls erster Gegner gewesen sein wollte,[285] die »propagandistische Kraft Herzl's erst nicht erkannt« zu haben. »Wenn selbst die Gegner Herzl's für die Colonisation Palästinas warm eintreten, so geschieht es zum Theil wohl unter dem Druck der Herzl'schen Propaganda.«[286]

Resümee

Die von Theodor Herzl öffentlich verlautbarten Ziele des ›Zionismus‹ bedeute-ten eine Politisierung des Zionsgedankens, die teilweise im Widerspruch zu den Auffassungen der traditionellen Zionsfreunde stand, welche in religiöser

---

[282] N.N.: Der Zionistenkongreß (Anm. 79), S. 433f.

[283] N.N.: Der Zionismus. IV (Anm. 73), S. 1484.

[284] B[enjamin] Rippner: Der Zionistencongreß. In: BOW 14 (1897), Nr 37 (10. Sep-tember), S. 748f., hier S. 748.

[285] Die Bemerkung könnte sich auf Cohns Anwesenheit beim Zusammentreffen Herzls mit Güdemann beziehen.

[286] Cohn: Zionismus und Staatsbürgertum (Anm. 68), S. 712.

oder philanthropischer Absicht eine Kolonisation Palästinas förderten. Orthodoxe Kreise sahen in den Bestrebungen der ›Zionisten‹ zunächst einen unerlaubten Eingriff in die göttliche Fügung. So wurde auch in der Proklamation einer aktiven Förderung oder Gründung eines ›Judenstaates‹ ein Bruch mit der Religion gesehen. Allerdings gab es trotz gravierender Konflikte auch Übereinstimmungen, da sich die Parteien jeweils als »Freunde Zions« betrachteten.

Mitunter war es für Herzls Gegner schwierig, eine differierende Meinung zur »gemeinsamen Sache«, der Besiedlung Palästinas, zu vertreten, ohne die eigene Position aufzugeben oder den ›Zionisten‹ zu viel Aufmerksamkeit zuteil werden zu lassen. Da der Begriff ›Zionismus‹ nicht genau definiert war, mußten auch jene, die einer Staatsgründung skeptisch oder ablehnend gegenüberstanden, sich nicht vollständig vom ›Zionismus‹ abwenden. Die Unschärfe des Terminus ließ den politischen Zionisten immer wieder Spielräume offen. Andererseits zielte Herzl darauf ab, den Begriff in seinem national-jüdischen Sinne zu definieren und dafür »Reklame« zu machen. Durch die Verabschiedung des zionistischen Programms auf dem Kongreß in Basel wurde der Begriff ›Zionismus‹ schließlich »offiziell« definiert, wenngleich er immer noch schillernd blieb.

Weder Herzl noch die ihm skeptisch gegenüberstehenden traditionellen Zionsfreunde hatten als erste die Idee einer Wiederbesiedlung Palästinas vertreten bzw. diese öffentlich gefördert. Dennoch wurde von den Gegnern des ›Zionismus‹ immer wieder die Unrechtmäßigkeit einer jüdisch-nationalen Staatsgründung als Argument angeführt und bemängelt, die Religion werde in Herzls Staatsentwurf nicht gebührend berücksichtigt, da das nationale Element des »Jüdischseins« dominiere. Zudem wurde befürchtet, die Gleichstellung assimilierter Juden in Europa würde untergraben, ihr Patriotismus in Frage gestellt.

In der deutsch-jüdischen Presse entstand eine rege Debatte um die Rechtmäßigkeit und Realisierbarkeit einer Staatsgründung. Hierbei wurden sowohl religiöse als auch praktische Probleme diskutiert. Klammerte Herzls »Welt« religiöse Fragen weitgehend aus, so ignorierten orthodoxe Blätter, die in Herzl lediglich einen ›Namensjuden‹ und im ›Zionismus‹ eine Gefahr für das Judentum sahen, nach Möglichkeit Aspekte der Realisierbarkeit. Auch wurde versucht, die ›deutschen Juden‹ von den ›Zionisten‹ um Herzl deutlich abzugrenzen. Folglich wurde den ›Zionisten‹ das Mandat, sich im Namen der Judenheit zu äußern, abgesprochen. In der »Welt« reagierte Herzl auf solcherlei Vorwürfe mit aller Schärfe. Praktisch bedeutete dies, daß Herzls Gegner durch die öffentlich ausgetragene Debatte dazu gezwungen wurden, sich mit ›zionistischen‹ Fragen und Zielsetzungen auseinanderzusetzen, auch wenn sie Auffassungen vertraten, die eigentlich in Widerspruch zu Herzls Idee standen. Auf der Seite der Orthodoxen gab es schließlich außer erklärten Gegnern auch solche, die im ›Zionismus‹ eine willkommene Wiederbelebung für das Judentum sahen.

Andere versuchten mit dem Hinweis auf potentielle Gefahren Angst zu schüren: Der Zionismus als Reaktion auf Verfolgung und Antisemitismus sei unvernünftig und gefährlich. Güdemann, der eine Unterscheidung zwischen

›religiösem‹ und ›nationalem‹ Zionismus traf, sah in der beabsichtigten Staatsgründung gar einen Suizid des Judentums, worauf Herzl entgegnete, das Judentum werde Selbstmord begehen, wenn es nicht aktiv sein Schicksal in die eigene Hand nehme. Die Gegner des ›Zionismus‹ wurden folglich als das eigentliche Unglück der Juden gesehen. Tatsächlich schreckten Vertreter traditioneller Ansichten, etwa Kolonisationsbefürworter und religiös motivierte ›Zionsfreunde‹, vor den politischen Absichten Herzls zurück und versuchten, sie durch Totschweigen oder – als dies nicht mehr möglich war – durch Spott und Hohn zu bekämpfen. Herzl sollte als exotische, überspannte Ausnahmeerscheinung diskreditiert werden, die keineswegs repräsentativ für das Judentum sei. Er galt seinen Widersachern als Schwärmer oder ›Möchtegern-Messias‹, der in der Tradition des Sabbatai Zewi stehe. Der ›Judenstaat‹ wurde entsprechend als Absurdum herabgewürdigt. Solcherlei Vorwürfe wies Herzl wiederum entschlossen als eine Form des Selbsthasses zurück, der in einer jahrhundertelangen Unterdrückung wurzele. Den Spöttern stellte er das Bild des selbstbewußten Juden entgegen.

Das Bild des Kongresses, das sich in den jüdischen Periodika spiegelt, läßt noch einmal die unterschiedlichen Positionen der Diskussion deutlich werden. Die Ankündigung eines Zionistenkongresses war in konservativen beziehungsweise orthodoxen Kreisen auf Ablehnung gestoßen. Zwar wurde daraufhin der Versammlungsort von München nach Basel verlegt, aufgegeben wurde das Projekt jedoch keineswegs. Versuchten Herzls Gegner die Veranstaltung zu minimalisieren und zu kritisieren, so setzte die »Welt« alles daran, die historische Bedeutung einer solchen Versammlung zu manifestieren. Dem Kongreß in Basel sollte auch die Aufgabe zukommen, grundsätzliche Bedenken gegenüber dem ›Zionismus‹ zu zerstreuen und Einigkeit unter den Juden zu demonstrieren.

Insgesamt war die Versammlung ein großer Erfolg für die Initiatoren, der ein weltweites Echo auslöste. Die mitunter polemisch geführte Kontroverse, die in der zugespitzten Frage gipfelte, ob der ›Zionismus‹ die Antwort auf die ›Judenfrage‹ sei oder nicht vielmehr deren Auslöser, wich einer eher ausgewogenen Berichterstattung über den Verlauf und die Resultate des Kongresses. Doch sind zahlreiche Artikel auch stark emotional geprägt. Einen überwältigenden persönlichen Eindruck hinterließen Herzl und vor allem Max Nordau. Die zuvor als ›Problemfaktor‹ angesehenen Ostjuden waren begeistert, und selbst auf christlicher Seite bestand Interesse an der Veranstaltung, die als würdiges Ereignis gefeiert wurde. Die perfekte Inszenierung des Kongresses, bei der alles bis ins kleinste Detail durchdacht war, vermochte sogar bei manch hartnäckigem Gegner des ›Zionismus‹ einen Gesinnungswandel zu bewirken, da die Versammlung auf der Basis einer neuen Selbstwahrnehmung das Selbstbewußtsein der Juden gestärkt habe.

Vor allem die Diskussion um den ›Zionismus‹ Herzlscher Prägung in der deutschsprachigen jüdischen Presse führte dazu, daß das Ereignis eine breite

Öffentlichkeit erreichte. Auffällig ist dabei die streitbare Strategie der ›Zionisten‹, die selbst von den Gegnern mit – wenn auch abfälliger – Bewunderung (›Tamtam-Schlagen‹, ›Reklame‹) zur Kenntnis genommen wurde. Das wesentlich Neue an Herzls Vorstoß war der Wille, die jahrhundertealte Tradition der Zionsverbundenheit und Zionssehnsucht in praktische politische Taten umzusetzen. Hervorzuheben ist dabei die Zielstrebigkeit, mit der das Thema ›Zionismus‹ in die Öffentlichkeit lanciert wurde. Verbunden mit den Erfahrungen eines verstärkten Antisemitismus und der Judenverfolgungen im Osten Europas, forderte dies die Judenheit Europas und Amerikas dazu heraus, das eigene Selbstverständnis, die politisch-gesellschaftliche Lage zu reflektieren und den Nutzen und Schaden der Assimilation zur Diskussion zu stellen. Herzls Vorstellungen wurden zwar oftmals abgelehnt, die absolute Richtigkeit der Assimilation aber ebenfalls in Frage gestellt. So wurde der Kongreß, nachdem er einmal stattgefunden hatte, von einigen Publizisten zu einer eher politisch harmlosen Veranstaltung der jüdischen Selbstbesinnung umdefiniert und erhielt auf diesem Wege Zustimmung.

Die Vielzahl von flexiblen Standpunkten in der Frage des ›Zionismus‹ konnte durch eine genaue Analyse der deutsch-jüdischen Periodika in den Jahren 1896/97 herausgearbeitet werden. Dies spricht für den Wert solcher medialen Untersuchungen gerade für Zeiträume, in denen gesellschaftliches Selbstverständnis und politische Positionen im Umbruch begriffen sind. Die deutsch-jüdischen Periodika sind dabei gleichzeitig Medium für ideologisch-theoretische Diskussionen und für politisches Handeln durch Propaganda; sie sind Ort der erwünschten und gefürchteten Öffentlichkeit und zugleich Ausdruck publizistischen Wollens und Wirkens.

II
»Ein Gespenst geht um in Deutschland [...]«
Die ›Ostjudenfrage‹ im Spiegel der deutschsprachigen jüdischen Presse während des Ersten Weltkriegs

Von Wilhelm Terlau und Beate Wunsch

Heterogene Diskurse über die ›Ostjudenfrage‹

> Ein Gespenst geht um in Deutschland bei hellem Tage. Seit Monaten läßt es den Weltverbesserern und Menschheitsrettern keine Ruhe und setzt tausend Federn und Zungen in Bewegung. Es ist die ›Ostjudenfrage‹.[1]

Mit dieser Anspielung auf das *Kommunistische Manifest* reagiert die in Berlin erscheinende ›Illustrierte Monatsschrift für modernes Judentum‹ »Ost und West« auf das sprunghafte Ansteigen der Veröffentlichungen zur Frage der ›Ostjuden‹ resp. der ›polnisch-russischen Juden‹ in den Anfangsjahren des Ersten Weltkriegs. Daß es eine ›Ostjudenfrage‹ gab, war zumindest aus der Sicht der ›Westjuden‹ seit langem unbezweifelbar, auch wenn der Begriff selbst erst in den Jahren nach 1900 Verbreitung fand.[2] Mit der Aufklärung der zweiten Hälfte des 18. Jahrhunderts, die eine immer deutlichere Akkulturation an die nichtjüdische Kultur Westeuropas zur Folge hatte, begann zugleich ein Prozeß zunehmender Distanzierung von den ›Ostjuden‹ – sei es im Sinn einer herablassenden oder auch aggressiven Abgrenzungsstrategie, wie sie insbesondere in Deutschland generell gegenüber dem angeblich ›unkultivierten‹ Osten üblich war, sei es im Sinn einer pädagogisch motivierten Zuwendung im Sinn der ›Haskala‹, der jüdischen Aufklärung, die im Osten zu schroffen Auseinandersetzungen führte und erst um die Wende zum 20. Jahrhundert ein Phänomen wie den Chassidismus angemessen zu interpretieren erlaubte. Traditionsbewußte Juden in Polen und Rußland standen den Westjuden ihrerseits skeptisch gegenüber und unterstellten ihnen ein rationalistisch-reformistisch

---

[1] N.N.: Die Ostjudenfrage. In: OW 16 (1916), Nr 2–3 (Februar/März 1916), Sp. 73–112, hier Sp. 73.

[2] Vgl. Steven E. Aschheim: Brothers and Strangers. The East European Jew in German and German Jewish Consciousness, 1800–1923. Madison / Wisconsin: Univ. of Wisconsin Press 1982; Trude Maurer: Ostjuden in Deutschland 1918–1933. Hamburg: Christians 1986 (Hamburger Beiträge zur Geschichte der deutschen Juden; 12), S. 11ff.; Avraham Barkai / Paul Mendes-Flohr: Aufbruch und Zerstörung 1918–1945. Deutsch-jüdische Geschichte in der Neuzeit. Mit einem Epilog v. Steven M. Lowenstein. Bd 4. München: Beck 1997, S. 64–68 u. passim.

verwässertes Judentum, das zugleich den Verrat an der religiös-kulturellen Tradition und ein Aufgeben nationaljüdischer Eigenart implizierte. Auf der anderen Seite hielten viele Ostjuden die deutsche Kultur hoch und verstanden sich als deren Bollwerk in einem zaristischen Rußland, dessen bis ins 20. Jahrhundert reichende antijüdische Gesetzgebung als barbarisch und rückständig empfunden wurde.

Die Differenzierung zwischen West- und Ostjudentum im Sinn des jeweiligen Hetero- resp. Autostereotyps war allerdings keineswegs gebunden an entsprechende historisch-geographische Gegebenheiten. So hat etwa Ezra Mendelsohn zwischen einem west- resp. osteuropäischen Typus unterschieden, die durch einen hohen resp. niedrigen Grad der Akkulturation oder Assimilation, durch die Aufgabe resp. Bewahrung der jiddischen Sprache wie einer orthodoxen Religionsübung sowie durch religiös-konfessionelle resp. religiösnationale Identität gekennzeichnet sind.[3] Hinzu kommt noch der Wandel ein und derselben Bevölkerung vom einen zum anderen Typus, der bereits damit begonnen hatte, daß aus dem Osten Europas in den Westen einwandernde Juden im 18. Jahrhundert in kurzer Zeit zu westeuropäischen Juden geworden waren. Die semantische Weite des Begriffs ›Ostjude‹ faßt Trude Maurer so zusammen:

> Bei dem scheinbar so eindeutigen Begriff »Ostjude« handelt es sich [...] um ein schillerndes Wort, in dem positive und negative Konnotationen zusammenfließen, das objektive kulturelle und soziale Unterschiede im Vergleich zu den »Westjuden« ausdrücken kann, aber auch die Einstellung deutscher Juden und Nichtjuden zu Juden aus Osteuropa.[4]

Trotz der zweifellos vorhandenen westlichen Vorurteile hat es über das ganze 19. Jahrhundert hinweg immer wieder mehr oder weniger enge Kontakte zwischen West- und Ostjuden gegeben – so etwa auf dem Gebiet der »Wissenschaft des Judentums«, vor allem aber auf philanthropischem Feld, indem auf Unterdrückung und Pogrome in Rußland oder Rumänien auf westlicher Seite durch die Gründung solidarischer Institutionen wie die »Alliance Israélite Universelle« reagiert und damit Einfluß auf die Regierungspolitik der verschiedenen beteiligten Staaten genommen wurde. Außerdem trafen sich beide Seiten, nicht erst seit der zionistischen Bewegung, im Engagement für die Kolonisation Palästinas.

Nicht wenige Autoren unter den in »Ost und West« apostrophierten »Weltverbesserern und Menschheitsrettern« der jüdisch-publizistischen Debatte in Deutschland, Österreich und der Schweiz während des Ersten Weltkriegs räumten eigene Befangenheiten ein sowie die Schwierigkeit, ein wirklich ungetrübtes Bild von den Ostjuden zu erhalten. Denn wer immer sich mit den

---

[3] Ezra Mendelsohn: The Jews of East Central Europe Between the World Wars. Bloomington: Indiana University Press 1983, S. 6–8; zitiert bei Maurer: Ostjuden in Deutschland 1918–1933 (Anm. 2), S. 13f.

[4] Maurer: Ostjuden in Deutschland 1918–1933 (Anm. 2), S. 15.

Ostjuden beschäftigte, hatte zwangsläufig bereits bestimmte stereotype Bilder von ihnen im Kopf, die sich auf eine vor allem auch literarisch vermittelte Tradition seit Ende des 18. Jahrhunderts zurückführen ließen. So blieb etwa Heinrich Heines Reisebericht *Über Polen* in Aufbau und Inhalt paradigmatisch noch für viele der Aufsätze über die Ostjuden während des Ersten Weltkriegs. In ihm beanstandet der junge Heine Schmutz, Gemauschel und Geschacher, unterscheidet aber im Gegensatz zu vielen seiner reformorientierten bürgerlichen Zeitgenossen das äußere, von Schmutz und Elend geprägte Erscheinungsbild von dem, was sich dem Beobachter nicht gleich erschließt, nämlich Charakter und Seelenverfassung. Heine nutzt seine Beschreibung der Ostjuden zu einer scharfen Kritik an den assimilierten Juden im Westen und trifft dabei den Kern eines Problems, das die meisten der sich über die säkulare Bildung begeistert akkulturierenden Juden noch gar nicht zu erkennen in der Lage waren. Der Charakter des polnischen Juden, so befindet Heine, sei ein (religiös wie national) Ganzes und unterscheide sich hierin entscheidend von den Reformjuden: »Der polnische Jude mit seinem schmutzigen Pelze, mit seinem bevölkerten Barte und Knoblauchgeruch und Gemauschel, ist mir noch immer lieber als mancher [westliche Jude] in all seiner staatspapiernen Herrlichkeit.«[5] Der rabbinisch geschulte Berthold Auerbach reproduziert in seinen beiden jüdischen Romanen in den dreißiger Jahren des 19. Jahrhunderts demgegenüber eher das radikalaufklärerische Bild eines zurückgebliebenen und religiös fanatischen Ostjudentums; ähnlich verfährt in seinen Romanen und Erzählungen der sogenannte Ghettoschriftsteller Karl Emil Franzos, der damit das stereotype westliche Bild der Ostjuden nicht unwesentlich beeinflußt hat.[6] In einem der im orthodoxen »Jeschurun« erscheinenden Aufsätze des Rabbiners Joseph Wohlgemuth über die ›Ostjudenfrage‹ gilt Franzos sogar als authentischer Zeuge, obwohl oder gerade weil ihm in einigen konkreten Punkten Fehler nachzuweisen sind. Franzos könne als objektiver und unbefangener Schilderer der Ostjuden angesehen werden, weil er die Tatsachen so schildere, wie sie sich ihm böten. Um zum Beispiel die tiefe Frömmigkeit der ganz einfachen Menschen zu illustrieren, erinnert Wohlgemuth an einen von Franzos geschilderten jüdischen Kutscher, der zwar von westlicher Bildung nichts weiß, aber seine Kundschaft mit der Exegese von Bibelstellen und Talmudsprüchen unterhält. Vor allem auch im Roman *Der Pojaz* (erschienen postum 1905) lese man von dem religiösen Fanatismus der Ostjuden, man sehe »viel Lumpengesindel, [...] da wird viel gewuchert und betrogen und bestochen«; aber man erfahre auch von der Elternverehrung, der Kindesliebe und dem sittlich reinen Familienleben der Ostjuden, von ihrer intellektuellen Begabung und dem hohen Ansehen rabbinischer Gelehrsamkeit. *Der Pojaz* sei »durchleuchtet von

---

[5] Heinrich Heine / Manfred Windfuhr (Hg.): Briefe aus Berlin. Über Polen. Reisebilder I/II (Prosa). Bearb. von Jost Hermand. Hamburg: Hoffmann & Campe 1973 (Historisch-kritische Gesamtausgabe der Werke; 6), S. 62.

[6] Vgl. Aschheim: Brothers and Strangers (Anm. 2), S. 27.

unendlich viel Herzensgüte und Herzensbildung, also von dem, was letzten Endes wahre Kultur ist«. Man erkenne bei den Ostjuden den »Seelenadel« sowie die »erhabene Schönheit hinter der häßlichen Hülle«.[7] Daß dieses Bild noch ein Jahrzehnt nach Erscheinen des Romans lebendig war, bestätigt ein Text von Georg Herlitz im nationaljüdisch ausgerichteten »Jüdischen Studenten«. Bei dem Ausdruck ›Polnische Juden‹ stelle sich bei den meisten die typische Vorstellung von »ein[em] gebückte[n], scheu blickende[n] Männchen in einem lange[n], nicht ganz sauberen Kaftan« ein.[8] Herlitz weiß wie viele andere, welches Bild vom Ostjuden vorherrscht, und konzediert »die notorisch vorhandenen ästhetischen und moralischen Mängel eines großen Teils der polnischen Juden«; er nennt »Schmutz und Verwahrlosung«, »Unredlichkeit und Gewinnsucht«. Aber er sieht auch die sozialen und geschichtlichen Ursachen dieser Mißstände und lobt den Idealismus der Ostjuden, der sich in der Treue zu ihrem Volkstum und Glauben äußere.

Aus den Zitaten geht bereits hervor, daß sich der Diskurs über die ›Ostjudenfrage‹ vor allem als Austausch bereits bekannter Argumente und mittels Anspielungen auf gängige Klischees vollzieht. Entscheidend ist zunächst nicht so sehr die vor allem über unmittelbare Kontakte in Rußland und Deutschland erfahrbare Wirklichkeit ostjüdischer Menschen und Schicksale als vielmehr die gleichsam virtuelle Realität ihrer Bilder und deren jeweils unterschiedliche Funktionalisierung. Zumindest prägt das präformierte Bild zunächst die Wahrnehmung der Wirklichkeit, ehe diese dann ihrerseits im besten Fall zu neuen, differenzierten Bildern führen kann. Eine solche Differenzierung vollzieht sich freilich nicht unabhängig von der Region bzw. dem Staat, in dem sich Juden integriert haben, und sie ist, wie seit Beginn der modernen jüdischen Publizistik, auch abhängig von der religiösen und (national-) politischen Ausrichtung – liberal-reformerisch bis assimilatorisch, konservativ, orthodox oder zionistisch – einzelner jüdischer Gruppierungen. In diesem Zusammenhang ist auch die Rücksichtnahme auf spezifische politische Interessen in der jeweiligen Situation und der Gedanke an nichtjüdische Mit-Leser als eine bewußte oder unbewußte ›innere Zensur‹ bei der Bewertung von Äußerungen mit in Betracht zu ziehen. Die Sache kompliziert sich noch zusätzlich dadurch, daß den Autoren eine gewisse Eigenständigkeit im Urteil eingeräumt werden muß, so daß im Einzelfall die Richtung eines Artikels nicht bruchlos mit der generellen Linie des publizistischen Mediums übereinstimmt.

Im folgenden wird der publizistische Diskurs über die ›Ostjudenfrage‹ vom Beginn des Ersten Weltkriegs bis in das Jahr 1917 hinein nachgezeichnet. Die Begrenzung ergibt sich im wesentlichen aus den politischen Daten. Zu Beginn des Weltkriegs fühlten sich die Juden in Deutschland und Österreich durch den

---

[7]   J[oseph] W[ohlgemuth]: Deutschland und die Ostjudenfrage. (Zweiter Aufsatz). In: JSCH 3 (1916), Nr 2 (Februar), S. 65–95.

[8]   Georg Herlitz: Polnische Juden. In: JS 11 (1914), Nr 5 (1. November), S. 117–124, hier S. 117.

verkündeten ›Burgfrieden‹ endlich als gleichberechtigte Bürger, die ihre Pflicht – und mehr als sie – für das Vaterland zu erfüllen bereit waren. Dabei beflügelte sie auch die Vorstellung, daß das zaristische Rußland nicht zuletzt wegen seiner barbarischen Politik gegenüber der jüdischen Minderheit zur Verantwortung gezogen werden mußte. Auch von politischer Seite wurden die Juden in den eroberten polnischen und russischen Gebieten zunächst als Verbündete gesehen. Durch die Begegnung mit ihren Glaubensbrüdern wurden jüdische Soldaten auf das Problem ihrer eigenen stereotypen Vorstellungen von den Ostjuden gestoßen; sie reagierten entweder mit größerem Verständnis oder fühlten im Gegenteil die Vorurteile bestätigt. Auf jeden Fall wurden sie erneut mit ihrer eigenen jüdischen Identität konfrontiert – die ›Ostjudenfrage‹ wurde, wie es Steven Aschheim formuliert hat, zum ›Barometer‹ des jüdischen Selbstverständnisses.[9] Dies galt auch für die Ostjuden innerhalb der deutschen Grenzen: zwar wollte man ihren Anteil auch jüdischerseits nicht unbedingt vergrößert sehen und plädierte daher – unabhängig von der religiösen oder nationalen Einstellung – für eine Lösung der ›Ostjudenfrage‹ in Osteuropa selbst; einhellig wandte man sich aber gegen alle Ausnahmegesetze, die die Einwanderung zu verhindern suchten oder eine Ausweisung in die Ursprungsländer möglich machten. Spätestens mit der von der Heeresleitung aus dubiosen Gründen initiierten ›Judenzählung‹ vom Oktober 1916 hatten die Juden in Deutschland einsehen müssen, daß sich die Polemik gegen die Ostjuden sehr schnell gegen sie selbst richten könne; mit Bethmann-Hollwegs Entlassung Mitte 1917 waren die Militärkreise gestärkt worden, die seit je antisemitische Vorbehalte hegten und letztlich dafür verantwortlich waren, daß am Ende des Weltkriegs vom ›Burgfrieden‹ nichts mehr übrigblieb.

Ausgewertet wurden über 20 deutsch-jüdische Periodika, die sich extensiv und intensiv an der Debatte über die ›Ostjudenfrage‹ beteiligten: zwei aus der Schweiz, fünf aus Österreich, die übrigen aus Deutschland. Was die religiöspolitische Ausrichtung angeht, so stehen fünf eher liberalen bzw. ›neutralen‹ Organen fünf oder sechs orthodoxe sowie zehn nationaljüdisch-zionistische gegenüber; drei der wichtigsten Periodika, die bereits zitierte ›Illustrierte Monatsschrift für modernes Judentum‹ »Ost und West«, die von Leo Winz seit 1901 herausgegeben wurde, Martin Bubers allerdings erst seit 1916 erscheinende Zeitschrift »Der Jude« und die von führenden liberalen Juden und Zionisten (Hermann Cohen, Eugen Fuchs, Adolf Friedemann, Franz Oppenheimer und Alexander Eliasberg) gemeinsam herausgegebenen »Neuen Jüdischen Monatshefte« (1916–1920) verstehen sich – jenseits der religiös-politischen Ausrichtung ihrer Herausgeber – als Foren für prinzipielle Auseinandersetzungen über jüdisches Leben und jüdische Identität. Liberal bzw. eher ›neutral‹ – im Sinn einer relativen Toleranz gegenüber von der Redaktionsmeinung abweichenden Standpunkten – sind folgende Organe:

---

[9] Aschheim: Brothers and Strangers (Anm. 2), S. 156.

–   die seit 1837 und damit bei weitem am längsten erscheinende
    »Allgemeine Zeitung des Judentums« (AZJ), deren Herausgeber
    Ludwig Geiger zu den dezidierten Verfechtern eines ›Deutschju-
    dentums‹ gehörte und der sich zumindest zu Beginn des Krieges
    entsprechend nationalistisch äußerte;

–   die der Ausrichtung der AZJ nahestehende Zeitschrift »Im deut-
    schen Reich«;

–   das Hamburger »Israelitische Familienblatt«, das in der Tradition
    der Familienblätter seit der »Gartenlaube« auf eine möglichst brei-
    te Leserschaft abzielte und insofern extreme Positionen zu vermei-
    den suchte;

–   die vom Frankfurter Rabbiner Caesar Seligmann herausgegebene
    ›Monatsschrift für die religiösen Interessen des Judentums‹ »Libe-
    rales Judentum«;

–   die »K.C.-Blätter« als das offizielle Organ der »im Kartell-
    Convent der Verbindungen deutscher Studenten jüdischen Glau-
    bens vereinigten Korporationen«.

Orthodoxe Ausrichtung haben folgende Organe:

–   der ein halbes Jahr vor Beginn des Weltkriegs vom Rabbiner Jo-
    seph Wohlgemuth (1867–1932) in Berlin gegründete »Jeschurun«;

–   die von dem Ansbacher Rabbiner Pinchas Kohn herausgegebenen
    »Jüdischen Monatshefte«;

–   der ausdrücklich als Organ »zur Förderung der geistigen und wirt-
    schaftlichen Interessen der jüdischen Landbevölkerung« gegründe-
    te »Jüdische Volksbote«;

–   die in Wien erscheinende ›Unabhängige Zeitschrift für jüdische In-
    teressen‹ »Die Wahrheit«;

–   die »Deutsche Israelitische Zeitung« des Regensburger Rabbiners
    Seligmann Meyer.

Eine Sonderposition neben dem breiter gefächerten Angebot deutscher und
österreichischer Periodika, die die Interessen abgegrenzter Leserkreise bedienen wollten, nahmen die beiden Publikationen aus der Schweiz ein: ähnlich
wie das »Israelitische Wochenblatt für die Schweiz« richtete sich auch das
»Jüdische Jahrbuch für die Schweiz« ausdrücklich an ein breiteres Publikum
mit dem Ziel, die Schweizer Judenheit in Toleranz zu einen und Gegensätze zu
überbrücken, was sich – gerade im »Israelitischen Wochenblatt« – sowohl als
Belebung des religiösen Gefühls wie auch, insbesondere gegen und nach Ende
des Kriegs unter dem Redakteur David Weinbaum, in wachsenden Sympathien
für den Zionismus äußerte.

Unter den nationaljüdisch-zionistischen Periodika sind neben den bereits genannten Zeitschriften »Ost und West« und »Der Jude« vor allem hervorzuheben:

- die in Prag erscheinende Unabhängige jüdische Wochenschrift »Selbstwehr«, die bereits vor dem Krieg immer wieder auch ostjüdische Themen aufgegriffen hatte und insofern ihre Linie beibehalten konnte;
- als Gegengründung zu den liberalen »K.C.-Blättern« die ›Zeitschrift des Kartells jüdischer Verbindungen e.V.‹ »Der jüdische
  Student«, die dezidiert zionistisch ausgerichtet war;
- als nationaljüdisch orientiert verstanden sich die »Jüdischen Monatshefte für Turnen und Sport«, die allerdings nur bis 1915 in
  Wien erscheinende ›Jüdischpolitische Wochenschrift‹ »Neue National Zeitung« sowie die in Brünn, später auch in Wien herausgegebene »Jüdische Volksstimme«.

Erstaunlicherweise trug eine der später prominentesten zionistischen Periodika, die »Jüdische Rundschau«, auffallend wenig zur Debatte über die Ostjuden
bei. Dies ist um so bemerkenswerter, als sie ja aus Herzls unmittelbarem Um-
kreis hervorging und eine radikale Frontstellung gegenüber dem »Central-
Verein« einnahm, der die Mehrheit der nichtzionistischen Juden in Deutschland vertrat. Möglicherweise hängt die Zurückhaltung in der ›Ostjudenfrage‹
damit zusammen, daß man sich, nachdem das von Herzl gegründete zionistische Zentralorgan »Die Welt« 1914 sein Erscheinen eingestellt hatte, weniger
auf Deutschland konzentrierte als auf die zionistische Welt insgesamt; die
›Ostjudenfrage‹ konnte dabei angesichts der zionistischen Hoffnung auf Erez
Israel nur eine untergeordnete Rolle spielen. Demgegenüber ist mehr als ein
Drittel aller Beiträge der »Neuen Jüdischen Monatshefte« kulturellen, historischen oder politischen Fragen des Ostjudentums gewidmet.

   Als Gliederung der Darstellung bieten sich weniger thematische Rubriken
an – etwa Konfrontation mit der Wirklichkeit des Ostens, Stereotype wie Un-
reinlichkeit, körperliche Verkümmerung, Schacher, Wucher, Materialismus,
Aberglauben, Frömmelei, zweifelhafte Sexualmoral, Prostitution, die Frage
von Religiosität und Bildung, das Problem des Patriotismus – als vielmehr der
Differenzierung dienende Fragestellungen: Lassen sich exemplarisch einige
Diskurse nachzeichnen, denen mehr als periphere Bedeutung zukommt? Wie
stehen, soweit darüber überhaupt eindeutige Aussagen möglich sind, Liberales
Judentum, Orthodoxie, Zionismus nach Ausweis der entsprechenden Organe
zur ›Ostjudenfrage‹? Und schließlich: Differenziert sich das Spektrum weiter
aus, wenn zusätzlich der regionale Faktor ins Spiel kommt – also Deutsches
Reich, Österreich und die Schweiz?

Zur ›Anstößigkeit‹ der ›Ostjuden‹ – drei exemplarische Debatten

Unter den Diskursen ragt zweifellos – schon wegen der Prominenz der Beteiligten – die Auseinandersetzung zwischen Hermann Cohen und Gustav Landauer heraus, die gleich zu Beginn in der 1916 gegründeten maßgebenden und

weiträumig diskursorientierten Zeitschrift »Der Jude« ausgetragen wird. Wie
für viele andere auch bilden die Schriften von Fritz,[10] Heinze[11] und Paphnutius[12] zum Thema Ostjudentum und Grenzsperre den konkreten Anlaß für Landauer, sich zur ›Ostjudenfrage‹ zu äußern. Landauer versucht in seinem ursprünglich für das erste Heft des »Juden« gedachten Aufsatz weniger, den
bereits in die Debatte eingeführten Argumenten über das Wesen der Ostjuden
weitere hinzuzufügen, sondern befaßt sich überwiegend mit der Art und Weise, wie über die Ostjuden berichtet und gerichtet wird. Selbsternannte »deutsche [...] Bevölkerungspolitiker« sowie verängstigte, in ihrer Assimilation
noch keineswegs gefestigte Westjuden sähen die Ostjuden »wie ein Karthager-
gespenst vor dem Osttor stehen«.[13] Von dieser irrationalen Angst der Westjuden seien die meisten Publikationen geprägt. Die westjüdische Bourgeoisie
rechne mit einem neuen Ausbruch von Feindseligkeiten beim Zuzug von Ostjuden. Um dem vorzubeugen, weise man auf angebliche oder tatsächliche
Mängel bei den Ostjuden hin. Erneuerung täte aber sowohl den West- als auch
den Ostjuden not. Wer auf irgendeinen Makel bei den anderen hinweise, be-
ziehe, ob er es wolle oder nicht, auch sich selbst ein. Zum Schachergeist bemerkt er: »Der Jude, der im Ghetto einen kleinen und schmierigen Handel
treibt, ist genau derselbe Typus wie der, der auf breiterer Stufe und mit dem
erforderlichen Bildungsstoff versorgt von nichts als dem Händlergeist besessen
ist.« Der ostjüdische Geschäftsmann, der sich, wenn auch mechanisch, religiösen Pflichten widmet, stehe immer noch höher als der Westjude, der statt dessen nur mit »Kunstgeschwätz« und »Bildungsheuchelei« aufwarten könne
(S. 438). Daher leite auch die Vorstellung, die Westjuden seien berufen, den
Ostjuden zu helfen, in die Irre.

> [...] bilden wir uns ja nicht ein, daß, wenn wir im rechten Geiste unsre Einheit mit
> dem gesamten Judentum zur Tat werden lassen, wir Westlichen es seien, die da hül-
> fen, und jene Östlichen, denen geholfen würde.
> Es sei eine Gnade, wenn die Not der Ostjuden in all ihrer Gräßlichkeit unsre eigene
> wird. Nichts Besseres könnte uns zuteil werden, als daß wir uns in dieser europäi-
> schen Menschheit, wie sie jetzt ist, als ganz Fremde, Verlassene und Verstoßene
> fühlten. (S. 439)

Es handelt sich hier nicht um eine naive Schwärmerei, wie Eva Reichmann
meint,[14] Landauer funktionalisiert ostjüdisches Schicksal als Grundlage eines
umfassenden jüdischen Selbstverständnisses und entwirft ein neues, unbeque-

---

[10] Georg Fritz: Die Ostjudenfrage. Zionismus und Grenzschluß. München: J. F. Leh-
mann 1915.
[11] Wolfgang Heinze: Ostjüdische Einwanderung. In: Preußische Jahrbücher 162, IV
(1915), S. 98–117.
[12] Paphnutius: Die Judenfrage nach dem Kriege. In: Die Grenzboten 74 (1915),
Nr 39 (29. September), S. 392–408.
[13] Gustav Landauer: Ostjuden und Deutsches Reich. In: J 1 (1916/17), Nr 7, S. 433–
439, hier S. 437.
[14] Eva G. Reichmann: Der Bewußtseinswandel der deutschen Juden. In: Werner E.
Mosse / Arnold Paucker (Hg.): Deutsches Judentum in Krieg und Revolution 1916–

meres Identitätskonzept: »[...] es wäre nicht das erste Mal in der Geschichte der Menschheit, daß Ausgesetzte und Flüchtlinge zu Pionieren, daß Davonläufer zu Vorläufern geworden sind.« (S. 439) Die ›Ostjudenfrage‹ begreift Landauer mithin als ›Judenfrage‹ schlechthin, und nur als solche sei sie zu lösen.

Eine gesonderte Behandlung der ›Ostjudenfrage‹ ist auch für Hermann Cohen nicht denkbar. Er eröffnet seinen Aufsatz mit der Feststellung: »Der Jude ist überall ein Problem.«[15] Dieser plakative Satz war geeignet, das Selbstverständnis derjenigen Westjuden zu erschüttern, die ihre Assimilation für erfolgreich beendet hielten und sich der jeweiligen Umgebung verbundener fühlten als den Juden im Osten bzw. in ›Halb-Asien‹ (Franzos). Cohens Standpunkt, der Jude sei überall zuerst Jude, macht eine schroffe Abgrenzung zwischen West- und Ostjudentum nahezu unmöglich. Wie Landauer sieht auch Cohen das Interdependenzverhältnis zwischen Ost- und Westjuden, im Ostjudentum ist also gesamtjüdisches Schicksal repräsentiert. Erhielten die Ostjuden vom Westen zwar soziale Unterstützung, so seien sie gleichwohl nicht einfach nur als Objekte westlicher Wohlfahrt zu betrachten, da sie im Gegenzug das westliche Leben durch ihre geistige und sittliche Würde bereicherten. So findet auch Cohen keinen Anlaß, über einen verstärkten Zuzug von Ostjuden besorgt zu sein. Im Gegenteil, der Ostjude könne mit Blick auf die »schier übermenschliche [...] Dulderkraft« und die »scharfe [...] Intelligenz« uns »Heil bringen« (S. 154). Im Gegensatz zu Landauer ist Cohen allerdings der Überzeugung, daß die deutschen Juden bezüglich ihrer religiösen Identität in einem fortgeschritteneren Zustand als die Ostjuden seien. Während man in vielen Publikationen gerade die Glaubenstreue und intensive Religiosität der Ostjuden als vorbildlich pries, argumentiert Cohen, die Ostjuden müßten den »Vernunftglauben«, der im Westen durch den Liberalismus und die Wissenschaft des Judentums erreicht worden sei, ebenfalls annehmen.

Die »Allgemeine Zeitung des Judentums« geriet durch drei Artikel bzw. Aufsatzreihen ins Zentrum der Zeitschriftendebatten. In seinem ersten Aufsatz über »Krieg und Kultur« hatte Ludwig Geiger vor massiven finanziellen Hilfeleistungen für die Juden in Rußland gewarnt, da dies bedeute, daß »wieder Millionen nach Rußland fließen, nach dem Feindeslande, um die Wunden zu heilen, die Haß und Neid unseren Glaubensbrüdern geschlagen«.[16] Heftig reagierte darauf die Prager »Selbstwehr« mit ihrem Artikel »Der Geheime Regierungsrat Geiger als Antisemit«.[17] Die »Jüdische Rundschau« sprach von »Entgleisungen«[18] und mahnte die »Einheit des Judentums« an.[19] Die Reakti-

---

1923. Tübingen: Mohr Siebeck 1971 (Schriftenreihe wissenschaftlicher Abhandlungen des Leo Baeck Instituts; 13), S. 511–612, hier S. 540.

[15] Hermann Cohen: Der polnische Jude. In: J 1 (1916/1917), Nr 3, S. 149.

[16] Ludwig Geiger: Krieg und Kultur III. In: AZJ 79 (1915), Nr 4 (22. Januar), S. 37–39, hier S. 38.

[17] SW 9 (1915), Nr 8 (26. Februar), S. 4f.

[18] JR 20 (1915), Nr 10 (5. März), S. 80.

[19] JR 20 (1915), Nr 6 (5. Februar), S. 45.

on des »Jüdischen Studenten« geht an die Adresse des »urgermanischen Herrn Professor Geiger«: »wer zu diesen russischen Juden kommt, sie näher kennen lernt und nicht fühlt, daß sie mit uns eines Blutes, daß sie Volksgenossen sind, der ist nicht wert, den Ehrennamen ›Jude‹ zu tragen.«[20]

Geigers Äußerungen über die Ostjuden in seinem kritisierten Aufsatz waren keineswegs abfällig. Martin Philippson jedoch ließ sich nach den Entgegnungen in der orthodoxen Presse[21] auf seinen ersten Artikel über »Die Zukunft der Juden des Ostens«,[22] in dem er die Ostjuden zwar als »treue Verbündete Deutschlands und Österreichs« gelobt, ihr Erziehungs- und Bildungswesen aber in unverkennbar herablassender Weise für stark reformbedürftig erklärt hatte, zu deutlich schärferen Bemerkungen hinreißen. Er warf nun seinerseits der Orthodoxie vor, eine Besserstellung der Juden im Osten gar nicht zu wollen, statt dessen »Bewahrung der Chedarim, des Jargons, des ganzen Aberglaubens und Schmutzes«.[23] Wie schon im ersten Artikel bezieht er Stellung gegen das Jiddische als offizielle (Unterrichts-)Sprache. Eine Assimilierung der Juden an das Polnische hält er nicht nur für möglich, sondern er sieht darin auch einen Fortschritt für die Juden im Osten. Dagegen protestierte Julius Hirsch im selben Organ. Der polnische Kulturkreis sei »dem bisherigen jüdischen sicherlich nicht überlegen [...]. Bis jetzt sind die Juden unzweifelhaft die eigentlichen Träger westlicher Kultur in Polen [...].« Ob Philippson glaube, »daß bei den umwohnenden Polen die Aufgeklärtheit größer sei? Oder die Reinlichkeit?«[24] Deutsche und ostjüdische Kultur seien keine Gegensätze, polnische und ostjüdische Kultur dagegen schlössen einander aus. Philippson konterte in seinem dritten Aufsatz: »Die westliche Kultur, die angeblich die Juden in Polen vertreten, ist nur bei einigen wenigen Gebildeten zu Hause, kaum bei einem Hundertstel der Gesamtbevölkerung.« Er fragt, ob es Hirsch nicht bekannt sei,

> daß eine starke Anzahl der dortigen Juden den Goi als ihren natürlichen Feind betrachtet, den in jeder Weise auszubeuten nicht allein ihr Recht, sondern ihre Pflicht ist? Haben ihm [gemeint ist Julius Hirsch] Offiziere und Mannschaften unseres Heeres nichts von der scheußlichen Prostitution erzählt, zu der viele Juden ihre eigenen weiblichen Angehörigen benutzen, wenn sie dadurch ein gutes Geschäft machen können?[25]

---

[20] Leonhard Holz: Russische Juden. Beobachtungen im Crossener Kriegsgefangenenlager. In: JS 11 (1915), Nr 7 (12. März), S. 192–202, hier S. 194.

[21] S. Gerson, in: JP vom 29. Oktober 1915.

[22] Martin Philippson: Die Zukunft der Juden des Ostens. In: AZJ 79 (1915), Nr 41 (8. Oktober), S. 481f.

[23] Martin Philippson: Die Zukunft der Juden des Ostens. II. Artikel. In: AZJ 79 (1915), Nr 46 (12. November), S. 541f.

[24] Julius Hirsch: Polnisch, Jiddisch oder Deutsch. In: AZJ 79 (1915), Nr 49 (3. Dezember), S. 581.

[25] Martin Philippson: Die Zukunft der Juden des Ostens. III. Artikel. In: AZJ 79 (1915), Nr 51 (17. Dezember), S. 601.

Gegen dieses Verdikt erhob sich ein Sturm der Entrüstung sowohl in der liberalen wie in der religiösen und zionistischen jüdischen Presse. Der Zorn galt aber nicht Philippson allein, sondern auch dem Herausgeber Ludwig Geiger sowie Willy Cohn, die beide mit distanzierenden bis verächtlichen Stellungnahmen zur ›Ostjudenfrage‹ vehemente Kritik herausforderten. Cohn warnte vor einer Masseneinwanderung von Ostjuden, da ihre Integration nur möglich sei, wenn sie erst einmal auf das Kulturniveau der Westjuden gehoben seien. Dieses sei aber ein Prozeß, der über Generationen verlaufe. Cohn argumentiert, der Ostjude, der im Westen rasch zu Geld komme, nehme in den Metropolen eine bedeutende Stellung ein, ohne innerlich sich schon zu einem »Vollkulturmenschen« entwickelt zu haben. Literarisch gestaltet sieht er dieses Phänomen in Georg Hermanns Erfolgsroman *Jettchen Gebert*, in welchem der ostjüdische Jüngling, »der nur Geldmensch ist«, Jettchen heiratet und ihre Familie zu sich herabziehe. Cohn bestätigt hier ungewollt das antisemitische Klischee vom Juden als Geldmenschen, beschränkt es allerdings auf den Ostjuden. Er befürwortet zwar Unterstützung und Förderung der östlichen Glaubensgenossen, will aber zwischen ihnen und den westlichen Juden eine »Scheidelinie« errichten: »Sie in die Gemeinschaft des deutschen Judentums aufzunehmen, hieße das Judentum zu einem undeutschen machen.«[26] In diesem Sinne bekannte Geiger, daß er als Jude mit Schaudern an eine Vermehrung des jüdischen Bevölkerungsanteiles durch Millionen von Ostjuden denke.[27]

Das »Jüdische Echo« geißelte diese Abgrenzungen als »Überpatriotismus«,[28] das liberale »Israelitische Familienblatt« sprach von einem »Patriotismus auf Irrwegen«,[29] die »Jüdische Rundschau« attestierte Cohn und Geiger einen »Veitstanz des Überpatriotismus«. Mit seinen Äußerungen habe Geiger, »seit Jahren schon das enfant terrible des jüdisch-deutschen Liberalismus«, »den dümmsten und maßlosesten Angriffen auf das Ostjudentum Tür und Tor« geöffnet.[30] Ebenso protestiert die »Deutsche Israelitische Zeitung«, Geiger, Philippson und Cohn unterstützten die von antisemitischer Seite geforderte »Grenzsperre« gegen die polnischen Juden. Eine solche »chinesische Mauer« wurde in nahezu der ganzen jüdischen Presse abgelehnt.[31] Das »Israelitische Familienblatt« bemerkt, Cohns antijüdische Deutschtümelei sei nicht nur »unjüdisch«, sondern auch »undeutsch«. Vor allem Unkenntnis des Ostjudentums und das ungeprüfte Übernehmen antisemitischer Vorurteile mußte sich

---

[26] Willy Cohn: Zukunftsfragen des deutschen Judentums. In: AZJ 79 (1915), Nr 48 (26. November), S. 565f., hier S. 566.

[27] Ludwig Geiger: Zum neuen Jahrgang. In: AZJ 80 (1916), Nr 1 (7. Januar), S. 3.

[28] M.b.E.: Jüdischer Überpatriotismus. In: JE 3 (1916), Nr 1 (7. Januar), S. 2f.

[29] M. Steinhardt: Der Patriotismus auf Irrwegen. In: IFH 17 (1915), Nr 49 (9. Dezember), S. 1f.

[30] Leo Herrmann: Diskussion über das jüdisch-polnische Problem. In: JR 21 (1916), Nr 1 (7. Januar), S. 1f.

[31] Leo Herrmann: Die chinesische Mauer. In: JR 20 (1915), Nr 42 (15. Oktober), S. 335f.

Philippson von seinen Gegnern vorhalten lassen. Die »Deutsche Israelitische Zeitung« sah Philippson gar in der Tradition von Johann Eisenmenger und anderen Antisemiten.[32] Das »Jüdische Echo« bezeichnete Cohns Beitrag als »Rekord dessen, was bisher an Kurzsichtigkeit und Beschränktheit in der ›Ostjudenfrage‹ von jüdischer Seite geleistet wurde.«[33]

Ähnlich spektakulär gestaltete sich eine im Juni 1916 begonnene Debatte in der Prager »Selbstwehr«. Gleich nach Beginn des Weltkrieges strömten galizische Flüchtlinge in die Stadt und konfrontierten die jüdischen Gemeinden direkt mit der ›Ostjudenfrage‹. Eingeleitet wird die Debatte durch einen Artikel, in dem von einem anonymen Aufruf in Prag an die orthodoxen Juden berichtet wird, sich die Schläfenlocken abschneiden zu lassen. Hierzu erzählt der Autor eine Anekdote, nach der ein galizischer Junge einem vornehmen Juden, der ihm für das Abschneiden der Pejes 20 Kronen geboten hat, antwortet: »Puritzleben, ir bakimt 40, as ir lost si ajch waksen!«[34] Das »Geschichtchen [...] charakterisiert ausgezeichnet den ›Kultur‹träger und sein ethisches Niveau«. Die Redaktion lehnt zwar zwangsassimilatorische Maßnahmen ebenfalls ab, ist sich aber nicht sicher, ob durch die Aufforderung zum Abschneiden der Schläfenlocken oder zum Ablegen des Kaftans in jedem Fall tiefere religiöse Gefühle getroffen würden. Der Oberrabbiner Brody verweist auf eine entsprechende Bibelstelle und bestätigt, daß die Schläfenlocken zur religiösen Identität des orthodoxen Juden gehörten.[35]

Verschiedene Beiträger verteidigen diejenigen, die sich durch das Auftreten galizischer Juden in Kaftan und mit Pejes peinlich berührt fühlten. Es wird gefragt, ob es einem Westjuden nicht unangenehm sei, wenn man in Begleitung eines Stammesgenossen mit Kaftan und Schläfenlocken etwa ins Theater gehen solle. So religiös die Juden im Westen auch seien, seien sie doch nicht imstande, »sich um ihres Glaubens willen zeitlebens lächerlich zu machen.«[36] Der Saazer Rabbiner Simon Stern dagegen bestreitet, daß Kaftan und Schläfenlocken genuin jüdisches Brauchtum seien. Er wertet beides eher als Zeichen des religiösen Hochmutes der Ostjuden gegenüber den westlichen Glaubensbrüdern. Entsprechend stolz berichtet er, daß das örtliche Hilfskomitee den Ostjuden konsequent lange Röcke, eigene Gottesdienste und Chedarim verweigert habe. Die schulpflichtigen Kinder müßten in die öffentlichen Schulen gehen, und zwar ohne Schläfenlocken und im westlichen Sinne reinlich gekleidet. Auf diese Weise meint er, »die geistige Scheidewand zwischen Ost und West niederreißen« zu können.[37] Der aus Galizien stammende Josef Gold-

---

[32] N.N.: Hirsch gegen Philippsohn. In: DIZ 33 (1916), Nr 3 (20. Januar), S. 6f.
[33] M.b.E.: Jüdischer Überpatriotismus (Anm. 28), S. 2.
[34] Abraham Steigler / Red.: Kulturträger. In: SW 9 (1915), Nr 22 (11. Juni), S. 1.
[35] Äußerung des Herrn Oberrabiners Dr. H. Brody. In: SW 9 (1915), Nr 22 (11. Juni), S. 1f.
[36] Viator: Der Mut zur Wahrheit. Eine Antwort. In: SW 9 (1915), Nr 23 (18. Juni), S. 4f., hier S. 4.
[37] Simon Stern: Ost und West I. In: SW 9 (1915), Nr 25 (2. Juli), S. 1f.

klang argumentiert ähnlich und behauptet, die galizischen Juden empfänden ihre Pejes als einen »Alpdruck« und sehnten sich nach einer Erlaubnis von autoritativer Seite, die Schläfenlocken abzuschneiden. Auch er meint, Pejes und Kaftan seien nur ein Mittel der Unterdrückung, wodurch die galizischen Rabbiner ihre Macht zu erhalten suchten.[38]

Abraham Kohane, der »als Ostjude« das Wort ergreift und in anderen ostjüdischen Fragen durchaus kritisch ist, kann an der Tracht der Ostjuden nichts Lächerliches finden. Nur der schmierige Kaftan oder die nicht geordneten Schläfenlocken seien anstößig. Daran seien aber die Armut und ihre Folgen schuld. Der Lächerlichkeit entgehe jeder, der sein Judentum stolz zur Schau trage. Dazu sei aber auch nur der volljüdisch empfindende Ostjude, nicht oder viel weniger der Westjude fähig.[39] Andere Beiträger bewerten das Tragen von Pejes und Kaftan positiv als ein Beharren auf der altjüdischen Kultur und der Ablehnung der westjüdischen Kultur, die durch Kaffeehaus-, Theater- und Konzertbesuch charakterisiert sei.[40] Die Galizier werden gegen die ›Kulturapostel‹ und ihre Missionsversuche in Schutz genommen. Seien die zwangsassimilierten Flüchtlinge in ihre Heimat zurückgekehrt, würden sie Kaftan, Pejes und Cheder reaktivieren.[41] Aber auch die Verteidiger der traditionellen Juden monieren eine gewisse Überheblichkeit. Sie äußern die Hoffnung, die galizischen Flüchtlinge hätten inzwischen erkannt, daß Frömmigkeit und moderne Lebensführung einander nicht ausschlössen und daß zur echten Frömmigkeit weniger stolzes Selbstbewußtsein als bescheidene Selbsterkenntnis gehöre.[42] Die Debatte fand ihr Echo auch in religiösen jüdischen Organen wie der »Deutschen Israelitischen Zeitung« oder der »Wahrheit«, die den Konservativismus der Ostjuden, also das Festhalten an Kaftan und Pejes, verteidigten.

Die drei skizzierten Debatten stehen stellvertretend für verschiedene Weisen des Herangehens westjüdischer Periodika an die ›Ostjudenfrage‹ und dienen gleichzeitig einer ersten Charakterisierung der beteiligten Blätter: während die Debatte im »Juden« um die kulturell-religiöse Identität der Juden insgesamt kreiste, wobei eine mögliche Funktionalisierung der Ostjuden – oder eines Bildes der Ostjuden – als Symbol eines Identitätskonzeptes diskutiert wurde, stand im Mittelpunkt der von der »Allgemeinen Zeitung des Judentums« angeregten Diskussion die politische Haltung sich in erster Linie als deutsch verstehender Juden. Die Ostjuden dienten hier als Prüfstein für die Frage, welches Maß an Patriotismus ›korrekt‹ sei, welches Maß an innerjüdischem Zusammenhang und Solidarität anerkannt werden müsse. Die Debatte um Pejes und Kaftan war, obwohl zunächst auf die »Selbstwehr« beschränkt, dennoch kontrovers, man erörterte freimütig konkrete Fragen, die sich aus dem kriegsbedingten Zusammenleben von West- und Ostjuden ergaben.

---

[38] Josef Goldklang: Ost und West II. In: SW 9 (1915), Nr 25 (2. Juli), S. 2f.
[39] Abraham Kohane: Ost und West. In: SW 9 (1915), Nr 24 (25. Juni), S. 1.
[40] Ignaz Ziegler: Ost und West III. In: SW 9 (1915), Nr 26 (9. Juli), S. 1f.
[41] L. Gad: Ost und West IV. In: SW 9 (1915), Nr 26 (9. Juli), S. 2.
[42] Ebd.

Vorsichtige Annäherungen an das ›Ostjudentum‹ bei den Liberalen

Die oberflächliche und polemische Art und Weise, in der Philippson und Cohn in der »Allgemeinen Zeitung des Judentums« die Ostjuden darstellten, erregte Widerspruch. An Philippson gerichtet heißt es in derselben Zeitung, es sei

> dringend notwendig, öffentliche Urteile nicht nur aus bester Absicht, sondern aus möglichst genauer Kenntnis der ostjüdischen Lebensbedingungen zu fällen, und eine solche kann neben dem Studium der recht reichlichen Literatur nur der persönliche Aufenthalt im Osten geben.[43]

Daß die Erfüllung dieser beiden Bedingungen noch lange keine Gewähr dafür bot, zu einem wahrheitsgetreuen Bild von den Ostjuden zu gelangen, bemerkt der liberale Rabbiner Felix Goldmann sowohl im Organ »Im Deutschen Reich« als auch in den »K.C.-Blättern«: Da »in der Kriegszeit Menschen und Dinge ihr wahres Gesicht nicht zeigen«, müßten auch die Berichte der Soldaten als mögliche »Zerrbilder« aufgefaßt werden.[44] Im Organ »Im Deutschen Reich« hatte sich Goldmann ausführlich zu diesem Thema geäußert. Hier hinterfragt er die Glaubwürdigkeit der so beliebten Feldpostbriefe. Sie seien »selten mit philosophischer Ruhe und aus wissenschaftlichem Erkenntnistriebe verfaßt«. Eigentlich für einen engen, meist familiären Kreis geschrieben, würden sie, kaum daß sie etwas ausführlicher seien, in der Lokalpresse abgedruckt, wodurch ihnen zuviel Bedeutung zukomme. Aber auch ein großer Teil der berufsmäßigen Publizistik leide »an demselben Übel, daß sie nämlich von historisch ungeschulten Männern unter der Last alteingewurzelter Vorurteile und augenblicklicher Stimmungen und Verstimmungen geschrieben sind.«[45]

Ein an das »Israelitische Wochenblatt für die Schweiz« gerichteter Feldpostbrief aus den ersten Kriegsmonaten bestätigt das Mißtrauen, das Goldmann gegenüber unbedarften und uninformierten Augenzeugen hegte. Der Brief ist im Ton eines Berichts über einen strapaziösen Abenteuerurlaub gehalten. Der Autor stellt sich selbst als einen schneidigen Offizier dar, der entsprechend »scharf die Bande anfaßt«. Anläßlich seines Aufenthalts bei einer jüdischen Familie berichtet er im Spott-Ton von den vielen Kindern und der Unordnung in der Küche, die er aber schnell beseitigt. Nachdem zwei der Töchter sich »Hals und Hände« gewaschen haben – »Reinlichkeit ist hier sehr verpönt!« –, dürfen sie die Soldaten bedienen.[46] Bei einer anderen Familie lehnt der Offizier die dargebotene Speise als zu »ominös« ab.

---

[43] Julius Hirsch: Die Schicksalsfragen der Ostjuden. II. Artikel. In: AZJ 80 (1916), Nr 2 (14. Januar), S. 14.

[44] Felix Goldmann: Die Ostjudenfrage. In: KCB 5 (1914/16), Nr 8 (November–Dezember 1915, Kriegsausgabe), S. 524–530.

[45] Felix Goldmann: Polnische Juden. In: IDR 21 (1915), Nr. 5–6 (Mai/Juni), S. 101.

[46] Adler: Aus einem Feldpostbriefe im Osten. In: IWS 14 (1914), Nr 46 (13. November), S. 7f.

Wenn auch die Tatsachenfindung – offensichtlich nicht unbegründet – von Goldmann und anderen auf diese Weise problematisiert wurde, kam man schließlich doch um die Herausforderung, zur Situation der Ostjuden und nicht zuletzt der – etwaigen – eigenen Verbindung mit ihnen ernsthaft Stellung zu nehmen, nicht herum. Im großen und ganzen herrscht in der liberalen Presse das Bemühen, die bekannten Stereotypen nicht zusätzlich zu verstärken. In bezug auf das Hygieneproblem läßt sich sogar die Tendenz feststellen, die Vorstellung vom schmutzigen Ostjuden widerlegen zu wollen. In seiner Replik auf Philippson betont Julius Hirsch, bei Ostjuden habe er, »aus Frankreich kommend, in Polen zuerst wieder in weißbezogenen Betten geschlafen, Sofa und Chaiselongue wiedergesehen [...].«[47] Oder es wird, etwa im »Liberalen Judentum«, angemerkt, »wie allein die Juden unter den Polen das Haus rein halten«.[48] Zwar spricht man immer wieder von unbestreitbaren Mängeln und Fehlern, die sich auf Sitten und Hygiene beziehen, aber dies geschieht eher floskelhaft und ohne daß diese Mängel näher bezeichnet würden. Auch bezüglich des häufig erhobenen Vorwurfs des Schachergeistes verhält sich die liberale Presse sehr zurückhaltend. Außer Philippson wirft sich hier niemand zum Ankläger auf.

Überwiegend positiv wird die Religiosität der östlichen Juden herausgestellt. In einem Feldpostbrief an das »Liberale Judentum« heißt es, die Frömmigkeit allein sei die Ursache dafür, daß die Juden trotz aller äußeren Widrigkeiten in der Lage seien, ein halbwegs menschenwürdiges Dasein zu führen, im Gegensatz zu den Polen, mit denen sie die erbärmlichen Lebensbedingungen teilten.[49] ›Idealismus‹ und Glaubenstreue werden auch von der Zeitschrift »Im deutschen Reich« gelobt. Die Ostjuden führten ein Doppelleben: »Äußerlich sind sie elend und arm, und im Innern tragen sie den Schatz eines lebendigen, idealen Strebens.«[50] Der Rabbiner Gelles betont im »Israelitischen Familienblatt« den positiven Einfluß der Ostjuden auf die Religiosität in Deutschland und spricht sich deshalb für eine kontrollierte Zuwanderung aus.

Denn die Ostjuden stellen die Reserven, die wir zur Auffrischung des jüdisch-religiösen Lebens in allen Ländern brauchen. [...] Wer noch eine jüdische Ader hat, der darf den östlichen Glaubensbruder nicht von sich stoßen, sonst gibt er durch sein Verhalten der russischen Regierung in ihrer Judenpolitik Recht. Das religiöse Leben der deutschen Juden kann nur erstarken durch das neu zugeführte Blut einer angemessenen Anzahl der östlichen Glaubensbrüder.[51]

Spätestens hier erfährt das Bild des degenerierten Ostjuden eine Korrektur.

---

[47] Hirsch: Die Schicksalsfragen der Ostjuden. II. Artikel (Anm. 43), S. 14.
[48] Erwin / Kurt / Fritz Seligmann: Aus Feldpostbriefen jüdischer Soldaten. Augenblicksbilder aus dem Krieg (In den Argonnen. Oktober 1914). In: LJ 7 (1915), Nr 1/2, S. 13.
[49] Ebd., S. 10–13.
[50] Goldmann: Polnische Juden (Anm. 45), S. 107.
[51] Gelles: Die Ostjudenfrage vom Standpunkt der Religion. In: IFH 18 (1916), Nr 9 (2. März), Jg., S. 1f.

Zu den Argumenten derjenigen, die herablassend bis verachtend auf die Ostjuden reagierten, gehörte vor allem der Vorwurf einer zweifelhaften Sexualmoral, wie ihn bezeichnenderweise auch Philippson ins Feld führt. Es waren allerdings in erster Linie die Mädchen und Frauen und nicht, wie es zum Arsenal der Antisemiten gehörte, der als Verderber und Verführer beschimpfte jüdische Mann, die das Interesse der Autoren erregten. Immer wieder scheint hier das Stereotyp der ›schönen Jüdin‹ durch, allerdings verzerrt zu einer ostjüdischen Dirne; das männliche Gegenstück war der Mädchenhändler oder der Vater, der seine eigenen Töchter verkuppelt. Hier, bei den Themen Prostitution und Zuhälterei, verbindet sich dieses Klischee mit dem des hemmungslosen Geschäftsgeists.

Das Problem der ostjüdischen Prostitution war bereits zu Beginn des Jahrhunderts im Westen diskutiert worden, zunächst hinter geschlossenen Türen, dann aber, nicht zuletzt auf Drängen des »Jüdischen Frauenbundes«, öffentlich. Die Prostitution in Osteuropa resultierte, so die allgemeine Meinung, aus der Armut im Ghetto, aber, wie Bertha Pappenheim und der »Frauenbund« betonten, auch aus der Vernachlässigung der Bildung von Frauen im orthodoxen Umfeld.[52] Im Gegensatz zu Philippson waren andere bereit, das Problem in diesem Sinne zu analysieren. »Die oft widerliche Prostitution und der Anteil am Mädchenhandel sollen nicht geleugnet werden«, schreibt Goldmann in den »K.C.-Blättern«, aber diese Phänomene offenbaren nur das Ausmaß an Unterdrückung und Elend, unter dem die Ostjuden zu leben hätten:

> Wie unendlich viel Unglück muß die polnische Judenheit getroffen haben, um unter ihnen die Bande des innigen Familienlebens und der keuschen Zurückhaltung zu sprengen! Die Jüdinnen, die sich der Schande preisgeben, sollen gewiß nicht verherrlicht werden; aber man muß bedenken, daß es oft nur geschieht, um Eltern und Geschwistern kärgliches, trockenes Brot zu schaffen [...].[53]

Seine Stellungnahme zu diesem Problem in »Im Deutschen Reich« leitet Goldmann durch eine ausführliche Beschreibung der menschenunwürdigen politischen, sozialen und wirtschaftlichen Verhältnisse ein. »Prostitution und Mädchenhandel sind eine Schande, aber der Vorwurf gilt weniger den jüdischen Opfern als den Machthabern, deren teuflische Pläne einen Volksstamm mit ausgeprägtem Familiensinn so tief erniedrigt haben!«[54] Den pauschalen Vorwurf der Prostitution, wie ihn Philippson erhoben hatte, weist das »Israelitische Familienblatt« zurück:

> Nun ist es ja leider zutreffend – es ist dies für niemand etwas Neues mehr –, daß bei einem Teile unserer östlichen Glaubensgenossen die sittlichen Zustände infolge der fürchterlichen wirtschaftlichen Not sehr zu wünschen übrig lassen. Aber rechtfertigt dies die scharfen Töne, die Cohn und Philippson daraufhin gegen die Gesamtheit oder doch gegen die große Mehrheit unserer östlichen Glaubensgenossen anschlagen?[55]

---

[52] Vgl. Aschheim: Brothers and Strangers (Anm. 2), S. 38.
[53] Goldmann: Die Ostjudenfrage (Anm. 44), S. 524–530.
[54] Goldmann: Polnische Juden (Anm. 45), S. 105.
[55] N.N.: Die Ostjuden. In: IFH 17 (1915), Nr 52 (30. Dezember), S. 1.

Der Verfasser, der mit diesen Worten die Meinung des größeren Teils der liberalen Presse zusammenfaßt, geht sogar noch weiter und verweist auf die sittlichen Zustände »in gewissen Berlin W. Kreisen, den Stätten der Überkultur, [...] die sich von den von Philippson getadelten polnischen nicht wesentlich unterscheiden!«[56]

Dieser direkte Vergleich stellt die Position derjenigen Westjuden in Frage, die in ihrer Assimilation bzw. Akkulturation eine weiter fortgeschrittene Kultiviertheit sahen, sich also wie selbstverständlich auf einem höheren kulturellen Niveau als die Juden des Ostens wähnten. Ein wesentliches Indiz hierfür waren nach Philippson die von ihm getadelten sittlichen Zustände. Die Ansicht vom höheren Kulturniveau wurde von Cohn und Geiger deutlich und unverblümt formuliert, andere liberale Organe wählten eine vorsichtigere Ausdrucksweise. Die »K.C.-Blätter« kleiden ihre Ansicht vom Kulturniveau der Ostjuden in eine Kritik an den russischen Unterdrückern:

> Mit geradezu teuflischer Grausamkeit haben die russischen Machthaber es verstanden, die Juden geistig und körperlich auf einen Zustand herabzuwürdigen, der sie unfähig macht, den Anforderungen, die unsere Zeit an den Kulturmenschen stellt, Genüge zu leisten.[57]

Bei aller Anteilnahme ist hier unmißverständlich ausgedrückt, daß eine massenweise Integration von östlichen Juden in die westliche Gesellschaft unmöglich sei. In diesem Zusammenhang befürchteten andere, daß eine Auswanderung ohnehin nur mit finanzieller Unterstützung von westjüdischer Seite möglich sei,[58] was in direkter Replik bestritten wurde.[59] Geiger, der noch 1916 »mit Schaudern« an eine mögliche Masseneinwanderung gedacht hatte, sprach von dieser Gefahr im folgenden Jahr nicht mehr, sondern verwies auf die Heimattreue der Ostjuden, die nun in Polen ihr Vaterland finden könnten.[60] Überlegungen über materielle Belastungen durch ostjüdische Flüchtlinge sind im Kontext antisemitischer Kommentare zu sehen. So erklärt sich ein Feuilletonbeitrag in Blochs »Oesterreichischer Wochenschrift« selbst: »Diese Informationen wurden nicht als Mittel polemischer Abwehr gesammelt, denn zu jener Zeit gab es noch keine Verdächtigung der Gesinnung«,[61] was man ohne weiteres dahingehend verstehen darf, daß es zu dieser Zeit – Ende Februar 1915 – wohl schon Artikel solcher Art gab wie den drei Jahre später von der Zeitschrift »Im deutschen Reich« zitierten, wonach Österreich und besonders Wien

---

[56] Ebd.

[57] Kurt Alexander: Zwei Schriften zur Judenfrage. In: KCB 5 (1914/16), Nr 5 (Mai–Juni 1915, Kriegsausgabe), S. 412.

[58] Vgl. Philippson: Die Zukunft der Juden des Ostens. III. Artikel (Anm. 25), S. 601f.

[59] Vgl. Armand Kaminka: Zur Schulfrage in Russisch-Polen. In: AZJ 80 (1916), Nr 3 (21. Januar), S. 25f.

[60] Vgl. Ludwig Geiger: Zum neuen Jahrgang. In: AZJ 81 (1917), Nr 1 (5. Januar), S. 1ff.

[61] N.N.: Das Heimatsgefühl der galizischen Flüchtlinge. In: BOW 31 (1915), Nr 9, S. 170.

von Galiziern »überschwemmt« seien, »die sich der Rückbeförderung zu entziehen wissen.«[62] Der Artikel in der »Wochenschrift« illustriert ›authentisch‹,
d. h. durch ›abgelauschte Zwiegespräche‹ galizischer Flüchtlinge deren Liebe
zu Kaiser und Heimat. Alle vier Befragten waren vor dem Krieg unabhängige
Kaufleute, zwei von ihnen ernähren sich und ihre Familien auch jetzt als
Flüchtlinge in Wien nicht von Unterstützung, sondern aus eigenem Vermögen,
alle vier sind fest entschlossen, bei erster Gelegenheit den Zufluchtsort wieder
zu verlassen.[63] Solche Artikel sind in erster Linie gemäß ihrer politischen
Absicht zu interpretieren und sagen mehr über die Haltung der politischen
Gegner als über das Ostjudenbild der Verfasser.

Ganz ähnliche Beobachtungen betreffen den Kontext Deutschtum-Juden-
tum-Polen, der in den Beiträgen der liberalen Presse recht häufig thematisiert
wird, denn neben der Frage nach der Verbindung zu den entfernten ostjüdischen Brüdern wurde die nach der Stellung unter den benachbarten deutschen
bzw. österreichischen und schweizerischen Mitbürgern nie vergessen. Der
oben unter dem Aspekt Hygiene mehrmals genannte Vergleich zwischen Ostjuden und Polen deutete bereits auf den weiteren Schritt, der die Annäherung
an die Ostjuden für assimilierte Westjuden erleichterte. So hält der Autor der
»K.C.-Blätter« die jüdische Bevölkerung Polens für bestens geeignet, »das
Deutschtum in jenen Gebieten zu verbreiten«.[64] Insofern die Ostjuden die
deutsche Kultur pflegten, könne ihnen ein gewisses kulturelles Niveau nicht
abgesprochen werden.[65] In der Gesamtschau der unterschiedlichen Stellungnahmen kann – verallgemeinernd – ein ›Lavieren‹ zwischen der Position als
Westjuden, die vorsichtige Distanz zu den Ostjuden wahrten, und der Position
als deutsche Juden festgestellt werden, die – auf dem Weg des gemeinsamen
Deutschtums – eine unverfängliche Möglichkeit fanden, die Distanz wieder
aufzuheben, eine Haltung, die ihr Spiegelbild im oben zitierten Urteil über
Cohns Forderung nach einer »Scheidelinie« als »unjüdisch und undeutsch zugleich« fand.[66]

So verband sich die Kulturfrage eng mit der Frage nach der nationalen Identität bzw. Loyalität der Juden im Osten. Die Jiddisch sprechenden Juden stellte
man gewissermaßen als Deutsche dar, die von der russischen Fremdherrschaft
befreit werden mußten. Die Einschätzung der jiddischen Sprache war recht
unterschiedlich; es überwog jedoch die Betonung der sprachlichen Gemein-
samkeiten mit dem Deutschen. Das Jiddische habe sich, heißt es im »Israeli-
schen Familienblatt«, in den vorausgegangenen dreißig Jahren wieder mehr
dem Deutschen angenähert. Die Dichtungen Morris Rosenfelds enthielten

---

[62] N.N.: Zeitungsstimmen. In: IDR 24 (1918), Nr 3, S. 135f. (Aus der *Deutschen Zeitung*).

[63] N.N.: Das Heimatsgefühl der galizischen Flüchtlinge (Anm. 61), S. 170.

[64] Alexander: Zwei Schriften zur Judenfrage (Anm. 57), S. 412.

[65] Vgl. auch: Carlernst Donner: Die russischen Juden als Pioniere des Deutschtums im
Osten. In: IDR 20 (1914), Nr 10–12 (Oktober–Dezember), S. 381f.

[66] Steinhardt: Der Patriotismus auf Irrwegen (Anm. 29), S. 1f.

»kaum mehr ein undeutsches Wort«.[67] Im Organ des »Central-Vereins« wird betont, daß das Jiddische kein entartetes, sondern nur rückständiges Deutsch sei, nämlich Mittelhochdeutsch.[68] Felix Goldmann tadelt den Spott über das »Gemauschel« und den »Jargon« als ungerecht und töricht und betont, daß »die Kultur dieser Juden altes, deutsches Gut ist.«[69] In den »K.C.-Blättern« verweist er auf die deutsche Herkunft der Ostjuden und hält es gleichzeitig für wünschenswert, die Verhältnisse in Polen so zu gestalten, daß die Juden bleiben wollten.[70] Sein entsprechendes Fazit in »Im deutschen Reich«, der polnische Jude trage zur »Stärkung des Deutschtums im Auslande bei«, wurde in aufschlußreicher Weise mißverstanden: Kurt Alexander widersprach Goldmanns angeblicher These, daß die Ostjuden ohne größere Probleme in die deutsche Gesellschaft integriert werden könnten.[71]

Aus der Frage nach den Loyalitäten der Juden im Ersten Weltkrieg ergibt sich die nach der Einschätzung der Ostjuden als Volk bzw. Nation. Die liberale Presse zeigte sich hier uneinheitlich. Schon Philippsons Standpunkt enthält Widersprüche in sich. Er redete zwar einer Assimilation der polnischen Juden an das Polentum das Wort, da es keinem Staat zuzumuten wäre, »den scharfen Ton eines in Sprache, Gesinnung und Gebräuchen absolut fremden Volkes im eigenen Fleische zu dulden.«[72] Mit dieser Formulierung jedoch erkannte er gleichzeitig die individuelle Identität der polnischen Juden als Volk an. Andererseits betonte er selbst, daß die Juden im Osten sich als treue Verbündete Deutschlands und Österreichs erwiesen hätten, lehnte aber den Gedanken einer kulturellen Gemeinschaft zwischen Deutschtum und Ostjudentum ab, womit er wohl einer möglichen Masseneinwanderung die Legitimation entziehen wollte. Eine offene Anerkennung der Ostjuden als Nation hätte wiederum als Konzession an nationaljüdisches Gedankengut ausgelegt werden können.

Die meisten Beiträger sahen die polnischen Juden als Bewahrer deutscher Kultur im Osten und gingen wie selbstverständlich von der Sympathie der polnischen Juden für die Mittelmächte aus. Bei den galizischen Juden galt der auf Österreich bezogene Patriotismus als unstrittig. Das »Israelitische Familienblatt« berichtet, wie in einer galizischen Ortschaft der Rabbiner wegen der Einquartierung deutscher Soldaten »den Schabbes botl gemacht [aufgehoben]« habe. Der Rabbiner wird mit den Worten zitiert: »Die Heiligkeit des Sabbaths verschwindet neben der Heiligkeit des Vaterlandes!«[73] Auch die russischen

---

[67] O.L.: Die russischen Juden und das Deutschtum. In: IFH 16 (1914), Nr 47 (20. November), S. 3.

[68] Donner: Die russischen Juden als Pioniere des Deutschtums im Osten (Anm. 65), S. 381f.

[69] Goldmann: Polnische Juden (Anm. 45), S. 101–108.

[70] Goldmann: Die Ostjudenfrage (Anm. 44), S. 529.

[71] Vgl. Kurt Alexander: Deutschland und die Ostjudenfrage. In: IDR 22 (1916), Nr 1–2 (Januar/Februar), S. 20–26.

[72] Philippson: Die Zukunft der Juden des Ostens. III. Artikel (Anm. 25), S. 602.

[73] N.N.: Der Opfermut der galizischen Juden. In: IFH 16 (1914), Nr 52 (24. Dezember), S. 9.

Juden stellte man als Freunde Deutschlands und Österreichs dar. Das »Familienblatt« beruhigt die deutschen Behörden bezüglich der Anwesenheit russisch-jüdischer Flüchtlinge in Deutschland. Die deutschen Juden hülfen keinen Feinden des Reichs, wenn sie die russischen Juden unterstützten. Nach der Devise, daß »der Feind meines Feindes mein Freund ist«, seien die in Rußland lebenden Juden als Freunde Deutschlands anzusehen, die »jedem Eroberer zufallen müssen, der sie von der Zwangs- und Willkürherrschaft befreit.«[74]

Schwierig jedoch war die Beurteilung der Tatsache, daß im russischen Heer mehr Juden dienten als in den deutschen und österreichischen Streitkräften zusammen. David Rothschild berichtet – wohl vorrangig auf wohlhabende russische Juden bezogen – im »Liberalen Judentum« einerseits von deren Unwillen, bei Kriegsausbruch in die Heimat zurückzukehren, bemüht sich aber andererseits, die seiner Meinung nach deutschfeindliche und russenfreundliche Haltung russischer Juden zu erklären. Neben spezifischen politischen und wirtschaftlichen Gründen zeige »sich eben jetzt, daß trotz dieses Bandes der Glaubensbrüderschaft, die Nationalisierung der europäischen Juden in ihren Adoptivländern so weit fortgeschritten ist, daß sie in allen Staaten willig und opferfreudig für ihre Staatsidee in das Feld gezogen sind.«[75] Im Kontext dieses Problems ging Max Freudenthal, ebenfalls im sich unter den liberalen Blättern ganz besonders patriotisch und kriegsbegeistert gebenden »Liberalen Judentum«, in der Verknüpfung von Deutschtum und Judentum soweit, daß er sie nicht nur auf die Ostjuden, sondern auch auf englische, französische bzw. elsässische Juden bezog, da

> selbst diejenigen unserer Glaubensbrüder, die in den gegnerischen Heeren, sei es freiwillig, sei es gezwungen wider uns Deutsche die Waffen führen, diese Bedeutung *der deutschen Kultur für das Gesamtjudentum* nicht leugnen, ihren Zusammenhang damit nicht aus ihrem Herzen reißen und selbst ihre Sympathien für uns unmöglich auf einmal deshalb unterdrücken können, weil der Zar und Herr Grey es so wünschen.[76]

Geiger wollte die Frage, aus welchen Motiven die jüdisch-russischen Soldaten ihren Kriegsdienst versahen, »ununtersucht« lassen. Die liberale Presse schloß sich weitgehend dieser Zurückhaltung an.

Aus der neutralen schweizerischen Sicht war es naturgemäß leicht, den Patriotismus russischer Juden anzuerkennen, ja hier wurde sogar deren Bereitschaft, für Rußland zu kämpfen, als besonderer Beleg für die allgemeine jüdische ›Bürgertreue‹ neben der soliden jüdischen ›Stammestreue‹ angeführt.[77] Im »Israelitischen Wochenblatt für die Schweiz« wurde diese Bereitschaft

---

[74] N.N.: Russische Juden in Deutschland. In: IFH 16 (1914), Nr 33 (13. August), S. 4.

[75] David Rothschild: Erfahrungen und Gedanken über der Weltkrieg. In: LJ 6 (1914), Nr 12, S. 221–226.

[76] Max Freudenthal: Religionsgeschichtliche Betrachtungen zum Kriege. In: LJ 7 (1915), Nr 3/4, S. 25–36, hier S. 31ff.

[77] W. Wolfsohn: Stammestreue und Bürgertreue. In: IWS 14 (1914), Nr 25 (19. Juni), S. 5f. Vgl. auch N.N.: Jüdische Soldaten im russischen Heere. In: IWS 15 (1915), Nr 19 (7. Mai), S. 5.

besonders hoch geschätzt, gerade weil hier schon früh die Tatsache des jüdischen Brudermordes an den Fronten gesehen und offen ausgesprochen wurde: »Die Juden Galiziens und Rußlands stehen mit dem Bajonett in der Hand einander gegenüber, und stechen einander – die einen im Namen des deutschösterreichischen Imperialismus, die anderen im Namen des russischen Zarismus. Gibt es eine schrecklichere Lage als diese?« Die Lage der russischen Juden war darüber hinaus besonders schlimm, weil sie nicht die Illusion haben konnten, für die Freiheit zu kämpfen, und unter den feindlichen Heeren genauso wie unter den judenfeindlichen Gesetzen der eigenen Regierung zu leiden hatten.[78] Das Verständnis des Herausgebers des »Wochenblatts«, David Strauss, für den Patriotismus russischer Juden endete jedoch dort, wo er von russisch-jüdischen Studenten *in* der Schweiz geäußert wurde:

> Wir westeuropäischen Juden werden nach dem Kriege unser Verhältnis zu diesen [revolutionären jüdischen] Kreisen durchaus ändern müssen. Es wird die Abrechnung nicht ausbleiben. Und wenn wieder einmal aus Rußland Hilferufe ertönen, [...] dann wird man zunächst auf die heutigen patriotischen Jünglinge und Dozenten verweisen müssen, die das Nötige zur Hilfe beim Zaren selbst veranlassen können. Schon kann man gleiche Töne in der jüdischen Presse Deutschlands vernehmen und wir begreifen das dort wohl am besten.[79]

Strauss fand jedoch im eigenen Blatt deutlichen Widerspruch von zionistischer Seite. Es sei bedauerlich und tadelnswert, daß der Krieg nicht nur bei deutschen, französischen und englischen, sondern auch bei einigen russischen Juden Patriotismus hervorgerufen bzw. verstärkt habe, so J. Adroussieur. »Der Verfasser begeht hier den nämlichen Fehler, den unsere Feinde immer machen, indem sie die Fehler von einzelnen Juden auf die Gesamtheit der Juden gerne übertragen. Glaubt denn wirklich der Herr Verfasser, daß die Juden in Rußland aus Patriotismus in den Krieg gezogen sind?« Die jüdisch-russischen Patrioten, die sich jetzt in der Schweiz zu Rußland bekennen, seien tatsächlich dem russischen genauso wie dem jüdischen Volk entfremdet; sie drücken sich vor dem Militärdienst für ihr ›Vaterland‹.[80]

Die Stimmen von Geiger, Cohn und Philippson in der »Allgemeinen Zeitung des Judentums«, deren Distanzierung von den Ostjuden als Angehörigen eines fremden, nunmehr sogar feindlichen Staates aufgrund des Konzeptes einer im Sinne Gershom Scholems ›deutschjüdischen‹ Identität zumindest als konsequent erscheint, waren demnach keineswegs repräsentativ für das liberale Lager, wie es sich in seiner Presse artikulierte. In der liberalen Presse, so ist zu resümieren, überwog deutlich das Solidaritätsgefühl mit den Ostjuden. Späte-

---

[78] Rafael Becker: Die Lage der Juden im kriegsführenden Russland. In: IWS 14 (1914), Nr 43 (23. Oktober), S. 1f.

[79] [David] S[trauss]: Unliebsame Erscheinungen. In: IWS 15 (1915), Nr 5 (29. Januar), S. 1f.

[80] J. Adroussieur: Die russischen Juden und der Krieg. Zu den ›Unliebsamen Erscheinungen‹ in der letzten Nummer des ›Isr. Wochenblattes‹. In: IWS 15 (1915), Nr 6 (5. Februar), S. 3f.

stens die Forderung nach einer Grenzsperre machte vielen bewußt, daß die
›Ostjudenfrage‹ nicht isoliert gesehen werden konnte: »Wenn heute der aus-
ländische Jude entrechtet wird, kann es morgen der naturalisierte und über-
morgen der alteingesessene sein.«[81] Man tat sich allerdings, bei allem guten
Willen, schwer, einen zugleich ›deutschen wie jüdischen‹ Weg der Annäherung zu finden, der weniger konsequent als vielmehr kompliziert erscheint, wie
ein Beispiel aus »Im deutschen Reich« – ein Text Franz Oppenheimers,[82] der
selbst dem »Komitee für den Osten« angehörte – illustriert: Die als antisemitischer Vorwurf gemeinte These eines ›außenpolitischen Sonderinteresses‹ der
deutschen Juden sowie einer ›internationalen Gemeinbürgschaft‹ aller Juden
löst hier eine differenzierte Auseinandersetzung mit der eigenen Position als
deutscher Jude gegenüber den Ostjuden aus. Die deutschen Juden – so Oppenheimer – hätten ein dreifaches außenpolitisches Interesse am Schicksal der
Ostjuden: als ›Stammesgenossen‹, woraus sich Recht und Pflicht zur Hilfe
ergeben, als Glaubensgenossen und schließlich als Deutsche. Dieser Aspekt,
am ausführlichsten beleuchtet, gliedert sich bei Oppenheimer wiederum auf:
Gerade angesichts der genannten Gemeinbürgschaft, die als ein passives, von
außen aufgezwungenes ›selbstschuldnerisches‹ Haften für das verstanden wird,
»was jenseits unserer Ostgrenze vor sich geht«, haben die deutschen Juden ein
Eigeninteresse daran, daß die Ostjuden sich aus »Elend, Armut und Unwissenheit« befreien können »zu höherer Bildung, zu höherem Wohlstande und der
mit beiden verbundenen höheren Sittlichkeit.« Die ausdrücklich ›deutsche‹
Sicht eines Juden stimmt also überein mit der Sicht eines jüdischen Deutschen
unter judenfeindlichem Druck, beides scheint für den Verfasser nicht trennbar
zu sein. Auch die abschließende Beteuerung, »uns als Deutschen, durchaus
nicht als Juden, nur als Deutschen [liege] am Herzen, daß der größte deutsche
Dialekt, das zu Unrecht verhöhnte alt-oberdeutsche ›Jiddisch‹, nicht ins Meer
des Slawentums versinke«, zeigt das angestrengte Bemühen, ein zuvorderst
deutsches, nicht jüdisches Interesse am Schicksal der Ostjuden geltend zu
machen. Ähnlich beurteilte dies auch bereits ein Zeitgenosse im »Israelitischen
Wochenblatt für die Schweiz«, der bei der Lektüre der Artikel Oppenheimers
und anderer deutscher Zionisten »nur allzu deutlich [fühlte], daß aus ihnen der
Staatsbürger jüdischen Glaubens spricht.«[83]

Das Band der Religion und Tradition

Wurde schon in der liberalen Presse betont, daß die Ostjuden nur gerecht beurteilt werden könnten, wenn man sich auf die persönliche Begegnung mit ihnen

---

[81] Goldmann: Die Ostjudenfrage (Anm. 44), S. 527.
[82] Franz Oppenheimer: Gemeinbürgschaft. In: IDR 24 (1918), Nr 4, S. 145–149.
[83] Ornstein: Autoemanzipation. ›Sollte Deutschland je die befreiten Völker […]‹ (Rede
      von v. Bethmann-Hollweg am 5. April 1916 im deutschen Reichstag). In: IWS 16
      (1916), Nr 18 (5. Mai), S. 4f.

durch Studium ihrer sozialen und politischen Geschichte vorbereite, galt dieser Grundsatz um so mehr für die religiöse Presse. Im »Jüdischen Jahrbuch für die Schweiz« wurde noch 1918/19 die Zurückhaltung bezüglich »unsrer Brüder im Osten« darauf zurückgeführt, daß »es uns vorerst noch nicht möglich ist, uns objektiv und einwandfrei über ihre Lage und ihre Wünsche zu informieren.«[84] Dennoch fehlte es nicht an Stellungnahmen zur ›Ostjudenfrage‹, die meist durch eine besondere Verbundenheit der Orthodoxie mit den im Sinne der Orthodoxie wahrhaft religiösen Ostjuden motiviert waren. Charakteristisch ist der Erlebnisbericht einer schweizerischen jüdischen Mutter,[85] die im Rahmen einer Hilfsaktion ein galizisches Kind »aus echt jüdischem Hause« aufgenommen hat. Darunter versteht die Verfasserin

> ein so reines, vornehmes, jüdisches Kind [...] wie es nur in dem vom echten, altjüdischen Geist durchwehten Osten aufwachsen und erzogen werden kann, wo die Eltern darauf bedacht sind, den Kindern ein gutes jüdisches Wissen auf den Lebensweg mitzugeben, und ihre Kinder zu festen, geschlossenen Charakteren zu erziehen.

Das unterernährte Pflegekind verkörpert eine naive und innige Gottgläubigkeit, befolgt genauestens die Speisevorschriften, hat ganz andere Ziele und Ideale als die eigenen, westlich erzogenen Kinder, ›große Geistesgaben‹ und ›rasches Auffassungsvermögen‹.

> Wie schön das echt J ü d i s c h e , wie schön die a l t e j ü d i s c h e K u l -
> t u r ist, wie sehr sie uns anheimelt und wohlgefällt, wie sie die modernen Sitten an tiefem Gehalt übertrifft und überstrahlt, und wie wir streben sollen, sie uns zu erhalten, und auf unsere Kinder zu verpflanzen, das hat uns – unser Wiener Kind gelehrt.

Im Kontrast mit einer vergleichbaren Erzählung im »Liberalen Judentum«, in der aber die Moral einen anderen Problemkomplex betrifft, nämlich den des Antisemitismus, wird die unterschiedliche Grundtendenz der Publikationen besonders deutlich: Es handelt sich im liberalen Blatt um eine rührende Geschichte von einem jüdischen Ehepaar, das eine ostpreußische christliche Kriegswaise bei sich aufnimmt. Nach drei Tagen der Annäherung stellt sich heraus, daß das Kind vom Judentum der Gasteltern nichts wußte. Die Vorurteile des Kindes, das zuvor nicht ahnte, daß Juden auch nett sein könnten und »jar keen Unterschied« besteht, werden von den verständigen und einfühlsamen Pflegeeltern schnell und reibungslos ›geheilt‹.[86]
Da Reinheitsvorschriften in der jüdischen Religion eine zentrale Rolle spielen, kamen die religiös orientierten Zeitschriften nicht umhin, zu diesem Thema Stellung zu nehmen. In den »Jüdischen Monatsheften« wird zwar eingeräumt, daß die östlichen Glaubensgenossen in ihrem äußeren Auftreten, ihrer Kleidung und ihrem Waschbedürfnis nach westlichen Reinheitsbegriffen zu wünschen übrig ließen. Hier werde aber manches übertrieben; weiterhin wird

---

[84] N.N.: Rückblick: Das Jahr 5678. In: JJS 3 (1918/19), S. 28–42, hier S. 39f.
[85] Bas Ami: Unser Wiener Kind. In: JJS 4 (1919/20), S. 203–208.
[86] Leonie Meyerhof: Kriegseltern. In: LJ 7 (1915), Nr 9/10, S. 114–119.

auf die schlechten Lebensbedingungen verwiesen.[87] Ansonsten wird die mangelnde Reinlichkeit im Lichte der Religion gesehen. Man weist darauf hin, daß in heiligen Schriften zwischen Reinheit und Reinlichkeit unterschieden werde. Reinlichkeit bedeute Körperhygiene, ein Begriff, der dem Wandel der Zeiten unterworfen sei; Reinheit meine zusätzlich auch Pflege der Seele, die geistige Persönlichkeit. Diese Reinheit erlange man durch ein Leben nach den Regeln des Gottesworts,[88] und in dieser Beziehung betrachtete man die Ostjuden als vorbildlich.[89]

Ein sehr eindrückliches Beispiel dafür, wie gerade die alles überragende Bedeutung der Religion zu Mißverständnissen führen mußte, gibt Wohlgemuth im »Jeschurun am Beispiel eines Offiziers, der bei einer jüdischen Familie am Sabbat zu Gast ist. Sein Adjutant, dem zuvor diese Familie als sehr arm geschildert worden war, wundert sich über die aufgetischten Köstlichkeiten und bemerkt entrüstet: »Und das nennen Sie blutarme Leute?!«

> Kann man ihm klar machen daß es sich da um den Kiddusch-Wein handelte und um לחם משנה und um Forderungen des jüdischen Religionsgesetzes, daß die ganze Familie die Woche hindurch gehungert hat, um das zum Sabbat beschaffen zu können, und daß sich hier nicht eine unter diesen Verhältnissen unangebrachte Schlemmerei abspielte, sondern die Erfüllung von Pflichten, aus der die Familie die seelische, ja die physische Kraft schöpfte, die ungeheure Not zu überstehen?![90]

Die Anerkennung der Glaubenstreue schlug gelegentlich in eine Verklärung um, die verschiedene Kritiker des »Ostjudenkults« beklagten.[91] Dazu gehört auch das Bild vom weltabgewandten frommen Juden. Im »Jeschurun« liest man über einen chassidischen Rabbiner:

> Das Ende des Krieges, die Machtverschiebungen der Völker dieser Welt, so scheint es, beschäftigen seine Gedanken nicht. Was die Alltagsmenschen erregt, ist ihm fremd wie Speis und Trank und Schlaf und die anderen Bedürfnisse der Erde. Er lebt einer Zukunft, vor der alle diese Kleinlichkeiten zusammenschrumpfen [...].[92]

Literarisch gestaltet wird dieser Typus in einer Erzählung von David Weinbaum. Er schildert einen Rabbiner, der sich durch die Nachricht vom Kriegsausbruch nicht von seinem täglichen Talmudstudium abhalten läßt. Während um ihn herum im Dorf die Kampfhandlungen toben, sitzt er ungerührt über seinen Büchern. Erst als die Deutschen das Dorf von den Kosaken befreit haben und ein Hauptmann sich in das Haus des Rabbis begibt, realisiert

---

[87] R[aphael] B[reuer]: Reinlichkeit und Reinheit. In: JM 2 (1915), Nr 8/9, S. 289–292.
[88] Ebd.
[89] Siehe u. a. Bamberger: תרועת מלחמהה. In: JV (1914), Nr 36, Tischri 5675 (September/Oktober), S. 557–560.
[90] W[ohlgemuth]: Deutschland und die Ostjudenfrage (Anm. 7), S. 75.
[91] Zum Beispiel: Ephraim ben Joseph: Judentum in Ost und West. In: SW 11 (1917), Nr 6 (9. Februar), S. 3f.
[92] Lazarus Barth: Aus meinen Kriegserlebnissen. In: JSCH 2 (1915), Nr 8/9 (August/September), S. 403–409, hier S. 409.

er, was inzwischen geschehen ist, und erntet den Respekt des deutschen Offiziers.[93] Titel wie *Das verzauberte Judenstädtchen* kündigen die verklärte Sicht bereits an:[94] Das beim Leser vorausgesetzte Stereotyp eines übel riechenden ›polnischen Judennests‹ wird hier durch »eine zauberhaft orientalische Stimmung wie in einem biblischen Märchen« ersetzt. Das Bild der Stadt belebt sich bereits in einer ersten Stufe bei Einzug der siegreichen Soldaten, die die Russen verjagt haben. Der nächste Schritt ist das Erlebnis des Städtchens am Sabbat: »[…] dann werdet Ihr sehen, wie die Lumpen von ihm abfallen, der Schmutz verschwindet und eine strahlende Helle an seine Stelle tritt: der leuchtende Glanz einer Königin, der Fürstin Sabbath.«

Das Festhalten der Ostjuden an Tradition und Religion trotz schwerster Bedrückungen stieß nahezu in der gesamten deutschsprachigen jüdischen Presse auf Bewunderung. Denn im Westen setzte sich nicht nur bei Nationaljuden die Erkenntnis durch, daß die Assimilation doch nicht die endgültige Antwort auf den Antisemitismus war, der trotz verkündeten Burgfriedens schon zu Kriegsbeginn immer offener zutage getreten war.[95]

Während Wohlgemuth im »Jeschurun« dazu aufgerufen hatte, die russischen Machthaber durch breite Schilderungen ihrer Unterdrückungsmaßnahmen und Greueltaten nicht noch zusätzlich gegen die Ostjuden aufzubringen, verstand es das »Jüdische Jahrbuch für die Schweiz« ausdrücklich als Pflicht der Juden in der neutralen Schweiz, über die Wahrheit der Judenverfolgungen aufzuklären.[96] Auch das liberalere »Israelitische Wochenblatt für die Schweiz« nahm sich dieses Themas ausführlich an. Genauso wurde der russische Terror gegen Juden aber auch in der Wiener »Wahrheit« und in Blochs »Oesterreichischer Wochenschrift« dokumentiert; in letzterer machten die Berichte über Not und Elend von Ostjuden und insbesondere über die durch Russen an galizischen Juden begangenen Untaten sogar den Großteil der Artikel zum Ostjudenkomplex aus, wodurch einerseits Solidarität mit den dem österreichischungarischen Reich zugehörigen Juden gezeigt, andererseits für den Kampf gegen den russischen Feind Österreichs motiviert wurde.

Der Kriegsdienst russischer Juden im Heer des Zaren stellte eine Verschärfung dieser Leiden dar. Ein Artikel im »Israelitischen Wochenblatt für die Schweiz« dokumentiert die Behandlung,[97] die die Juden in der russischen Armee erdulden mußten. Nachdem für ein Himmelfahrtskommando aus-

---

[93] David Weinbaum: Der Rabbi. Erzählung. In: IFH 17 (1915), Nr 25 (24. Juni), S. 11.

[94] Hans Goslar: In: DIZ 33 (1916), Nr 3 (20. Januar), S. 16.

[95] Vgl. hierzu Shulamit Volkov: The Dynamics of Dissimilation. *Ostjuden* and German Jews. In: Jehuda Reinharz / Walter Schatzberg (Hg.): The Jewish Response to German Culture. From the Enlightenment to the second world war. Hanover / N.H.: University Press of New England 1985, S. 195–211.

[96] Vgl. Marcus Cohn: Die Juden der Schweiz zur Zeit des Weltkrieges. In: JJS [1] (1916/17), S. 121–132.

[97] Meier Bernstein: Der Tod Mosche Freisels. In: IWS 16 (1916), Nr 8 (25. Februar), S. 16.

schließlich Juden ausgewählt worden waren, protestierte einer von ihnen mit einem Bekenntnis zu Pazifismus und der Auserwähltheit des jüdischen Volkes. Aus disziplinarischen Gründen wird er erschossen. Das Problem der russisch-jüdischen Loyalität wird literarisch auch in der Erzählung *Marcin Spiewa-kowsky, ein russischer Student* gestaltet.[98] Die Hauptfigur, ein durchaus loyaler Staatsbürger, wird Opfer einer antisemitischen Verschwörung. Schließlich kommt er zu der Erkenntnis, daß der bereits im russisch-japanischen Krieg geoffenbarte Patriotismus der jüdischen Soldaten nichts an der Unterdrückung der Juden in Rußland geändert habe und somit neuerlichen Versprechungen, diesen Mißstand beheben zu wollen, zu mißtrauen sei.[99] Ebenfalls im »Wo-chenblatt« wird eine kurze Erzählung abgedruckt, in der ein russisch-jüdischer Soldat in der Nacht vor der Schlacht träumt, daß das Vaterland, nachdem er sich zum Krüppel hat schießen lassen, ihm nicht nur nicht dankt, sondern daß es ihm und seiner Familie schlechter denn je geht.[100] Im Kriegsdienst russi-scher Juden im Heer des Zaren sah man in der Schweiz also durchaus keinen Anlaß, die Schicksalsgemeinschaft zwischen Ost- und Westjuden als aufgeho-ben zu betrachten.

In der ausdrücklich orthodoxen Presse Deutschlands und Österreichs ging man auf diese Frage kaum ein. Eine Ausnahme bleibt ein kleiner Hinweis in den »Jüdischen Monatsheften«, wonach auch die Juden Rußlands »ihre gott-geborene *Pflicht*« erfüllen und »für das Land [kämpfen], dessen Bürger sie nun einmal sind« – übrigens ein Nebensatz zu der These, daß auch die Juden in England, Frankreich und Rußland zu stark mit dem Deutschtum verbunden seien, als daß sie wirkliche Feinde Deutschlands sein könnten,[101] eine Auffas-sung, der wir schon bei Max Freudenthal begegnet sind.[102] An Patriotismus standen sich die orthodoxen und liberalen Periodika aus Deutschland in diesen Kriegsjahren nicht nach.

Die gemeinsame religiöse Identität bedeutete mehr als die tragische Kon-stellation des Brudermords an den Fronten, und die orthodoxe Presse wies immer wieder auf die enge Zusammengehörigkeit der Juden in Ost und West hin. Im »Jüdischen Jahrbuch für die Schweiz« wird gar über die Begriffe ›Ost-judentum‹ und ›Westjudentum‹ gespottet, die die Existenz von zweierlei Ju-dentum suggerierten. Paradoxerweise habe die Aufhebung bisheriger Grenzen

---

98 David Weinbaum: Marcin Spiewakowsky, ein russischer Student. In: IWS 14 (1914), Nr 38 (18. September), S. 11.

99 Ein Erlaß des Zaren, in dem er sich in den ersten Kriegswochen »An meine lieben Juden!« wandte, stieß in der gesamten deutsch-jüdischen Presse auf Spott und Hohn.

100 Saul Krauthammer: Wirkliche Wirklichkeit? ... Skizze. In: IWS 15 (1915), Nr 25 (18. Juni), S. 11f.

101 Isaac Breuer: Von deutscher Zukunft, 1. Stück. Deutschtum und Judentum von Hermann Cohen [...]. In: JM 2 (1915), Nr 10, S. 341–352.

102 Vgl. oben S. 91.

durch den Krieg dazu geführt, daß man nun das Unterscheidende mehr wahrnehme als das Gemeinsame. Das Judentum ist an keine bestimmte Staatsange-
hörigkeit oder Weltgegend gebunden; unterschiedlich intensive religiöse Praxis, der jiddische ›Dialekt‹ oder größere und geringere Hebräisch- und Literaturkenntnisse werden von Rapaport nicht als Unterscheidungsmerkmal anerkannt.[103] In dieser Tendenz, Unterschiede zu harmonisieren, kann der Artikel
stellvertretend für die schweizerischen Publikationen stehen.

Unmißverständlich und ohne Einschränkung, womöglich auch als Reaktion
auf die Äußerungen von Geiger und Cohn in der »Allgemeinen Zeitung des
Judentums«, bringt der »Jeschurun« seine Solidarität mit den Ostjuden zum
Ausdruck. Das deutsche gesetzestreue Judentum halte lebendige Fühlung mit
der Welt des Ostjudentums: »Wo irgend die Ehre eines J u d e n verletzt, ist
auch die j ü d i s c h e Ehre bedroht, unser Judentum selbst berührt, und jeder
einzelne steht Bürgschaft für den andern.«[104]

In der Schweiz erforderte die politische Situation ganz konkrete Solidarität.
Schon seit etwa 1910, aber auch während und nach dem Ersten Weltkrieg fand
in Zürich eine Debatte um Zuzugsrecht und Einbürgerung von ausländischen
und insbesondere ostjüdischen Juden statt,[105] die bei der Lektüre von Artikeln
über die ›Ostjudenfrage‹ in den schweizerischen Publikationen mit im Auge zu
behalten ist. Es ging um Bestrebungen seitens des Züricher Stadtrates, die
Vergabe des Bürgerrechts an Ostjuden zu erschweren, die in Wahrheit wohl
alle Juden hätten treffen sollen, wenn dies politisch machbar erschienen wäre.
Sowohl im Stadtrat wie zwischen Stadtrat und jüdischen Vertretern setzte man
sich über ›Anpassung‹ und ›Kulturstufe‹ der Ostjuden, Verstärkung des Antisemitismus durch fehlende Anpassung etc. auseinander. Hier ist an die Empö-
rung von David Strauss über prorussische Kundgebungen in der Schweiz zu
denken. Das »Jüdische Jahrbuch für die Schweiz« nahm ganz offen zu den
Diskussionen um die Züricher Einbürgerungsgesetze Stellung.

> Von diesen Ostjuden wird weiter gesagt, daß sie ängstlich bestrebt seien, Verstösse
> gegen Gesetz und behördliche Erlasse zu vermeiden und der Stadtrat amüsiert sich
> über die Naivetät dieser jüdischen Leute, die da wähnen, die Nichtverletzung von
> Gesetzen allein sei nebst den formellen Erfordernissen ein genügender Ausweis der
> Reife fürs Bürgerrecht. Nein, Ostjude, mehr verlangt von Dir das Zürcher Gemein-
> dewesen: Aufgabe von Sprache, Sitte und religiöser Lebensführung, kurz Aufgabe
> Deines Judenseins! Wahrst Du Deinen Glauben, Deinem Volke und seiner Eigenart
> die Treue, dann wirst Du als sozial minderwertig und unwürdig befunden. Dem
> Treulosen aber winkt als schöner Lohn Zürichs Stadtbürgerbrief! Und solche Gesin-
> nung wird im Jahre 1920 in dem so freiheitlich und weitherzig verwalteten Zürich

---

[103]   W.M. Rapaport: Ostjudentum – Westjudentum. In: JJS [1] (1916/17), S. 76–85.
[104]   M.M.: Für Ost und West. Eine Anregung. In: JSCH 3 (1916), Nr 7 (Juli), S. 409f.,
        hier S. 410.
[105]   Vgl. Aaron Kamis-Müller: Antisemitismus in der Schweiz 1900–1930. Zürich:
        Chronos 1990 [zugleich Diss. phil. Zürich].

bekundet, nicht etwa in dem Vorkriegs-Preussen, dem von jedem Schweizer so gern und oft verhöhnten![106]

Nach Ansicht des »Jahrbuchs« sollte den Westjuden klar sein, daß ihre vorgebliche Bevorzugung lediglich Schmeichelei und tatsächlich eine Sondergesetzgebung gegen Ostjuden für die Emanzipation ganz allgemein schädlich sei.[107]

Die Solidarität schloß auch den Respekt vor der ostjüdischen Eigenart mit ein. Die orthodoxe Presse sah daher in einem Aufeinandertreffen von Ost- und Westjuden keine Gefahr für die letzteren, im Gegenteil, man zeigt sich besorgt um die Ostjuden wegen des »katastrophalen Ansturms westlicher Kultur«. »Wird der Osten vor allem im Stande sein, das liberale und zionistische Geschwätz von sich fern zu halten?«[108] Den Zionisten nämlich, die gern auf die Ostjuden wiesen, um ihre These von der Existenz eines jüdischen Volkes oder einer jüdischen Nation zu untermauern, unterstellt Wohlgemuth im »Jeschurun« Unkenntnis des ostjüdischen Geistes. Niemals werde das (westliche) Nationaljudentum »die Kraft haben, welche die Bekenner des überlieferten Judentums befähigte, in ihrer jahrtausendlangen Wanderung einer ganzen Welt von Feinden zu widerstehen.«[109]

Die Orthodoxen fühlten sich besonders berufen, sich der ostjüdischen Brüder anzunehmen, da nur das »deutsche gesetzestreue Judentum […] der Seele des Volkes nahe stehen« kann, so der »Jeschurun«.[110] Entsprechend wurde in einer Rezension des Ostjudenheftes der »Süddeutschen Monatshefte« kritisiert, »daß die Nationaljuden, die einen so winzigen Bruchteil der Gesamtjudenheit ausmachen, es unternehmen, sich der nichtjüdischen Öffentlichkeit gegenüber wiederum als die berufenen Künder der Wesensart des Ostjudentums zu geben.«[111] Die »Jüdischen Monatshefte«, die unter den ausgewerteten Periodika die ausführlichste Rezension zu dem Sonderheft brachten, meinten, für das Bild der Ostjuden bei Nichtjuden sei womöglich größerer Schaden als Nutzen entstanden, weil die falschen – nämlich zionistischen – Verfasser tätig gewesen seien.[112]

Obwohl man es sich zur Aufgabe machte zu verhindern, daß die Ostjuden ›westjüdischen Seelenfängern‹ in die Hände fielen, wurde ein wie immer begründeter Anspruch der westlichen Orthodoxie auf Führerschaft gegenüber den Ostjuden angezweifelt: »Wir sind ebenfalls noch Suchende, wir kennen das Ideal, aber den sicheren Weg zu ihm haben wir ebensowenig wie die im

---

[106] N.N.: Rückblick auf das Jahr 5680. In: JJS 5 (1920/21), S. 28.
[107] Ebd., S. 21–39.
[108] Isaac Breuer: Rückblick und Ausblick. In: JM 2 (1915), Nr 8/9, S. 302–307, hier S. 307.
[109] W[ohlgemuth]: Deutschland und die Ostjudenfrage (Anm. 7), S. 75.
[110] M.M.: Für Ost und West. Eine Anregung (Anm. 104), S. 409f.
[111] N.N.: Die Ostjuden. München und Leipzig. Süddeutsche Monatshefte Februar 1916 […]. In: JSCH 3 (1916), Nr 6 (Juni), S. 342–345.
[112] Vgl. R[aphael] B[reuer]: Das ostjüdische Rätsel [zu dem Sonderheft »Ostjuden« der Süddeutschen Monatshefte]. In: JM 3 (1916), Nr 5, S. 148–162.

Osten. Vielleicht könnten wir den Weg finden, wenn wir uns herbeiliessen, etwas von den Ostjuden zu lernen.«[113] Das ostjüdische Bildungs- und Erziehungssystem hielt jedoch Joseph Wohlgemuth für reformbedürftig. Charakteristischerweise war sein wesentlicher Kritikpunkt die Beschäftigung mit neuhebräischer Literatur.[114]

Insgesamt sah die Orthodoxie in den Ostjuden thora- und gesetzestreue Verbündete, für die sie sich besonders verantwortlich fühlte. Diese Verantwortlichkeit drückte sich insbesondere in einem Wettstreit mit dem Zionismus aus, denn die bescheidene Haltung, wonach die Orthodoxie gegenüber den Ostjuden keine Führerschaft anstreben sollte, hieß nicht, daß die Orthodoxie bezüglich der Ostjuden nicht einen ganz entscheidenden Vorrang vor Vertretern des Zionismus beanspruchte.

Zionistische Positionen

Während das Organ der assimilatorisch ausgerichteten »Allgemeinen Zeitung des Judentums« sich in scharfen Worten von den Ostjuden distanzierte, war die Darstellung der ›Ostjudenfrage‹ in der liberalen und orthodoxen Presse im großen und ganzen maßvoll und zurückhaltend; auf keinen Fall sollten antisemitische Vorurteile kritiklos reproduziert werden. In der zionistischen und nationaljüdischen Presse hingegen wurden, wie in der bereits referierten Debatte um Pejes und Kaftan, schroffere Töne angeschlagen. Die – im Vergleich mit der liberalen und orthodoxen Presse – geringe Rücksichtnahme auf inner- und außerjüdische Empfindlichkeiten kann nicht überraschen, da es zum Selbstverständnis der Nationaljuden und Zionisten gehörte, jüdische Themen ins allgemeine Bewußtsein zu bringen, ja auf jüdische Probleme explizit aufmerksam zu machen, anstatt sie zu verschweigen oder anderem unterzuordnen. Wie bei den Orthodoxen gab es bei den Zionisten ein größeres Interesse und stärkere Bindungen zu den Ostjuden als bei den Liberalen und Assimilierten. Die zionistische Bewegung verdankte ihre Entstehung und ihren Erfolg sowohl den Massen aus dem Osten, die bereit waren, Herzls Ruf zu folgen und nach Palästina auszuwandern, als auch prominenten Vertretern der ›jüdischen Renaissance‹ und des Zionismus wie Achad Ha'am, Chaim N. Bialik, Juda Pinsker, Chaim Weizmann. Aus dieser engeren Verbindung resultierte eine gewisse Unbefangenheit, die sich wiederum in freimütiger Aussprache niederschlug. Die Zionisten und Nationaljuden, die einen ›neuen‹ Juden sowohl im Galuth als auch in Palästina schaffen wollten und mit Kritik an Verfallserscheinungen und ›Krankheiten‹ in der Diaspora nicht sparten, prüften auch die Juden des Ostens mit der gleichen Strenge.

---

[113] Hermann Klein: Das Ostjuden-Problem. In: JM 3 (1916), Nr 3/4, S. 99.

[114] Vgl. J[oseph] W[ohlgemuth]: Deutschland und die Ostjudenfrage. Dritter Aufsatz. In: JSCH 3 (1916), Nr 4 (April), S. 177–210.

»Man legt unwillkürlich immer den Maßstab der Palästinatüchtigkeit an«,[115] schreibt Felix Rosenblüth.[116] So moniert er, daß die Juden im Osten zu einseitig auf den Handel fixiert seien. Bei seinem Aufenthalt im Osten will er erfahren haben, daß bei den Juden körperliche Arbeit als minderwertig gelte. Handeln und Geldverdienen, schreibt er im »Jüdischen Studenten«, sei das Lebenselement, in dem alle, auch Kinder und Mädchen, lebten. Wenn die Juden überhaupt ein Handwerk betrieben, bevorzugten sie offenbar die Arbeiten, die am wenigsten Muskelkraft erfordern; sie seien Schneider, Uhrmacher und dergleichen. »Diese Menschen sind sicher nicht die geborenen Kolonisatoren«,[117] lautet sein Fazit. Für das Handwerk fühlten sich die Ostjuden – so schreibt der aus Galizien stammende Abraham Kohane in der »Selbstwehr« – zu vornehm.[118] So zögen sie es vor zu darben, anstatt sich redlich zu ernähren. Im selben Organ differenziert Julius Weiß zwischen Dorfjuden und dem jüdischen Großstadtproletariat. Bei den Dorfjuden seien landwirtschaftliche Tätigkeit, Viehzucht und Handwerk oft ganz erstaunlich entwickelt. Körperliche Arbeit, frische Luft und gesunde Wohnbedingungen verliehen den Dorfjuden trotz Schläfenlocken, Kaftan und Schaufäden ein gesundes, ja robustes Äußeres.[119]

Den Vorwurf der Schachermentalität findet man zwar, aber in der Regel wird das Geschäftsgebaren der Ostjuden auf die Armut zurückgeführt, welche sie dazu zwinge, aus jedem Geschäft möglichst viel herauszuschlagen. Rosenblüth verteidigt die galizischen Juden, die sich mit Geld, Bestechung und Betrug gegen eine ungerechte Welt wehren, um auf jeden Fall die religiösen Gebote halten zu können. »Wie sollten sie sich sonst ihren Sabbath verdienen, an dem sie wirklich noch immer das Volk Gottes sind?!«[120] In der »Selbstwehr« werden die Ostjuden gegen den pauschalen Vorwurf, sie seien geborene Wucherer, in Schutz genommen. In Anbetracht der menschenunwürdigen Existenz, die die Juden im Osten zu führen genötigt seien, zeuge es

> von der sittlichen Kraft der ostjüdischen Massen – daß Wucher und Betrug die schwersten Verbrechen, Lüge und Unaufrichtigkeit die einzigen Waffen sind, die sie gebrauchen. Ein anderes Volk wäre in dieser Umgebung ein Volk von Räubern und Mördern geworden.[121]

---

115   Felix Rosenblüth: Juden des Ostens. I. Aus West-Galizien. In: JS 12 (1915), Nr 3 (12. August), S. 73.

116   Rosenblüth war einer der Mitbegründer der Bewegung »Blau-Weiß« und später unter dem Namen Pinchas Rosen Justizminister des Staates Israel.

117   Rosenblüth: Juden des Ostens (Anm. 115), S. 73.

118   A[braham] Kohane: Die Schule der Not. In: SW 10 (1916) [zensiert], Nr 5 (4. Februar), S. 1.

119   Julius Weiß (derzeit im Felde): Jüdisch=Polen. In: SW 10 (1916), Nr 15 (17. April), S. 1–3.

120   Rosenblüth: Juden des Ostens (Anm. 115), S. 74.

121   Felix Seidemann: Die Lehren des Flüchtlingsstromes II. In: SW 9 (1915), Nr 37 (8. Oktober), S. 2.

Das Stereotyp von den schmutzigen Ostjuden wird in der zionistischen Presse kaum bestätigt. Ähnlich wie in Julius Hirschs Beitrag für die »Allgemeine Zeitung des Judentums« berichtet Robert Weltsch in einem Feldpostbrief an die »Selbstwehr« von der überall herrschenden peinlichen Sauberkeit, die überhaupt bei den Dorfjuden – im Gegensatz zur übrigen Bevölkerung – beinahe die Regel sei, eine Beobachtung, die, wie er feststellt, mit den mitgebrachten Vorstellungen gar nicht übereinstimme.[122] Alfred Lemm bedient sich des Bildes von äußerer Unreinheit und innerer Reinheit und sieht in der Vernachlässigung äußerlicher Hygiene ein Indiz für Religiosität. »Wo Hygiene ins Land kommt, wäscht sie auch die Überzeugtheit mit ab. Sie macht den Glauben an ein ›Über der Welt‹ unnötig. Die Hygiene entfernt von den Juden mit dem Schmutz auch ihre Unbedingtheit.«[123] So wird aus einem Makel eine Auszeichnung. Die tiefe Religiosität wird auch in der zionistischen Presse als Grundlage der erstaunlichen Lebens- und Regenerationskraft der Ostjuden gesehen.[124] Zeitschriften wie die Prager »Selbstwehr« geben immer wieder Proben ostjüdischen Erzählungsgutes, in dem Genügsamkeit, Gleichmut im Leid und tiefe Frömmigkeit gerühmt werden.

Aber die vielbeschworene Volksfrömmigkeit der Ostjuden wurde auch skeptischer beurteilt. Der Rabbiner Abraham Kohane fordert in der »Selbstwehr«, die galizischen Juden müßten aufgeklärt, dem Einfluß der ›Wunderrabbis‹ entzogen werden, welche sie in finsterer Dunkelheit hielten. Ihr »Reich der Finsternis« werde einmal zusammenbrechen und »die ganze Sippschaft der Dunkelmänner und Blutsauger« verschwinden. Damit wird von zionistischer Seite der Vorwurf des im Osten herrschenden Aberglaubens, den Philippson erhoben hatte, bestätigt. Unter solchen Bedingungen entwickelten sich die Menschen zu

> Taugenichtsen, zu verkrüppelten, degenerierten und verwahrlosten Menschen (wenn das überhaupt noch Menschen sind!), die im Leben nichts bedeuten, immerfort nur darben und hinsiechen und wie Schatten herumlungern, mit welchen dann jeder machen kann, was er will [...][125]

Eine ähnliche Äußerung in der »Allgemeinen Zeitung des Judentums« hätte die »Selbstwehr« wahrscheinlich zu schärfstem Protest und zum Vorwurf des jüdischen Antisemitismus veranlaßt.

Auf der anderen Seite wird aber auch das Streben nach Bildung hervorgehoben. Die Beschreibung der Galizier in der Wiener Gemeindebibliothek erhält geradezu kafkaeske Züge:

---

[122] R[obert] W[eltsch]: Feldpostbrief an eine Freundin. In: SW 10 (1916), Nr 22 (16. Juni), S. 2–4.

[123] Alfred Lemm: Galizisches Tagebuch. In: SW 10 (1916), Nr 27 (21. Juli), S. 2–5 (Zuerst abgedruckt in: *Zeit-Echo*, Jg 2, Nr 8).

[124] Vgl. auch Spier: Zur Biologie und Psychologie der Ostjuden unseres Kriegsgebietes. In: JE 2 (1915), Nr 26 (2. Juli), S. 199f., hier S. 200.

[125] Kohane: Die Schule der Not (Anm. 118), S. 1.

[...] sie hoffen und harren und schöpfen Trost und Erhebung aus ihren heiligen Büchern, ihrem altehrwürdigen Schrifttum. Sie wallfahren zu den Bibliotheken und Lehrhäusern und bilden lebendige Mauern in denselben, daß die Diener Mühe haben, sich hindurchzuwinden und ihnen die erbetenen Bücher zu reichen. Die geräumigen Lesesäle vermögen die Zahl der Besucher nicht zu fassen; allein was ficht sie das an? Können sie nicht sitzen, so stehen sie stundenlang mit den schweren Folianten in den Händen und sie okkupieren auch die Vorräume. [...] Der Andrang zu den Brotverteilungsstellen kann d i e s e n Ansturm nicht übertreffen.[126]

Aber auch die polnischen Juden, so ist im »Juden« zu lesen, stillten den unfreiwilligen Hunger des Körpers »mit der freigewählten Nahrung des Geistes«.[127] Gerade aufgrund dieses Bildungshungers wird auch von zionistischer Seite eine Reform des Erziehungswesens im Ostjudentum positiv bewertet, ja auch gefordert. Dem Verfall des Ostjudentums als des Reservoirs des Judentums, so Felix Ungar, müsse durch die Zionisten entgegengewirkt werden – durch Turnvereine, durch den Zwang für Kinder und Jugendliche, öffentliche Schulen zu besuchen.[128] In einer Schilderung der Folgen klingt jedoch auch schon die von den Orthodoxen artikulierte Furcht vor einer radikalen Assimilation an die westliche Kultur mit:

Hunderte jüdische Jünglinge, die bisher in unbeschreiblicher Vernachlässigung bezwickert und bebrillt im Straßen- oder Ladenhandel beschäftigt waren, oder in dumpfen, schlecht beleuchteten Winkeln Tag und Nacht über alten Folianten pendelten, werden stolz und froh in Gymnasien, Real- und Handelsschulen strömen, die Universitäten noch mehr bevölkern als schon jetzt der Fall, werden [...] nach einigen Jahren als Kontoristen, Buchhalter, Ingenieure [...] dem Weltmarkte zur Verfügung stehen. Sie werden bis dahin schon längst ihre Schläfenlocken, ihren Jargon und sonstige Hinderlichkeiten abgelegt und sich den Formen und Ansprüchen des Westens erschreckend rasch angepaßt haben.[129]

Auch in der schweizerischen Presse rechnete man damit, daß eine Emanzipation in Rußland die meisten Juden auf den Weg zur Assimilation bringen würde. Bulkowstein zufolge war dies vorteilhaft für die »Stärkung des Volksbewußtseins«, da »meistens die unsicheren Elemente« sich loslösten.[130] Ein anderer Verfasser im »Israelitischen Wochenblatt für die Schweiz« sah jedoch das Judentum »bedroht«:

[...] die Ostjuden werden aufhören die Westjuden immer wieder an ihr Judentum zu erinnern, Sie werden aufhören die Reihen der frommen, wie auch die Reihen der für

---

126   Bernhard Münz: Unter den Flüchtlingen. In: JE 2 (1915), Nr 27 (9. Juli), S. 214; auch in: LJ 7 (1915), Nr 5/6, S. 62f. und NNZ Nr 13, 12. Juli 1915, S. 107f.
127   Max Mayer: Wilnas Kriegsvermächtnis. In: J 2 (1917/1918), Nr 1/2, S. 130.
128   Felix Ungar: Ost-Judentum. Eine Betrachtung. In: JVS 16 (1915), Nr 1 (7. Januar), S. 2f.
129   Julius Weiß [Weisz]: Jüdisch-Polen. In: SW 10 (1916), Nr 16 (28. April), S. 1f. [zensiert].
130   Samuel Bulkowstein: Die Auferstehung der Ost-jüdischen Jeschiwoh's und ihre kulturelle Bedeutung. In: IWS 17 (1917), Nr 40 (5. Oktober), S. 6.

die jüdische Wissenschaft sich interessierenden Juden immer wieder zu füllen, sie werden auch aufhören, die Reihen der nationalistisch und zionistisch denken Westjuden zu ergänzen [...].[131]

Chaim Weizmann formulierte in diesem Sinne: »Es ist deshalb keine Uebertreibung zu sagen, daß das osteuropäische Judentum seit einigen Jahrhunderten das wirkliche Zentrum jüdischen Lebens ist und daß bei seiner Sprengung ohne das gleichzeitige Schaffen eines neuen Zentrums die Existenz der Juden als Volk bedroht wird.«[132]

Die Ansicht, daß das Erziehungswesen im Osten reformbedürftig sei, teilte man zwar mit den Liberalen, jedoch war man auf zionistischer Seite besorgt, daß die (ost)jüdische Eigenart westlichen Standards allzu leichtfertig geopfert werden könnte. Denn die westliche Kultur, von der sich ja die nationaljüdisch empfindenden Juden zu ›dissimilieren‹ suchten,[133] wurde keineswegs als die in jeder Beziehung der östlichen überlegene angesehen. Die Einstellung der Assimilanten und ihre Furcht vor einer Einwanderung von nichtassimilierten Ostjuden karikiert ein Aufsatz im »Jüdischen Echo«:

> Und mit Freude hat man festgestellt, daß der Typus der Kinder oder Enkel immer mehr dem Hermann und Thusnelda-Typ zu nähern begann. Der Gedanke, daß man eine Schar von Leuten ins Land bekommen soll, die das Gebetbuch ganz schamlos zur Schau tragen, die mit Vornamen Jizchok oder Riwka heißen und in ihrem ganzen Äußern und Innern die Welt an das Vorhandensein eines besonderen jüdischen Volkes, zu dem man – Gott behüte! – selbst hinzugerechnet werden könnte, erinnern, ist ihnen unerträglich.[134]

Dem wird entgegengehalten, daß der Einwanderer aus dem Osten keine minderwertige Kultur mit nach Deutschland bringe, sondern erst in Deutschland häufig minderwertige Eigenschaften entwickle: er »entartet«. Beweis hierfür sei, daß im allgemeinen die Kinder der eingewanderten Ostjuden deren Idealen von Geist und Sittlichkeit weniger entsprächen als die Eltern. Den Westjuden wirft die Verfasserin im »Jüdischen Echo« vor, mehr Angst vor ostjüdischen Einwanderern zu haben als Nichtjuden. Durch die angestrebte schnelle Assimilation würden die eingewanderten Ostjuden von ihren Wurzeln losgerissen; weder in der Gemeinde noch in den Schulen könnten sie ihre heiligen jüdischen Traditionen weiterführen. Der Abgrenzung vom assimilierten jüdischen Leben im Westen diente sicherlich auch die Begeisterung, mit der der »Jüdische Student« von einem chassidischen Gottesdienst erzählt, der ohne Orgel oder Harmonium abgehalten wurde. Statt dessen gab es »Musik, wie es ein

---

131 Isch: Russische Gleichberechtigung der Juden. In: IWS 17 (1917), Nr 20 (18. Mai), S. 1f.

132 Ch[aim] Weizmann: Der Zionismus und das jüdische Problem. In: IWS 16 (1916), Nr 37 (15. September).

133 Vgl. hierzu Volkov: The Dynamics of Dissimilation (Anm. 95), S. 195–211.

134 H[elene] H[anna] C[ohn]: Die Furcht vor den Ostjuden. In: JE 4 (1917), Nr 23 (8. Juni), S. 253–255, hier S. 253.

Volk aus den Tiefen seiner Seele gebiert, vielleicht nicht ganz den Gesetzen und der Lehre der Harmonie entsprechend, aber rein, kraftvoll und unverfälscht.« Entsprechend dient diesem Verfasser die Begegnung mit dem Ostjudentum dazu, den Zionismus erst »in seiner ganzen Größe zu erfassen«.[135]

Während im »Jüdischen Echo« die »altjüdische Solidarität« beschworen und der »jüdische Geheimrat auf dem Katheder der Berliner Universität« – gemeint ist Ludwig Geiger – daran erinnert wird, daß er »und der polnische Trödeljude im schmierigen Kaftan« Brüder seien,[136] gehen andere Autoren weiter und wehren sich gegen die einseitige Zuweisung negativer Stereotype an die Ostjuden. Die Zeitschrift »Ost und West« zum Beispiel sah den »Geldprotz« oder Parvenu als einen genuin westjüdischen Typus.[137] Diese Zeitschrift hatte schon früh damit begonnen, die Vorurteile gegen Ostjuden auf den westlichen Assimilanten zu übertragen und damit auch einen Teil der westjüdischen Identität zu erschüttern; insofern war der empfindliche Kern vieler Debatten berührt. Max Brod, der in Kultur und Bildung des Westjuden mehr Schein als Sein zu erkennen meint, leitet daraus den Zustand der Westjüdinnen ab: Sie seien »entweder hohl oder oberflächlich«. Und selbst unter den Zionistinnen sieht er viel »Nervosität, Gereiztheit, Selbstüberhebung, Verzweiflung, Isolation.«[138] Die ostjüdischen Mädchen in einer Flüchtlingsschule dagegen preist er in einem gefühlvollen Gedicht; sie erblühten kraftvoll und heiter, sie repräsentierten den »Geist«. Auch Robert Weltsch beschreibt den Durchschnittstypus des westjüdischen Mädchens als »ein hoffnungslos oberflächliches Geschöpf«.[139] Vor diesem Hintergrund wurde auch von zionistischer Seite ein Zustrom ostjüdischer Einwanderer als Vorteil für die westliche Judenheit bzw. in einer Synthese von westlichen und östlichen Elementen der Weg zu einer Erneuerung des Judentums gesehen.[140] Damit erhielt das Ostjudentum neben der Solidarität des Westjudentums ganz konkret die Aufgabe zugeschrieben, zur Erneuerung des Judentums die »vitale Kraft«, den »gesunde[n] Kern unseres Menschenmaterials« beizusteuern.[141] Diese Funktionalisierung verraten auch Formulierungen wie die Alfred Lemms, wonach das »östliche Judentum, wie es hauptsächlich vorliegt, […] in seiner religiös-volklichen

---

[135] Hugo Hein: Juden des Ostens. II. Aus Russisch-Polen. In: JS 12 (1915), Nr 3 (12. August), S. 75–77, hier S. 77.

[136] Siegbert Feuchtwanger: Krieg und Judenpolitik. In: JE 1 (1914), Nr 11, S. 122–124, hier S. 123.

[137] Vgl. hierzu David Allen Brenner: Marketing Identities. The Invention of Jewish Ethnicity in Ost und West. Detroit: Wayne State University Press 1998.

[138] Max Brod: Brief an eine Schülerin nach Galizien. In: J 1 (1916/17), Nr 2, S. 124f.

[139] Robert Weltsch: Ein Feldpostbrief aus dem Osten. In: J 1 (1916/17), Nr 8, S. 529–534, hier S. 533.

[140] Z.B. Martin Buber: Der Preis. In: J 2 (1917/1918), Nr 8, S. 505–510.

[141] Bick: Feldpostbriefe. Russ.-Polen, 14. April 1915. In: JVS 16 (1915), Nr 13 (29. April), S. 2.

Vereistheit nicht zu verwenden« sei,[142] oder die kühle Analyse der ›wertvollen Menschensubstanz‹, die in Spiers Artikel neben verklärender Schilderung steht;[143] schwärmerisch klingt daneben Rosenburgs Formulierung, die polnisch-litauischen Juden würden dem ›degenerierten‹ Körper der deutschen Judenheit ›Erlösung‹ bringen.[144] Im »Israelitischen Wochenblatt für die Schweiz« hieß es entsprechend, dieser »Menschenschlag« besitze »noch genug reines Blut [...], um von Zeit zu Zeit andere Teile des jüdischen Volksorganismus aufzufrischen«. Hilfe sei durchaus kein Almosen, sondern ein Eintreten »im eigensten Interesse« für »die Fortexistenz des jüdischen Volkes«.[145]

Gegen die allgemein herrschende Vorstellung, die Ostjuden zeichneten sich im Gegensatz zu den Westjuden durch Passivität aus und hätten außer tiefer Frömmigkeit dem Judentum nichts zu bieten, wendet sich auch eine Rezension des Sonderheftes *Ostjuden* der »Süddeutschen Monatshefte« im »Juden«. Der Autor moniert, das *Ostjuden*-Heft habe »einen veralteten zurückgebliebenen Typus des Ostjuden dargeboten und den neuen, selbstbewußten, sich selbst helfenden und auf seine Kraft vertrauenden Ostjuden vorenthalten«.[146] Gegen bevormundende Ratschläge durch Westjuden, in diesem Falle den nationaljüdisch gesinnten Felix Seidemann, wehrt sich in der »Selbstwehr« Abraham Kohane: »Wir haben tüchtige Männer und sind überhaupt mündig genug als daß wir seine Vormundschaft brauchten!« Kohane bemerkt, die jüdischnationalen Kämpfe hätten ebenso wie der Zionismus und die neuhebräische Literatur in Galizien ihren Ursprung. »Also Hut ab vor unseren Leistungen (Na, na! – Die Red.), auf die wir unbedingt mehr stolz sein können als der Westen mit s e i n e r e r d r ü c k e n d e n F r i e d h o f s a t m o s p h ä r e!«[147] Kohane fordert die Westjuden auf, ihre aus der antisemitischen Umgebung stammenden Vorurteile gegen die ostjüdischen Brüder aufzugeben, und wirft ihnen Bruderhaß vor. Im Hinblick auf die großen Aufgaben des Zionismus heißt es im »Jüdischen Studenten«, die Errettung des jüdischen Volkes in Palästina werde nicht von den Westjuden bewerkstelligt werden, da sie schon zu assimiliert seien, um eine neue jüdische Kultur zu schaffen. Dies könne nur denjenigen gelingen, die in der Lage seien, ihre nichtjüdischen Werte aufzugeben, und »d i e e i n e O s t j ü d i n h e i r a t e n u n d g e w i l l t s i n d, i h r I c h z u o p f e r n f ü r i h r e N a c h w e l t.«[148]

---

[142] Alfred Lemm: Wir Deutschjuden. Nach- und Hauptwort. In: SW 10 (1916), Nr 8 (25. Februar), S. 3f.

[143] Spier: Zur Biologie und Psychologie der Ostjuden unseres Kriegsgebietes (Anm. 124), S. 199f.

[144] Leo Rosenburg: Die Wirklichkeit von morgen. In: JR 19 (1914), Nr 44 (30. Oktober), S. 403f.

[145] S. Ginsburg: Tua res agitur! In: IWS 16 (1916), Nr 20 (19. Mai), S. 3.

[146] M[ax] M[ayer]: Ostjuden. In: J 1 (1916/1917), Nr 1, S. 62f., hier S. 63.

[147] A[braham] Kohane: Das Märchen von den Ostjuden. Eine Erwiderung. In: SW 9 (1915), Nr 39 (22. Oktober), S. 2f., hier S. 2.

[148] Georg Wollstein: Neue Kompromisse. In: JS 13 (1917), 26.01.17, S. 351–355, hier S. 353f. Aschheim nennt einige Westjuden, die diesen Schritt tatsächlich gingen.

Kritik am Westjudentum rief wiederum Widerspruch hervor. Ephraim ben Joseph beklagt in der »Selbstwehr« den »maßlose[n] Ostjudenkult«. Er wolle nicht Mängel des Westjudentums verhehlen, die Ostjuden wiesen »mit Recht auf ihren intensiveren jüdischen Lebensinhalt« hin,[149] aber auch im Osten arte manches zum wesenlosen Schein aus. Im gleichen Organ beklagt Seidemann, daß »gewisse ostjüdische Kreise in grenzenloser Selbstüberhebung uns, den ›Gojims‹, den Ruhm nicht gönnen, auch etwas für die jüdische Zukunft getan zu haben oder tun zu wollen«.[150] Der Vorwurf der Arroganz und Überheblichkeit wurde so an die Ostjuden zurückgegeben. Ebenfalls in der »Selbstwehr« bestreitet der Rabbiner Simon Stern, im Osten werde ein besseres religiöses Judentum gelebt.

> Wie kann man aber auf Menschen einwirken wenn sie sich für die vollkommeneren halten und sich schätzen, Gott viel näher zu stehen als die anderen, [...] weil sie eine Orgelsynagoge für einen Greuel und die hirnlose Kabbalah für die geistige Blüte des Judentums und den Ausbund der Weisheit halten [...].[151]

Daß Stern beim Begriff Ostjuden nur an Chassidim bzw. Kabbalisten denkt, ist vielleicht ein Beispiel für die oft gerügte westliche Ignoranz. Verständlich wird allerdings der Vorwurf der ostjüdischen Arroganz, wenn wir eine Äußerung Achad Ha'ams über die Westjuden lesen, die im »Juden« wiedergeben wird:

> Aber wenn diese unsere Erlöser wüßten, was wir über sie denken, über die innere Knechtschaft, in die sie versunken sind, indem sie den Geist ihres Volkes für papierne ›Rechte‹ verkauft haben, über diejenige ›innere Knechtschaft bei äußerer Freiheit‹, deren Löwenanteil den Juden Frankreichs zugefallen ist, – wenn sie das wüßten, sie würden vielleicht die volle Tiefe des Hohnes verstehen, mit dem wir, die Undankbaren, ihnen ihre Barmherzigkeit vergelten, wenn sie uns von unserer geistigen Knechtschaft befreien wollen. Ihr Sklaven, befreit euch zuerst!«[152]

Wenn verallgemeinernd von dem bedenklichen Zustand der Moral und Sitten in der Ostjudenheit gesprochen wurde, war zumeist das Problem der Sexualmoral und Prostitution gemeint. Die Zionisten nahmen sich dieses Themas sehr ausführlich an. Robert Weltsch wußte von einer Begegnung mit jungen Zionistinnen zu berichten, die sich gegen die Versuchungen der Kriegszeit gefeit und sehr auf ihren guten Ruf bedacht gezeigt hätten. Ihre sittliche Kraft resultiere aus ihrem Nationalismus. Diese Mädchen hätten begriffen, daß wahrer Nationalismus eine Lebensform darstelle, die den »Wille[n] zur Heiligung des Lebens« und den Willen, »für die Gesundung und Reinheit der Gemeinschaft selber einzustehen« einschließe.[153] So findet er unter den ostjüdischen Mäd-

---

149 Ephraim ben Joseph: Judentum in Ost und West (Anm. 91), S. 3.
150 Felix Seidemann: Die Lehren des Flüchtlingsstromes III. In: SW 9 (1915), Nr 40 (29. Oktober), S. 1f., hier S. 1.
151 Stern: Ost und West I (Anm. 37), S. 1f.
152 K. Baruch: Die Juden des Westens im Urteil Achad Haams. In: J 1 (1916/1917), Nr 6, S. 373–377, hier S. 377.
153 Weltsch: Ein Feldpostbrief aus dem Osten (Anm. 139), S. 532.

chen durchaus »noch unverdorbene[s] gute[s] Material«, das aber nun vom Krieg arg geschädigt werde. Dieses Stichwort, das an die oben beschriebenen Überlegungen zu ›Menschensubstanz‹ und ›Menschenmaterial‹ erinnert, gibt einen Hinweis, warum in den zionistischen Blättern dieses Thema so eifrig diskutiert wurde. Die Hoffnung, mittels des Ostjudentums das Judentum überhaupt retten zu können, schloß neben der geistigen Renaissance auch eine biologische Erneuerung mit ein, die Aufgabe also, eine ›Ostjüdin zu heiraten‹, wie es im »Jüdischen Studenten« so pathetisch gefordert wurde. Hier ist verständlich, warum die vermeintlich lockere Moral der zukünftigen Mütter beunruhigte und warum hierfür Erklärungen – die vernachlässigte Erziehung der Mädchen, die Verlockung durch die Soldaten aus der ›weiten Welt‹, Leichtsinn und Sehnsucht nach Leben und Glück[154] – gesucht wurden. Andere Beiträger geben zwar eine massenhafte Prostitution zu, führen sie aber auf Kriegsnot und Massenelend zurück oder erklären sie zu einem Phänomen der polnischen Industriezentren und Großstädte wie Warschau, Lodz oder Wilna, in denen es ein jüdisches Lumpenproletariat und dementsprechend auch jüdische Prostitution gebe.

Wenngleich von den Zionisten die Prostitution unter den Ostjuden als Faktum anerkannt wird, betrachtet man die Berichterstattung zu diesem Thema als das größere Problem. Ein Autor der »Jüdischen Rundschau« kritisiert vor allem die Heuchelei der »Allgemeinen Zeitung des Judentums«, die sich zwar von einem Artikel über als Prostituierte registrierte Jüdinnen in Rußland, die auf diesem Weg Aufenthaltsberechtigung und Zugang zur Hochschule erlangten, distanziert, ihn aber dennoch abdruckt.[155] Ausführlich beschäftigt sich »Ost und West« mit der Behandlung dieses Themas durch die Presse und bezieht sich ebenfalls zunächst auf Geigers »Allgemeine Zeitung des Judentums«.

> Was den Juden anbetrifft, der seine eigenen weiblichen Angehörigen benutzt, um von deren Prostitution Nutzen zu ziehen, so ist er in der ›Allgemeinen Zeitung des Judentums‹ schon einmal dagewesen, ein Herr, namens Dr. Theodor Lessing, hat ihn hier im Jahre 1909 beschrieben, er soll Karfunkelstein geheißen und damals in Krakau sein Unwesen getrieben haben. Es wurde festgestellt, daß es in Krakau weder ein Individuum noch eine Familie dieses Namens gegeben hat. Seit Ausbruch des Krieges ist er wiederholt in verschiedenen Gegenden des Ostens (aber auch des Westens!) gesehen worden. Dies Schicksal teilt er mit einem anderen chimärischen Juden, der seit den ersten Kriegstagen auf allen Schlachtfeldern des Ostens und des Westens herumspukt.[156]

Genauso mißtrauisch zeigt sich der »Jüdische Student«: »Die meisten [...] beschwören mit Begeisterung den Schatten jeder bekannten jüdischen Dirne,

---

[154] Vgl. Rosenblüth: Juden des Ostens (Anm. 115), S. 67, und Weltsch: Ein Feldpostbrief aus dem Osten (Anm. 139), S. 532.

[155] Egon Rosenberg: Ein trauriges Kapitel. In: JR 20 (1915), Nr 10 (5. März), S. 80f. (bezieht sich auf Glücksohns »Jüdische Studentinnen in Rußland« in der AZJ).

[156] N.N.: Die Ostjudenfrage II. Teil. In: OW 16 (1916), Nr 4–5 (April/Mai), Sp.145–156.

die offenbar jedem Besucher eines polnisch-jüdischen Städtchens zuerst ent-
gegentritt. Beinahe möchte man glauben, daß es in ganz Polen dieselbe ist,
eine ewige Jüdin.«[157]

Gerade Augenzeugenberichte zu diesem Thema, so befindet die zionistische
Presse, enthüllten die Fragwürdigkeit der Frontberichte und Feldpostbriefe.
Ihre Autoren, oftmals »harmlose jüdische Soldaten, brave jüdische Schlachten-
bummler«,[158] seien von den auf sie einstürmenden Eindrücken einfach überfor-
dert gewesen. Härter geht »Ost und West« mit den Berichterstattern ins Gericht:

> Wer eine Reise tut, auch in den friedlichsten Zeiten, weiß vieles zu erzählen, und
> erst wer aus dem Krieg heimkehrt! Man kann sicher sein, daß in neun von zehn Fäl-
> len der Soldat, welcher der Bevölkerung der besetzten Gebiete Übles nachredet, die-
> ser Bevölkerung gegenüber sich roh oder auch gewalttätig betragen hat, und sich
> nun vor seinem schlechten Gewissen rechtfertigen will, indem er sie schlecht
> macht.[159]

Die Zionisten wollten zwar die Ostjuden vor pauschalen Vorwürfen in Schutz
nehmen, sorgten aber andererseits durch ihre ausführliche Behandlung dieses
Themas dafür, daß das Phänomen nicht aus dem allgemeinen Bewußtsein
verschwand, wohl auch, um einer schwärmerischen Idealisierung der Ostjuden
entgegenzutreten. Die Tendenz hierzu bestand durchaus, zumal wenn Eigenschaften wie Gastfreundschaft und Freigebigkeit geschildert werden.

> Segnend entlassen die Ostjuden den Soldaten aus dem Quartier, das sie ihm ange-
> nehm und bequem zu machen bestrebt sind. ›Haschem jeworechecho wejischmere-
> cho‹, so benedeiend stand der alte jüdische Patriarch auf der finsteren, halsbrecheri-
> schen Treppe, als im Morgengrauen der deutsche, der aschkenasische Jehudi auszog.
> Unvergeßlich ist diese kleine Szene.
> Den letzten Bissen Brot geben sie her, wenn Not gebietet.[160]

Im »Jüdischen Studenten«, dessen Beiträger sich gegenseitig in eine ›Ostju-
deneuphorie‹ steigerten, wurde die ›richtige‹, also begeisterte Sicht auf die
Ostjuden umgekehrt zum Prüfstein für ›starke und lebendige jüdische Instink-
te‹[161] bzw. für die Berechtigung, »den Ehrennamen ›Jude‹ zu tragen«.[162] Unter
den »Bundesbrüdern« scheint es quasi Pflicht gewesen zu sein, »die Bande des
Blutes und die Stimme des Herzens« zu vernehmen.[163]

---

157 Red.: [Ohne Titel]. In: JS 13 (1916), Nr 3 (18. August), S. 240.
158 Julius Berger: Deutsche Juden und polnische Juden. In: J 1 (1916/1917), Nr 3,
     S. 147.
159 N.N.: Die Ostjudenfrage II. Teil (Anm. 156), Sp. 154f.
160 Spier: Zur Biologie und Psychologie der Ostjuden unseres Kriegsgebietes (Anm.
     124), S. 200.
161 Red.: [Ohne Titel] (Anm. 157), S. 240–243.
162 Holz: Russische Juden (Anm. 20), S. 194.
163 Hein: Juden des Ostens. II. Aus Russisch-Polen (Anm. 135), S. 75–77, hier S. 77.

Die Ostjuden mit ihren weitgehend intakten traditionellen Lebensformen waren sicherlich dazu prädestiniert, den jungen Westjuden, die sich von der zu weit assimilierten Vätergeneration distanzierten, eine jüdische Ersatzfamilie zu bieten. Hinzu kam für die westjüdischen Soldaten die ungewohnte Erfahrung, daß ihr Judentum als positives Faktum gewertet wurde, ja, daß »das Wörtchen ›Jude‹ [...] wie eine Zauberformel« zu wirken vermochte,[164] Türen und Herzen öffnete. Aber wie bezüglich der Begegnung mit ostjüdischen Frauen gilt auch hier, daß bei den betreffenden Schilderungen die psychische Situation der Soldaten berücksichtigt werden muß. Der ungewöhnliche Umstand, von Bewohnern des Feindeslandes als Freunde und Befreier begrüßt zu werden, verstärkte sicher nicht nur die Bereitschaft zur Identifikation mit den Ostjuden, sondern auch die Tendenz, positive Erlebnisse zu verklären. Hinzu kam, daß auch positive Stereotype existierten, die sich vor allem Zionisten und Nationaljuden gerne bestätigen ließen.

Daß manch einer die unerwartete Freundlichkeit der Gastgeber als übertrieben empfand,[165] ist keineswegs verwunderlich, da sich diese Gastfreundschaft zwar an die Befreier richtete, aber eben diese Befreier dieselben waren, gegen die die Söhne dieser ostjüdischen Familien ggf. im Felde standen. Nach einem Bekenntnis zur Treue gegenüber dem deutschen Vaterland lehnt Schönemann im »Jüdischen Echo« die »Formel eines heiligen Krieges [...] gegen die Bedrücker ihrer russischen jüdischen Brüder« vehement ab:

> Es ist nicht wahr, daß der Krieg und die Begeisterung für ihn unserer jüdischen Rache entspringt. Es ist nicht wahr, daß wir einen jüdischen Befreiungskrieg kämpfen. All dies ist kleinlichen Gemütern, ihren eigenen Verstand überschreienden Überpatrioten entfahren, die, nur um deutsch zu sein und zu scheinen, deutscher Sache zu dienen, sich selbst und russischen Juden unwahres nachsagen.

Es wäre zwar nur zu natürlich, wenn die russischen Juden dem Zaren den Gehorsam verweigern würden. Aber wie auch in Deutschland vergäßen die Juden Rußlands im Augenblick der vaterländischen Gefahr alle Diskriminierungen. »Sie werden damit unsere unversöhnlichen Feinde, aber unsere und aller Achtung haben sie.«[166] Der Autor war sich wahrscheinlich der Tatsache bewußt, daß jede negative Äußerung über die Ostjuden auf die Westjuden zurückfallen konnte, und gerade der Verdacht mangelnder Loyalität gegenüber dem Vaterland sollte in keiner Weise genährt werden. Nathan Birnbaum reagiert im selben Organ auf diesen Artikel. Der Verfasser habe irrigerweise von den Umständen, unter denen die Juden in Deutschland und Österreich lebten, auf die Situation im russischen Reich geschlossen. Der Vergleich des von ihm bewunderten Deutschland und seines geliebten Österreich mit einem Staat voller Greuel und Niederträchtigkeiten sei überdies beleidigend. Rußland könne nicht

---

164 Bick: Feldpostbriefe (Anm. 141), S. 2.
165 W[eltsch]: Feldpostbrief an eine Freundin (Anm. 122), S. 2–4.
166 Josef Schönemann: Auch ein Aufruf an die deutschen Juden. In: JE 1 (1914), Nr 8 (August), S. 91f., hier S. 92.

den Patriotismus seiner Völker einklagen. Das Heimatgefühl der Juden im russischen Reich sei weder russisch noch polnisch, sondern einfach jüdisch.[167] Es gebe keine sittliche Pflicht der Juden in Rußland, für den Zaren in den Krieg zu ziehen.

In diesem Sinne berichtet ein russischer Jude in »Ost und West« und im »Israelitischen Wochenblatt für die Schweiz« von seinem persönlichen Schicksal in diesem Krieg und über die Unlust der jüdischen Soldaten, gegen Österreich ins Feld zu ziehen.[168] Ausgerechnet in Österreich, gegen das er in der russischen Armee gekämpft hatte, kann er sich schließlich seinen Traum vom Besuch einer Universität erfüllen. Diese tragische Situation der Juden in Rußland sei, so der junge Autor, typisch für das Schicksal der Juden überhaupt. Im »Israelitischen Wochenblatt für die Schweiz« findet sich eine relativ extreme Meinung zur Frage der jüdischen Loyalität(en) bzw. zum jüdischen Sonderinteresse: Rodolfo Lupu hält es für die »heiligste Pflicht« der unbeteiligten Juden, aus all dem Leiden einen positiven Weg für das jüdische Volk – die Juden des Ostens – zu finden. Der Krieg müsse aus jüdischer Sicht betrachtet werden.

> In dieser Zeit der heftigsten Rassenkämpfe, in der viele Völker um Leben und Tod kämpfen, muß jedes Volk, jede Gemeinschaft Stellung nehmen – nach ihren besonderen Interessen und Strebungen. Das Schicksal des eigenen Volkes muß über alles andere unsere Gemüter in Spannung halten und für uns maßgebend sein. Der reinste »nationale Egoismus« ist für uns in diesem Momente wie für alle Nationalitäten normbietend.[169]

Andererseits verschließt man sich auch nicht der Tatsache, daß Teile der Ostjudenheit sich an die Russen assimiliert hatten, daß z. B. in Litauen viele Juden gemeinsam mit den Russen vor den Deutschen geflohen seien und ein Teil der russisch-jüdischen Jugend es für seine Pflicht hielte, als Kriegsfreiwillige ins russische Heer einzutreten.[170]

Dennoch stand es für die Zionisten außer Frage, daß die Ostjuden mit dem Rest der Judenheit eine Einheit bildeten, keinesfalls aber als Russen betrachtet werden konnten. In der Frage, ob es zwischen den Ostjuden und den Deutschen eine besondere Verwandtschaft gebe, war man geteilter Ansicht. Julius Berger widersprach der These von dieser Verwandtschaft: Es mute »fast komisch« an, schreibt er im »Juden«, »daß man die Sonderart eines Volkes damit zu belegen versucht, daß man seine enge Verwandtschaft mit einem anderen behauptet«.[171] Gerade aus dem Irrtum der Deutschen, die die Sprache des

---

167 Mathias Acher [Nathan Birnbaum]: Kein Aufruf an die deutschen Juden. In: JE 1 (1914), Nr 9 (September), S. 98f., hier S. 99.

168 Boris Dawidowicz: Aus der Gefangenschaft. Von einem russisch-jüdischen Soldaten. In: OW 14 (1914), Nr 9–12 (September–Dezember), Sp. 667–672, hier Sp. 671; siehe auch ders. / Red.: Russisch-jüdische Soldatentragik. In: IWS 15 (1915), Nr 4 (22. Januar), S. 3f.

169 Rodolfo Lupu: Der Krieg und die jüdische Politik. In: IWS 14 (1914), Nr 45 (6. November), S. 3f.

170 Adolf Wolff: Der Weg zu den Ostjuden. In: JMTS 19 (1918), (Dezember), S. 19.

171 Berger: Deutsche Juden und polnische Juden (Anm. 158), S. 141.

jüdischen Volkes in Polen verstehen zu können glaubten, entstünden immer
wieder Mißverständnisse. Die ›Annektierung‹ der Ostjuden an die deutsch-
österreichische Judenheit zeugte keineswegs für Respekt vor der ostjüdischen
Eigenart. So macht Berger gerade bei denjenigen, die der Stammesgemein-
schaft zwischen Ost- und Westjuden das Wort redeten, eine tiefe Distanz und
Fremdheit gegenüber den ostjüdischen Brüdern aus. Dies wird auch im »Juden« bemerkt: »Auch diejenigen, die nun daran sind, den anderen, der großen
Menge, den Horror vor den polnischen Juden auszureden, sind zumeist selber
nicht frei von ihm.«[172]

Die »Jüdischen Monatshefte für Turnen und Sport« fassen die verschiedenen Ausgangspositionen aus ihrer Sicht zusammen: Die Orthodoxen sähen in
den Ostjuden vor allem weltabgewandte Talmud-Fanatiker; die Assimilierten
seien darauf bedacht, sich von den ostjüdischen Schnorrern zu distanzieren, die
Liberalen empfänden zwar Sympathie und genössen die Gemeinschaft mit
ihnen, seien aber nicht frei von Parvenugefühlen ihnen gegenüber. Der Jüdisch-Nationale schließlich müsse – auch wenn es ihm gelungen sei, auf »dem
[Weg] der Liebe [...] zu den Herzen der Ostjuden vorzustoßen«[173] – einsehen,
daß die Ostjuden nicht seinem im Westen entstandenen einheitlichen – und
meist idealisiertem – Bild entsprächen. In diesem Aspekt ist denn auch tatsächlich das wesentliche Moment der zionistisch-publizistischen Beschäftigung mit
den Ostjuden in diesen Jahren zu sehen: neben der Abgrenzung von der Assimilation drehten sich die Überlegungen, ob idealisierend oder kritisch, im
Kern um die Frage, inwieweit das Ostjudentum die zionistischen Zukunfts-
hoffnungen realisieren helfen würde.

Resümee

Es ist einigermaßen schwierig, ein eindeutiges Fazit der Debatten zur ›Ostjudenfrage‹ in den deutsch-jüdischen Periodika zu ziehen. So wurde die bemerkenswerte Fülle von Schriften und Aufsätzen zur ›Ostjudenfrage‹ bald selbst
zum Thema in dieser Debatte. Während Antisemiten und auch manche deutsche Juden aus dem radikal-assimilatorischen Lager eine Flut von ostjüdischen
Einwanderern auf Deutschland zukommen sahen, konstatierten nüchterne
Beobachter lediglich eine ›Hochflut‹ von Veröffentlichungen über die Ostjuden. Auch Aufsätze, die Fakten und Meinungen zum Thema beisteuern wollen,
beginnen damit, daß eine (über)große Zahl von Publikationen festgestellt wird,
meist verbunden mit der Bemerkung, daß »aus der gegenwärtigen Hochflut der
auf diesem Gebiete erscheinenden Literatur« unmöglich »eine halbwegs richtige [...] Erkenntnis vom Ostjudentum«[174] gewonnen werden könne. Siegmund
Kaznelson beklagt in der »Selbstwehr«, daß die Ostjuden nicht nur von den

---

[172] M.A.: Polnische Juden. In: J 1 (1916/1917), Nr 8, S. 561f., hier S. 561.
[173] Adolf Wolff: Der Weg zu den Ostjuden (Anm. 170), S. 17.
[174] F-g.: Zur ostjüdischen Frage. In: SW 10 (1916), Nr 27 (21. Juli), S. 1.

russischen Soldaten, sondern auch »von unverantwortlichen und im Grunde ganz teilnahmslosen Leuten, denen das Wildern in ihnen unbekannten Gebieten schon zur Gewohnheit geworden ist, durch den Blätterwald gehetzt« würden.[175]

Der Erste Weltkrieg wurde vom weitaus größten Teil der Juden in Deutschland, Österreich und der Schweiz als Chance begrüßt, sich als gute Patrioten zu beweisen, die die vollständige Gleichberechtigung verdienten. Nicht nur liberale und orthodoxe Juden, auch Zionisten wollten zeigen, daß sie ebenso gute Österreicher oder Deutsche waren wie ihre nichtjüdischen Landsleute. So sah es nach einem gewaltigen Assimilationsschub aus, die Zionisten schienen gewillt, die nationaljüdische Identität eher hintanzustellen, wie zumindest die liberale Presse angesichts der zionistischen Loyalitätsbekundungen zu Kriegsbeginn frohlockte. Daß allerdings die öffentliche Diskussion nicht eindeutig in eine assimilatorische Richtung ausschlug, ist besonders darauf zurückzuführen, daß aufgrund des Kriegsverlaufs die Beschäftigung mit den Ostjuden, die um die Jahrhundertwende eingesetzt hatte, nicht nur neu belebt, sondern aktueller denn je wurde. Deutsche Truppen ›entdeckten‹ die ostjüdischen Gemeinden in Polen und Rußland, österreichische Soldaten kamen zu den galizischen Juden, deren Flüchtlinge wiederum in den jüdischen Gemeinden der größeren österreichischen Städte um Aufnahme nachsuchten. In der österreichischen und Schweizer Presse wurde die Verbundenheit mit den Ostjuden als selbstverständlich hervorgehoben, woraus sich möglicherweise erklären läßt, daß Kritik in direkterer und schärferer Form artikuliert wurde als in den deutschen Zeitschriften (ausgenommen radikal-liberale). Die gefühlte enge Verwandtschaft berechtigte zu offenen Worten; in Österreich kam hinzu, daß keine nationale Grenze überschritten werden mußte, um Ostjuden zu entdecken. Andererseits war in Österreich die ›Bedrohung‹ der eigenen Identität größer und verschärfte die westjüdische Abwehrhaltung. Die Schweizer Presse betonte immer wieder den Zusammenhalt der internationalen Judenheit, woraus sich die Solidarität mit den Ostjuden als logische Konsequenz ergab.

Sander Gilman hat zu Recht darauf hingewiesen, daß die Transponierung des antisemitischen Stereotyps vom ›Juden‹ auf den ›Ostjuden‹ etwas mit der trotz Aufklärung und Emanzipation weiterhin prekären Stellung der Westjuden in der nichtjüdischen Mehrheitsgesellschaft zu tun hat: Man entlastete sich selbst vom Zwang, das Stereotyp als Selbstbild akzeptieren zu müssen, indem man es auf die ›Ostjuden‹ – jedenfalls deren nichtassimilierten Teil – projizierte.[176] Umgekehrt ist das um die Jahrhundertwende u. a. von Martin Buber entworfene positive Bild des ›Ostjuden‹ als des rabbinischen oder chassidischen Weisen ebenfalls nicht unabhängig vom negativen Stereotyp: Man sucht

---

175 Albrecht Hellmann (= Siegmund Kaznelson): Franz Blei und die polnischen Juden. In: SW 9 (1915), Nr 44 (26. November), S. 2–4, hier S. 2.

176 Sander Gilman: Die Wiederentdeckung der Ostjuden: Deutsche Juden im Osten, 1890–1918. In: Michael Brocke (Hg.): Beter und Rebellen. Aus 1000 Jahren Judentum in Polen. Frankfurt a.M.: Deutscher Koordinierungsrat der Gesellschaften für Christlich-Jüdische Zusammenarbeit 1983, S. 11–32, hier S. 15.

eine reine ethische Lebensform, die sich ungeachtet einer Realität von Armut und Schmutz offenbart, und konfrontiert diese mit der äußerlichen Sauberkeit, aber innerlichen Leere der westjüdischen Welt.[177] In beidem, so Gilman, zeige sich aus ostjüdischer Sicht die Überheblichkeit der deutschen Juden; im Spott über diese kategoriale Fixierung von funktionalisierten Bildern vermag der Ostjude seinerseits das Gefühl der Unsicherheit und Zukunftsangst zu kompensieren.[178] Dies ist ein düsteres Bild nicht gelungener Annäherung, dessen zumindest partielle Berechtigung durch die genauere Analyse des Diskurses bestätigt werden konnte. Vielleicht ist aber dennoch eine Einschränkung am Platz. Gilmans Thesen, die weit über die ›Ostjudenfrage‹ hinaus auf die generelle Konstatierung ›jüdischen Selbsthasses‹ abzielen, implizieren das prinzipiell unerreichbare Ideal symmetrischer Kommunikation, vor dessen Reinheit alle durch sprachliche und mentale Stereotype gekennzeichnete menschliche Kommunikation versagen muß. So sehr Vorsicht gegenüber positiven Konstrukten des ›Ostjuden‹ am Platz ist – bei negativen Stereotypen versteht sie sich von selbst –, so sehr ist hervorzuheben, daß die Bereitschaft, das Schicksal der Ostjuden als ureigene Angelegenheit zu betrachten, zunehmend den Tenor der Artikel aller Lager in den drei Ländern bestimmt. Prophetisch wirkt die an Martin Philippson gerichtete Frage im »Israelitischen Familienblatt«: »Laden wir nicht durch verallgemeinernde abfällige Urteile eine schwere Schuld auf uns, die sich noch einmal a n   d e r   g e s a m t e n   J u d e n h e i t   a l l e r   L ä n d e r bitter rächen kann?«[179] Ähnlich hatte auch Rapaport im »Jüdischen Jahrbuch für die Schweiz« gewarnt, daß aus den Verallgemeinerungen, die Westjuden bezüglich der Ostjuden produzierten, Nichtjuden ein ebenso verallgemeinerndes Urteil über die Juden generell ableiteten.[180] Wenn selbst in der anfangs so extrem ›westjüdisch‹ ausgerichteten »Allgemeinen Zeitung des Judentums« sich mit fortschreitendem Kriegsverlauf Beiträge mehren, die durch eine gewisse Sympathie für die Ostjuden gekennzeichnet sind, ist dies ein Zeichen, daß zumindest in der zweiten Hälfte des Ersten Weltkriegs sich Ernüchterung einstellt, was die eigene Stellung als Minderheit in der Gesellschaft angeht. Vielleicht waren viele Juden sensibler in bezug auf dieses Problem, als es sich dem synthetisierenden wissenschaftlichen Blick ex post darstellt. Freilich hat die beginnende Sensibilisierung nicht ausgereicht, um die Katastrophe zu verhindern, die ein Vierteljahrhundert später West- wie Ostjuden ohne jede Differenzierung ereilen sollte.

---

[177] Ebd., S. 22.
[178] Ebd., S. 29.
[179] N.N.: Die Ostjuden (Anm. 55), S. 1.
[180] Vgl. auch Moritz Bileski: Die deutschen Juden in der deutschen Politik. In: J 1 (1916/17), Nr 4, S. 212–232, der ›Unterscheidungskünsten‹ zwischen Ost- und Westjuden mit der Warnung entgegen trat, »die Solidarität mit den Ostjuden [werde] ihnen von außen klar gemacht werden.«

III
Drei Stimmen im Weltkrieg
Die »Jüdischen Monatshefte«, das »Jüdische Jahrbuch für die Schweiz« und »Die Wahrheit. Unabhängige Zeitschrift für jüdische Interessen«

Von Beate Wunsch

Der Erscheinungszeitraum der regional differenzierten, in ihrer orthodoxen Ausrichtung aber ähnlichen Periodika (1914–1921 für die »Jüdischen Monatshefte«, Frankfurt a.M.; 1916–1921 für das »Jahrbuch«, Luzern/Basel; 1885–1938 für »Die Wahrheit«, Wien) bietet eine vergleichende Analyse an. Dabei ist die unterschiedliche Erscheinungsweise zu berücksichtigen: Bedingt durch den längeren Publikationsrhythmus und die längere Vorbereitungszeit werden die Themen im »Jahrbuch« mit einer zeitlichen Distanz behandelt. Untersuchungsgegenstand sind vor diesem Hintergrund die Positionen zu Weltkrieg und Zionismus sowie Stellungnahmen zur eigenen Identität.

»Jüdische Monatshefte«

Daß der Weltkrieg in den »Jüdischen Monatsheften« als Herausforderung empfunden wurde, einen eigenen Standpunkt zu den Geschehnissen zu finden, macht Isaac Breuer gegen Ende 1915 anläßlich einer Rezension von Hermann Cohens »Deutschtum und Judentum« sehr deutlich:

> In den Schicksalsstunden des deutschen Volkes [...] hat es wohl kaum einen denkenden Juden in Deutschland gegeben, der sich nicht veranlasst gesehen hätte, seiner Doppelstellung als Jude und Deutscher nachzusinnen, sich endlich einmal oder wieder einmal klar zu machen, was ihm sein Judentum, was ihm sein Deutschtum, was ihm die Einheit beider bedeute [...][1]

Die Pole, zwischen denen man die eigene Identität zu fixieren hat, sind einerseits das ›deutsche Wesen‹ und die ›deutsche Kultur‹, mit denen Geschichte und ›tausendjährige Kulturwechselwirkung‹ verbinden, andererseits eine jüdische Nation, als deren Glied man sich fühlt. Breuer sieht die Harmonisierung des Gegensatzes in einer besonderen Beziehung zwischen der jüdischen und der deutschen Nation, die Vorbild des Völkerfriedens sei.[2] Er schreibt auch

---

[1] Von deutscher Zukunft, 1. Stück. Deutschtum und Judentum von Hermann Cohen [...]. In: JM 2 (1915), Nr 10, S. 341–352, hier S. 342.

[2] Noch drei Jahre später formuliert Raphael Breuer im Zusammenhang mit Hochzeitsreisen, die durch den Krieg erschwert sind: »Das deutsche Volk, die Juden unter den

den Juden in anderen Ländern eine besondere Bindung an das Deutschtum zu, die zwar erlaube, daß sie als Bürger Englands, Frankreichs oder Rußlands pflichtbewußt kämpfen, nicht aber, daß sie den deutschen Feind hassen.

In einer namentlich nicht gezeichneten Vorbemerkung zur ersten Ausgabe nach Kriegsbeginn heißt es ebenso programmatisch wie pathetisch:[3] »Das alte Prophetenwort hat sich erfüllt. Wieder einmal schreitet der Allmächtige gewaltigen Schrittes durch die Welt. Da schwindet der Sinn für den Alltag.« Auf dieser religiösen Ebene wird die Frage nach politischen Hintergründen überflüssig; Anlaß und Ursachen des Weltkriegs werden nicht erwähnt. Diese Tendenz zur politischen Abstinenz wird in den »Monatsheften« der folgenden Zeit immer wieder offenbar, sei es dadurch, daß dem Krieg durch den Bezug auf Gott ein Sinn gegeben wird, sei es durch die Forderung, ›jüdische Politik‹ zu meiden und sich auf das ›Lernen‹ zurückzuziehen. Explizit wird in der Einleitung ein innerjüdischer ›Burgfrieden‹ gefordert; angesichts des Kriegs soll das Trennende vergessen werden. Die Beiträge dieses Heftes sollen »zeigen, welchen Standpunkt die jüdische Weltanschauung zur Gegenwart einnimmt, was sie für ihre Ideale, für das Glück der Menschheit, auch in diesen bewegten Stunden träumt und hofft.«

Das deutsche Vaterland – »Wir« – Feindbilder

Der erste von insgesamt sieben auf den Krieg bezogenen Beiträgen in dieser Oktoberausgabe des Jahres 1914 stammt von dem Herausgeber Pinchas Kohn.[4] Sähe man seinen Artikel als repräsentativ an, so wäre die jüdische Weltanschauung in Deutschland um 1914 vornehmlich auf das »Vaterland« gerichtet: Der Begriff wird mit ›Pflicht‹, ›Leistung‹, ›Adel‹ und ›Dienst für die vaterländische Gemeinschaft‹ verknüpft. Wie nebenbei wird von ›Vaterland‹ der Begriff des ›Mutterlands‹ abgegrenzt, der von ›Abstammung‹ oder ›Herkunft‹ geprägt werde. Das Vaterland wäre demnach durch aktives Bemühen zu erringen; das Mutterland fällt einem passiv zu. Hier klingt die unter den deutschen Juden zu Kriegsbeginn weitverbreitete Hoffnung an, durch den Militärdienst jeden Zweifel an der Loyalität gegenüber Deutschland zu zerstreuen und endlich auch gesellschaftlich als gleichberechtigte Bürger anerkannt zu werden. Das Bekenntnis zur Vaterlandsliebe wird bekräftigt durch die Behauptung, in Deutschland, in ›unserer Heimat‹ – dies wird ganz allgemein, nicht auf die Judenheit bezogen formuliert – sei die Treue zum Vaterland durch eine besondere Beziehung zu Gott besonders stark. Siegen wird das Land, in dem die Vaterlandsliebe am stärksten ist – Deutschland. Kein anderes Land wird erwähnt; feindliche Staaten erscheinen nur am Rande als »andere«, über die man

---

Völkern, ist in sein deutsches Ghetto gesperrt.« R[aphael] B[reuer]: Lehrsätze für
   Trauernde. In: JM 5 (1918), Nr 3/4, S. 86–110, hier S. 91.
[3] Vorbemerkung. In: JM 1 (1914), Nr 10, S. 343.
[4] P[inchas] K[ohn]: Vaterland. In: JM 1 (1914), Nr 10, S. 343.

nicht »richten und nicht rechten« will. Der aus elf Sätzen bestehende Text verwendet ›Vaterland‹ und verwandte Begriffe sechsmal.

Im gleichen Heft betont ein Artikel Isaac Breuers den Charakter des ›Frie-
denskriegs‹, der das deutsche Volk moralisch legitimiere. Hier erfolgt eine
Abgrenzung von den französischen Gegnern, die allerdings lediglich als die
›Enkel‹ Rousseaus und Voltaires erscheinen. Das ›wir‹ des Artikels ist als das
von ›uns Deutschen‹ zu fassen, des ›Volks der Dichter und Denker‹, Kants und
Goethes. Diese Bestimmung des ›wir‹ erhält einen Zusatz: Wie selbstverständlich werden Moses und die Propheten als Bürgen des »sittlichen Bewusst-
seins« neben Kant und Goethe gestellt.[5] Hinweise auf das Judentum des ›wir‹
haben auch im vorhergehenden Text Kohns lediglich die Anspielung auf einen
Propheten und ein Zitat in hebräischer Schrift gegeben. Daß Breuer die Anspielung auf den Propheten nicht näher ausführt und von der Kenntnis des
Hebräischen ausgeht, erlaubt jedoch die These, daß zumindest im Autor-Leser-
Bezug das ›wir‹ als (orthodox) jüdisch vorausgesetzt wird.

Zu diesem Zeitpunkt versteht Raphael Breuer das ›wir‹ als den ›jüdischen
Kreis‹, als »die jüdische Glaubensgesellschaft«,[6] die über biblische Schriften,
den Glauben und den Sinn für ›geschichtliches Werden‹ und für die »Gottesof-
fenbarung« eine Position zum Krieg einnimmt; kurz, als die orthodoxe Gruppe, der Breuer selbst angehört. Der ›jüdische Kreis‹ wird nach außen abstrakt
abgegrenzt gegen die Ungläubigen, materialistisch Gesinnten, die gegenwarts-
bezogen leben und nur wegen der Toten und der materiellen Verluste trauern.
Der Gläubige empfindet darüber hinaus tieferen Schrecken über «ein Tribunal
des göttlichen Weltgeistes«.[7] Legitimiert wird der Krieg als ›unentbehrlich‹ für
das Bewußtsein der Menschheit. So hat der jetzige Krieg die »Phrasen, die sich
um den Begriff ›westliche Kultur‹ gruppieren«, genauso entlarvt wie den Begriff der ›Rasse‹. Da »Slaven gegen Slaven, Germanen gegen Germanen
kämpfen«, bleibt vom Begriff der ›Rasse‹ nur »die blutige Scham, die jüdische
Glaubensgesellschaft ihrer Rasse wegen bekämpft zu haben.«[8] Besonders
charakteristisch für diese frühe Kriegsphase ist, daß der Begriff ›Volk‹ in Verbindung mit Judentum nur in historischer Retrospektive, bezogen auf das biblische Judentum, benutzt wird. Fast durchgehend gibt es in diesem Text einerseits ›die Welt‹,[9] andererseits, sowohl inbegriffen als auch durch ›eigene Gedanken‹ und Weltanschauung herausgehoben, die jüdische Glaubensgemeinschaft. Nur in einem Ausnahmefall weicht Breuer hiervon ab und wird patrio-
tisch-konkret: Der Weltkrieg habe den ›geldgierigen Engländer‹, den ›rach-

---

[5] Isaac Breuer: Der Friedenskrieg. In: JM 1 (1914) Nr 10, S. 345–347, hier S. 347
[6] R[aphael] B[reuer]: Der Krieg und wir. In: JM 1 (1914), Nr 10, S. 348–351, hier
S. 348.
[7] Ebd., S. 349.
[8] Ebd., S. 350.
[9] Beschrieben als die Welt, die »sich in einem Gefühl des Schreckens« zusammenfin-
det, als »Weltlauf«, »Weltendonnergrollen«, »Weltbrand« oder als »die Menschen«,
»Menschheit« oder »Menschentum«.

süchtigen Franzosen‹ und den ›betrunkenen Russen‹ demaskiert. Die Vermei-
dung von Überlegungen zu ›Diplomatie‹ und ›Strategie‹ ist ebenso charakteristisch wie die Tatsache,[10] daß in den »Jüdischen Monatsheften«, sofern überhaupt durch die Benennung von Feinden die politische Situation ins Auge
gefaßt wird, das französische Feindbild weiter ausgemalt erscheint, und zwar
immer auf religiös-sittlicher Grundlage:

> Erzählt ihnen [den jüdischen Frauen] von dem Wurmfrass, der am Volkskörper
> Frankreichs nagt; von dem unsittlichen Geist des Ehelebens, den französische Entar-
> tung auch in unser deutsches Vaterland verpflanzte. Sagt ihnen, daß ein Volk verlo-
> ren ist, dessen Frauen Kinderreichtum als eine Last verfluchen.[11]

Kohns Interpretation des Kriegs als Rache der getöteten Ungeborenen ruft das in
Breuers Artikel entworfene Feindbild der Franzosen als ›Kinderhasser‹ in Erinnerung,[12] ohne die Franzosen selbst zu nennen. Er entwirft gleichzeitig ein positives Gegenbild der Deutschen, die »den Kindersegen noch immer als Segen«
empfinden. Der Tod ihrer Soldaten enthalte »für die Welt im ganzen eine süh-
nende, reinigende Kraft«. Die Tendenz, die im folgenden Jahrgang genauso
nachzuweisen ist, wird sehr deutlich: »Jüdische Religiosität und deutscher Patriotismus« stehen gemeinsam »französischer Sittenfäulnis« gegenüber.[13]

Deutsche Sprache und Kultur

Ein weiteres Gegensatzpaar variiert das Selbstbild als deutsche orthodoxe
Juden: Auf der einen Seite steht der französische Einfluß, der für die Anfänge
des gegnerischen deutschen Reformjudentums verantwortlich gemacht wird; auf
der anderen der deutsche Geist und die ›geliebte‹ deutsche Sprache, in der allein
man »richtig lernen und disputieren« und damit orthodoxe Werte vertreten kann.

> Es hat sicherlich seinen Grund in der Urverfassung des deutschen Geistes, wenn für
> unser Gefühl die keusche Reinheit des Thorawortes sich keiner Sprache so unge-
> zwungen anschmiegt wie der deutschen. Vielleicht ist es das deutsche Streben nach
> Verinnerlichung, nach romantischer Beseelung auch des Leblosen, der deutsche
> Hang zum Grübeln und Brüten, der Ernst des deutschen Forschungstriebes, der
> deutsche Fleiss, die deutsche Pedanterie, die behagliche Schlafmütze des deutschen
> Michel im Gegensatz zur Jakobinermütze des Franzosen, vielleicht sind es blos die
> geschichtlichen Schicksale der deutschen Juden, die sie mit besonderer Innigkeit an
> die ja auch vom Blute i h r e r Ahnen gedüngte deutsche Erde knüpfen und zu-
> gleich mit Heimatsinn Liebe zu deutschem Geist und Wort erzeugen, es steht nun
> einmal fest, und wir empfinden es zur Zeit, wo Deutschland um seine Existenz

---

[10] P[inchas] K[ohn]: Gibt es noch Balsam in Gilead? In: JM 1 (1914), Nr 12, S. 411–
417.

[11] R[aphael] B[reuer]: Feldpredigt an die Zuhausgebliebenen. In: JM 1 (1914), Nr 10,
S. 356–359, S. 358f.

[12] Vgl. P[inchas] K[ohn]: Gibt es noch Balsam in Gilead? (Anm. 10), S. 411–417, hier
S. 413.

[13] Isaac Breuer: Der Friedenskrieg (Anm. 5), S. 359.

kämpft, in gesteigerter Wärme, welch eine Fülle von sittlichen Werten mit dem Aufhören des deutschen Welteinflusses unterbunden würde, und dass in einem Augenblick, als unser Kaiser das Zeichen zum Kriege gab, auch eine Schicksalsstunde unseres religiösen Lebens schlug. [14]

Problematischer erscheint allerdings das Verhältnis zur deutschen Sprache, wenn es nicht darum geht, sich von Frankreich, sondern von Reformbewegung und Zionismus als Gegnern der Orthodoxie abzugrenzen. Raphael Breuer versucht,[15] gegen die Tendenz zur Verdrängung der heiligen Sprache im Alltag einen Platz zuzuweisen, der ihr angemessen ist; sie soll also auch nicht, wie bei den Zionisten, als nationale Sprache neben anderen mißbraucht werden. Damit nämlich sei bewiesen, daß die Zionisten ebenfalls Assimilanten sind, die sich an Begriffen der europäischen Geschichte, nicht am jüdischen Verständnis orientieren. Eine Distanz zum Deutschen schwingt mit, wenn erklärt wird, die liberalen Richtlinien der Reformbewegung zeigten durch die deutsche Sprache den Geist,»den sie begreifen, dem sie entstammen. Wie eine diabolische Maske stünde ihnen das Hebräische zu Gesicht.« Wie schwierig es war, zwischen diesen Polen den eigenen Standpunkt für die Praxis festzulegen, wird an den teils negativ formulierten, teils dehnbaren Bestimmungen offenbar: In der Erziehung soll das Hebräische ›geistiges Bindemittel‹ sein. Hebräisch- und Thorakenntnisse dürfen nicht voneinander getrennt sein; es soll aber keine Vorrangstellung des Hebräischen in der Erziehung geben. Auch im Gottesdienst soll Hebräisch nur das Mittel sein, um Gedanken der Thora nahezubringen.

›Judenzählung‹

Anfang 1917 reagieren die »Monatshefte« auf die ›Judenzählung‹ im Oktober 1916.[16] Um Tapferkeit und Opferwillen der heutigen deutschen Juden an der Front zu illustrieren, kontrastiert Breuer sie mit der Ängstlichkeit des Nasenstern aus Heines ›Rabbi von Bacherach‹. Er betont besonders den Abstand, den heutige Juden zu der von Heine beschriebenen Situation haben, so daß »wir uns heute gar nicht mehr recht in die Stimmungen der Judengasse hineinversetzen können«, die durch ›Scheu‹, ›Fremdheit‹ und Angst gekennzeichnet werden. Diese Gefühle seien so stark gewesen, daß es angesichts der ausbleibenden gesellschaftlichen Emanzipation verständlich sei, wenn sie nur nach langer Zeit überwunden werden konnten. Nach Ansicht des Verfassers ging die Assimilation jedoch so weit, daß die Mehrzahl mit dem Judentum gebrochen habe. Trotz dieser Tatsache, trotz der vielen Opfer und der den jüdischen Soldaten gezollten militärischen Anerkennung, trotz der gegenseitigen Annäherung im gemeinsamen Leiden sei nun »der Gedanke der Judenzählung wie eine feindliche Bombe in die Judenschaft« geplatzt.

---

[14] X: Der Geist vom Westen. In: JM 2 (1915), Nr 4, S. 158–160.
[15] R[aphael] B[reuer]: Das Hebräische. In: JM 1 (1914), Nr 6, S. 211–217, hier S. 217.
[16] R[aphael] B[reuer]: Nasenstern. In: JM 4 (1917), Nr 2, S. 52–59.

Die Juden drücken sich, hiess es auf einmal, und die Gerechtigkeit verlangt statistisch zu erkunden, wie viel tapfere Davids und wie viel furchtsame Nasensterns die
deutsche Armee umschliesse. Da wurden jüdische Briefe von der Front geschrieben,
die zu Thränen rühren konnten [...][17]

Breuers Fazit ist eine Verteidigung des Patriotismus der deutschen Juden und
zugleich eine Kritik an übertriebener Assimilation. Die ›Judenzählung‹ ist für
ihn weniger Anlaß, sich mit der vorangegangenen antisemitischen Propaganda
zu befassen (eine ›gute‹ Absicht des Kriegsministeriums wird sogar vorausgesetzt), als vielmehr, zumindest implizit, innerhalb des Judentums in Frage zu
stellen, ob mit dem Verlust des aus orthodoxer Sicht ›eigentlichen‹ jüdischen
Lebens die nun offensichtlich fehlende Anerkennung als »gute Deutsche«
nicht zu teuer bezahlt ist. Die ›Schuld‹ wird innerhalb des Judentums gesucht.

Weltgeschichtliche Bedeutung des Judentums

Wenn Raphael Breuer 1918 beschreibt,[18] wie die Haltung von »uns Juden«
angesichts des Kriegsgeschehens sein sollte, argumentiert er wiederum auf
einer Ebene, die konkrete politische Ereignisse nicht berührt. Es sind auch
nicht die Juden in einem bestimmten Land angesprochen; eine Tendenz, die
unterschwellig schon in den vorangegangenen Kriegsjahren in den »Monatsheften« festzustellen war, jetzt jedoch deutlicher wird. Das ›Wir‹ ist das Gottesvolk,
das seine »weltgeschichtliche Bedeutung« verfehlt habe, weil »die Welt eine
Kriegswelt war«, weil Gott zu wenig anerkannt sei und weil der Krieg die
Frömmigkeit nicht gestärkt habe. Eine positive Formulierung gibt Breuer der
weltgeschichtlichen Bedeutung des Judentums und damit auch der Selbstbestimmung des ›Wir‹,[19] wenn er den Völkerbundgedanken als ursprünglich religiösen Gedanken auf jüdische Propheten zurückführt. Die jüdische Tugend sei
als Quelle christlicher Tugend im Bewußtsein der Menschheit wenig verankert.

Bilanz nach dem Krieg

Während in den zuletzt referierten Artikeln Deutschland und das Verhältnis zu
Deutschland deutlich außer Sicht geraten ist, beschäftigt sich Pinchas Kohn
mit der Situation und Zukunft Deutschlands nach den Friedensbedingungen
des Versailler Vertrags.[20] Neben dem distanzierten, gleichsam anonymen
Standpunkt ist das Bemerkenswerteste an diesem Text, daß die Begriffe ›jüdisch‹ oder ›Judentum‹ nicht genannt werden; das sonst übliche ›wir‹, das für
die gesetzestreuen Juden steht, taucht nur zweimal auf, ohne näher expliziert

---

[17] Ebd., S. 55f.
[18] R[aphael] B[reuer]: Dritte Feldpredigt an die Zuhausgebliebenen. In: JM 5 (1918),
Nr 7/8, S. 184–189, hier S. 186.
[19] R[aphael] B[reuer]: Völkerbund. In: JM 5 (1918), Nr 12, S. 337–341.
[20] P[inchas] K[ohn]: Deutschlands Golah. In: JM 6 (1919), Nr 7/8, S. 125–147.

zu werden. Der Bezug zum Judentum wird auf andere Weise hergestellt: Das deutsche Volk ist zu einer ›Golah‹ geworden. Da kriegerischer Widerstand sinnlos geworden ist, muß Deutschland seiner ›Golahaufgabe‹ mit neuen Werten wie ›sozialer Gerechtigkeit‹, geistiger Freiheit und Minoritätenschutz entsprechen.

Im folgenden Heft werden erstmals innerhalb eines Textes das ›deutsche Volk‹ und das ›jüdische Volk‹ als zwei Einheiten nebeneinander gestellt.[21] Beide stehen vor der Katastrophe und »einem jähen Abgrund«. Als Angehörige des jüdischen Volks, dessen düstere Lage geschildert wird, werden mit offensichtlicher Anteilnahme das Ostjudentum und die ungarischen Juden explizit genannt, aber auch die Juden in Palästina.

Hatte man also zu Beginn des Krieges allein dem deutschen Volk die Treue versprochen, so steht nach Kriegsende das jüdische Volk neben dem deutschen. Diese Entwicklung hat eine Parallele in den Stellungnahmen zur ›jüdischen Nation‹ und zu Palästina.

Die jüdische Nation – Palästina

1915 verbindet Raphael Breuer in einem Rückblick auf das vergangene Kriegsjahr »Palästinaliebe« mit einem deutsch-patriotischen Bekenntnis.[22] Wichtig ist dem Verfasser die Versicherung, daß die Palästinaliebe »religiöse Andacht mit patriotischer Treue« vereint, da das »Banner einer uns befreundeten Macht« Palästina schützt. Er bleibt also ganz auf der Linie der Texte, in denen jüdische Religiosität mit deutschem Patriotismus harmonisiert werden soll. Palästina wird umschrieben als der Ort der »stolzen Erinnerungen unserer Vergangenheit«. Zu dieser eher unverbindlichen Liebe zu Palästina paßt die ablehnende Haltung der orthodoxen Zeitschrift zur zionistischen Bewegung, die sich zum Beispiel in Raphael Breuers zwei Jahre später publizierten Bilanz ›Zwanzig Jahre Zionismus‹ zeigt.[23] Die nach seiner Darstellung wesentlichen Kritikpunkte am zionistischen Programm sind die folgenden: Der Zionismus habe sich in den zwanzig Jahren kaum verändert und die neue Lage nach dem Beginn des Weltkriegs nicht erkannt. »Damals konnte man sich noch in die Lebensfähigkeit eines nach europäischem Muster entworfenen Judenstaates hineinträumen.« Die Vorbilder anderer heutiger Kleinstaaten seien abschreckend. Der Zionismus habe unter ›Lösung der Judenfrage‹ die Beschäftigung mit der materiellen Not, nicht aber »die Not des Judentums, der jüdischen Kultur« verstanden.[24] Der jüdische Volkscharakter, den der Zionismus ja besonders als von anderen unterschieden annehmen muß, könne sich doch da-

---

[21] N.N.: Zum Jahreswechsel. In: JM 6 (1919), Nr 9/10, S. 195f., hier S. 195.

[22] R[aphael] B[reuer]: Zweite Feldpredigt an die Zuhausgebliebenen. In: JM 2 (1915), Nr 8/9, S. 274–277, hier S. 275.

[23] R[aphael] B[reuer]: Zwanzig Jahre Zionismus. In: JM 4 (1917), Nr 4, S. 97/9–115 (die Seiten 97 und 98 sind doppelt gezählt)), hier S. 98f.

[24] Ebd., S. 101.

durch auszeichnen, daß er die »centrale Stellung des Nationalismus als unvereinbar mit den Grundlagen der ›jüdischen Kultur‹« ablehnt.[25] Demgegenüber habe der Zionismus sich von der Umwelt einen neuen Begriff einer jüdischen Kultur und den eines jüdischen Nationalismus »abgelauscht«. Wie in seinem Artikel über das Hebräische weist Raphael Breuer auch hier auf assimilatorische Elemente des Zionismus hin. Der Zionismus wolle »das persönliche jüdische Individualitätsproblem« nicht lösen, sondern programmatisch verschärfen.[26] Um hier zu widersprechen, verteidigt Breuer die Natürlichkeit der Assimilation, was wiederum zeigt, wie schwierig es für die Orthodoxie war, zwischen Reformbewegung und Zionismus eine stringente eigene Haltung festzulegen: Die festgesetzten Gedenk- und Trauertage hätten keinen Sinn,

> [...] wenn das jüdische Religionsgesetz nicht voraussetzen würde, daß einmal Zeiten und Menschen kommen werden, die unter Daseinsbedingungen leben werden, die den persönlichen Schmerz über das Aufhören der jüdischen Nationalität zu tilgen vermöchten, und die daher, um sie vor dem Untergehen im Gegenwartsleben zu bewahren, im Zusammenhang mit der Vergangenheit und Zukunft ihres Volkes erhalten werden müssen.[27]

Der Zionismus verleugne die »Galuthgeschichte«, wozu auch der Talmud und, als Symbol des natürlichen Zusammenwachsens mit der deutschen Umwelt, die jiddische Sprache gehören.

Im folgenden Jahr wehrt sich die Zeitschrift gegen das Gerücht, gesetzestreues Judentum und Zionismus näherten sich einander an.[28] Die hier entworfene Perspektive einer neuen Frontbildung zwischen den Gesetzestreuen und der Neologie ›im Gewand‹ des Zionismus, während der neologe Liberalismus unbedeutend werden würde, zeigt den Versuch, der prekären Stellung zwischen Reformbewegung und Zionismus auszuweichen. Als Beispiel wird Polen genannt, wo die Neologie als solche keine Chance habe und sich daher unter ›politisch-nationaler Schminke‹ verstecke. Auch im Heiligen Land stehe nach dem Weltkrieg eine große Auseinandersetzung zwischen der Orthodoxie und dem politisch-nationalen Zionismus bevor, der mit Religionslosigkeit gleichgesetzt wird.

Im Herbst 1918 wird unter der Überschrift ›Palästina‹ die »weltgeschichtliche Entwicklung« kommentiert.[29] Im Blickpunkt steht die Sorge um Deutschland und insbesondere der Zusammenbruch der Balkanfront; daraus wird dann das Thema ›Palästina‹ entwickelt. Das einleitende Bekenntnis zu Deutschland hat nur noch den Charakter einer Floskel. Das ›wir‹ setzt sich ab von zionistischen ›Politikern‹, die die religiöse Seite vernachlässigen. Der richtige Weg für die Zukunft Palästinas sei der einer orthodoxen Delegation beim türkischen

---

[25] Ebd., S. 102.
[26] Ebd., S. 108.
[27] Ebd., S. 110f.
[28] N.N.: Chronik. Zur Lage. In: JM 5 (1918), Nr 5, S. 147f.
[29] N.N.: Palästina. In: JM 5 (1918), Nr 9, S. 245–251, hier S. 245.

Großwesir,[30] der in einer von den Zionisten ignorierten Erklärung zwar das jüdische ›Volk‹ als ›Nation‹ anerkennt, sich jedoch nur für ein ›jüdisches religiöses Zentrum in Palästina‹ ausspricht. Nach Meinung des Autors hat der Großwesir »in der orthodoxen Delegation eine Vertretung des historischen Gesamtjudentums« gefunden.[31] Insgesamt zieht der Verfasser aus dem Erfolg in Konstantinopel die Gewißheit, daß der Weg der Orthodoxie, sich als legitime Vertreter der historischen Nation zu betrachten und sich von anderen Gruppen abzugrenzen, der richtige sei.

Gegen Ende des Jahres 1918 wird angesichts der Revolution in Teilen Europas angemahnt,[32] der Tradition entsprechend zurückhaltend zu bleiben. Richtig sei, zurückgezogen über die Aufgaben als Juden nachzudenken. Dazu gehöre einerseits, daß die Orthodoxie ihre Gemeinden und Schulen verteidige und stärke, andererseits, daß sie ihre Position im Heiligen Land vertrete. Trotz der grundsätzlichen Ablehnung des Zionismus – Judentum und Zionismus werden als Gegensatz hingestellt – sieht man sich durch die Tatsachen doch herausgefordert, in Verhandlungen zur Palästinapolitik mitzusprechen und zur Übersiedlung aufzufordern.

Raphael Breuer diskutiert den Begriff der jüdischen Nation im Zusammenhang mit egoistischen Kriegsgewinnlern.[33] Der Artikel ist eindeutig eine Reaktion auf antisemitische Propaganda, schiebt die Verantwortung aber auf diejenigen Juden, die sich auf unlautere Weise bereichern und geächtet bzw. ausgeschlossen werden sollten. Der heute unter Juden vieldiskutierte ›nationale Stolz‹ solle mehr mit dem Stammvater Abraham in Verbindung gebracht werden und mit den »moralischen Verpflichtungen [...], die uns diese Abstammung auferlegt«. »Man ist doch schließlich kein Jude zu dem bloßen Zweck, Palästina zu erobern und sich daselbst vor dem europäischen Antisemitismus in Sicherheit zu bringen.« Judentum solle sich nicht politisch, sondern moralisch-religiös bestimmen.

Insgesamt symptomatisch für die Haltung der »Monatshefte« zur Debatte um Nation und Palästina ist Isaac Breuers Position:[34] Weil der ›Nationalcharakter‹ der Juden im ›Tageskampf‹ zum ›Gassengespräch‹ geworden sei, sei die gesetzestreue Partei zu der Peinlichkeit gezwungen, »den Schleier vor dem tiefsten Geheimnis des Judentums lüften« zu müssen. Sie müsse »das Wesen der jüdischen Nation – dem Zionismus nur das gewissermaßen neutrale Gefäß

---

30 Als Mitglieder dieser Delegation werden genannt: Dr. Moses Auerbach, Köln, Dr. Isaac Breuer, Frankfurt am Main, Rabb. Horovicz, Jerusalem, Leopold Permutter, Konstantinopel, Jakob Rosenheim, Frankfurt am Main.

31 Ebd., S. 248. Als Mitglieder dieser Delegation werden genannt: Dr. Moses Auerbach, Köln, Dr. Isaac Breuer, Frankfurt am Main, Rabb. Horovicz, Jerusalem, Leopold Permutter, Konstantinopel, Jakob Rosenheim, Frankfurt am Main.

32 N.N.: Chronik. Zur Lage. In: JM 5 (1918), Nr 10/11, S. 334–336.

33 R[aphael] B[reuer]: Etwas für Kriegs- und Revolutionsgewinnler. In: JM 7 (1920), Nr 11/12, S. 264–269, hier S. 266f.

34 Isaac Breuer: Der deutsche Judenkongress. In: JM 6 (1919), Nr 1/2, S. 6–9, hier S. 8.

für das Schaffen des jüdischen Genius in all seiner Mannigfaltigkeit – [...] als unmittelbares Schöpferwerk des dreimal heiligen Gottes, als heilige Form heiligen Inhalts bekennen«, um sich so völlig vom Zionismus zu distanzieren.

Konkret zeigt sich dieser ›Zwang‹ zum Diskurs in den untersuchten Jahrgängen der »Monatshefte« darin, daß sich der thematische Schwerpunkt bei näherem Hinsehen sehr deutlich verschiebt. Das Verhältnis der deutschen Juden zu ›deutschem Volk‹ und ›Vaterland‹ gerät mehr und mehr aus dem Blickfeld; die Diskussion der ›jüdischen Nation‹ nimmt immer größeren Raum ein. Dies zeigt, daß auch die orthodoxen »Monatshefte« bei grundsätzlich und mehrfach ausgesprochener Ablehnung des Zionismus nicht an seiner zunehmenden Bedeutung vorbeikommen und sich in der Praxis gezwungen sehen, Einfluß auf die Gestaltung des zukünftigen Palästinas zu nehmen.

»Jüdisches Jahrbuch für die Schweiz«

Programmatisches

Zweimal wird in den »Jüdischen Monatsheften« eine lobende Kurzrezension zum »Jüdischen Jahrbuch für die Schweiz« abgedruckt:[35]

> Mit seinem reichhaltigen Stoff reiht sich dieses Jahrbuch seinem Vorgänger würdig an. Wenn das jüdische Leben der Schweiz ebenso reichhaltig ist, wie der Kalender, der dieses Leben widerspiegeln soll, dann ist die Schweiz nicht nur ihrer Neutralität, sondern auch ihres Judentums wegen zu beneiden.[36]

Obwohl diese Würdigung Ausdruck geistiger Nähe ist, gibt sich das Jahrbuch nicht unbedingt als Medium einer orthodoxen Richtung. Vielmehr scheint es so angelegt zu sein, möglichst viele Juden der Schweiz ansprechen zu können,[37] was sich auch in der inhaltlichen Vielfalt, den informativ-praktischen, religiösen und feuilletonistisch-literarischen Themen zeigt. Das »Jahrbuch« versuche, parteilos zu sein und erfahre daher »von rechts und links« Schwierigkeiten.[38]

---

35 Jeweils von einem ungenannten Verfasser; in: JM 4 (1917), Nr 10, S. 317 für den Jahrgang 1917–18 und in: JM 7 (1920), Nr 3/4, S. 96 für den Jahrgang 1919–20 des Jahrbuchs.

36 N.N.: Literarisches. Jüdisches Jahrbuch für die Schweiz. In: JM 4 (1917), Nr 10, S. 317.

37 Dies wird im zweiten Jahrgang des Jahrbuchs im Zusammenhang mit einer Rezension Ludwig Geigers bestätigt, der in der »Allgemeinen Zeitung des Judentums« vermutete, »dass das beachtenswerte Jahrbuch von der strenggläubigen Partei ausgehe, dass diese Tendenz aber nie abstossend hervortrete. Damit hat der Rezensent richtig herausgefühlt, was wir sollen und was wir nicht wollen.« N.N.: Das Jahrbuch und die Kritik. In: JJS 2 (1917/18), S. 5–10, hier S. 6.

38 N.N.: Rückblick auf das Jahr 5680. In: JJS 5 (1920/21), S. 21–39, hier S. 38.

Das Geleitwort des ersten Bandes nennt als Programm vor allem die »jüdische Volksbelehrung« gerade auch in Kriegszeiten.[39] Durch Volkstümlichkeit will es »wieder echte, unverfälschte Liebe« zum Judentum hervorrufen. Adressaten sind ausdrücklich die Juden in der Schweiz, in »unserem Land«, dem ein »Sonnenstrahl göttlicher Gnade« zuteil werde. Drei Jahre später hat das nur in den Formulierungen abweichende Geleitwort für den vierten Jahrgang einen Zusatz bekommen:[40]

> Eine Stätte soll aber das Jahrbuch auch sein, wo die tiefe und heilige Sehnsucht nach Zion zu Wort kommt und gezeigt wird, wie von hier aus die geistigen Brücken nach dem Lande der Väter geschlagen werden können, wo die starken Wurzeln unserer Kraft ruhen.

Dies zeigt schon, daß die in den »Monatsheften« beobachtete Wendung zur Diskussion des Zionismus auch im »Jahrbuch« zu verfolgen ist – hier ist sie jedoch eine Wendung hin zum Zionismus selbst.

›Wir Juden in der Schweiz‹ – Neutralität im Krieg

Die integrative Tendenz in der Programmatik macht sich auch im ersten Kommentar von W. M. Rapaport zu den Kriegsfolgen bemerkbar.[41] Im Widerspruch zu Pressetexten, die eine Trennung von West- und Ostjuden feststellen, wird hier die Einheit des Judentums und das Streben nach Nivellierung von Unterschieden beschworen. Rapaport gibt zwar zu, daß der Krieg das jüdische Leben tief betroffen habe,[42] nicht jedoch ›das Judentum‹. Die neuen zahlreichen Berührungspunkte zwischen Osten und Westen hätten dazu geführt, daß nicht mehr nur Gedankenaustausch über das »gemeinsame, allen heilige und alle heiligende, uralte Gesamtjudentum« stattfinde,[43] sondern daß man das Unterscheidende übermäßig stark wahrnehme. Die neue Unterscheidung zwischen Ost- und Westjuden könne aber von Nichtjuden nicht nachvollzogen werden, weil es sie so scharf nicht gebe. Das Vorurteil der Westjuden werde nun von den Nichtjuden zu Vorurteilen über die Juden verallgemeinert. Tatsächlich festzustellende Unterschiede seien von Milieu und materiellen Verhältnissen abhängig und beträfen das Individuum, nicht die Gemeinschaft. Das Judentum sei an keinen Staat und kein Gebiet gebunden; unterschiedlich intensive religiöse Praxis, der jiddische ›Dialekt‹ oder größere und geringere Hebräisch- und Literaturkenntnisse könnten nicht als Unterscheidungsmerkmal anerkannt werden.

---

[39] Red.: Zum Geleit. In: JJS [1] (1916/17), S. 5.

[40] Red.: Zum Geleit. In: JJS 4 (1919/20), S. 5.

[41] W.M. Rapaport: Ostjudentum – Westjudentum. In: JJS [1] (1916/17), S. 76–85.

[42] »Er hat die Juden als Einzelmenschen in alle Armeen aller kriegführenden Nationen einbezogen; ja, noch mehr, die Gegenden, wo das Gros der Juden wohnt, sind vom Kriege zu Schlachtfeldern gemacht worden, und so sind jetzt die Juden zu den grössten passiven Leidtragenden dieses Krieges geworden.« Ebd., S. 77f.

[43] Ebd., S. 79.

Zu der harmonisierenden, nivellierenden Tendenz im oben angeführten Artikel von Rapaport paßt, daß ›Wir Juden in der Schweiz‹ einerseits die Neutralität der Schweiz feiern,[44] andererseits aber als Wohltäter für die notleidende Judenheit auftreten können, ohne staatliche Interessen zu verletzen.

> Zwar wollte es anfänglich scheinen, als fände dieser [Hilferuf] eine geteilte Aufnahme bei den Juden der Schweiz, weil stets zuerst untersucht wurde, woher er komme: ob von 'Freund' oder 'Feind'. Doch, als dann alle jüdischen Wehrufe ihre Ursprungszeugnisse beigebracht hatten, da ergab sich, dass sie alle einer Quelle entsprangen. Der *Juden* Not, der *Juden* Leid kündete uns tausendfaches Flehen.

Der Text endet mit einem erneuten Bekenntnis zur Solidarität mit den »Stammesbrüdern in allen Ländern«;[45] eine Unterscheidung von ›Freund‹ und ›Feind‹ hat sich für die Juden in der neutralen Schweiz als überflüssig erwiesen.

Entsprechend zufrieden bilanziert das Geleitwort zum zweiten Jahrgang, daß »die Aufnahme in der Presse eine durchweg gute« gewesen sei:

> Insbesondere wurde das Jahrbuch auch in den bedeutenden politischen Schweizer Tageszeitungen beachtet und es wurde vor allem hervorgehoben, dass es uns gelungen sei, in einer Zeit, wo unter dem Eindruck des Krieges die jüdische Literatur fast aller Länder eine gewisse Einseitigkeit und subjektive Färbung aufweist, entsprechend der neutralen Stellung unseres Landes in rein objektiver Weise jüdisches Wissen zu verbreiten.[46]

Auch 1918/19 wird die Zugehörigkeit zur Schweiz mehrmals betont und angesichts zunehmender materieller Nöte an die »besondere Pflicht« als Juden zur Unterstützung der Behörden und Anerkennung der staatlichen Autorität ermahnt, die in den letzten Jahren den Juden »freundliches Wohlwollen« entgegenbrachten.[47]

> ›Bete für das Wohl der Regierung, denn würde die staatliche Gewalt nicht bestehen, so würde einer den andern lebendig verschlingen‹, die Wahrheit dieses Ausspruches eines alten jüdischen Weisen verkünden uns die Ereignisse der Gegenwart in einer für Jedermann verständlichen Sprache und mit besonderem Ernst dürfen wir gerade in der Gegenwart den Segen für unsere Behörden erflehen, daß sie mit der Hilfe des Allmächtigen im Stande sein mögen, ihre schwierigen Aufgaben zum Gedeihen der Schweiz zu lösen, in welcher wir auf unserer Golus-Wanderung gastliche Aufnahme gefunden haben.

Diese Andeutung von Dankbarkeit wird nochmals mit Toleranz gegenüber dem religiösen Leben begründet, aber auch durch Berichte über antisemitische Vorfälle relativiert. Der Krieg selbst und die politische Lage werden, der Haltung der »Jüdischen Monatshefte« ganz ähnlich, mit dem Hinweis auf die

---

[44] Marcus Cohn: Die Juden der Schweiz zur Zeit des Weltkrieges. In: JJS [1] (1916/17), S. 121–132, hier S. 122f.

[45] Ebd., S. 132.

[46] N.N.: Das Jahrbuch und die Kritik. In: JJS 2 (1917/18), S. 5–10, hier S. 6.

[47] N.N.: Rückblick. Das Jahr 5678. In: JJS 3 (1918/19), S. 28–42, hier S. 29f.

»Macht eines Höheren« nicht thematisiert.[48] Das Interesse für Palästina aber
ist mit der Neutralität des ›jüdischen Volkes‹ zu legitimieren:

> Von einem Lande aber wollen und können wir, trotz aller Reserve, die wir uns we-
> gen der neutralen Stellung der Schweiz auferlegen müssen, ja gerade im Hinblick
> auf diese Neutralität, nicht schweigen, von *Erez Jisroel*, denn 'um Zions willen
> schweige ich nicht, und um Jerusalems willen ruhe ich nicht.' Als Angehörige der
> verschiedenen Staaten nehmen wohl zahllose Juden an diesem Weltkriege teil; aber
> das jüdische Volk als solches hat durchaus als neutral zu gelten und gerade gestützt
> auf diese unsere Neutralität dürfen wir rückhaltlos von unserm Lande sprechen.[49]

Der ›Rückblick auf das Jahr 5679‹, nach Kriegsende geschrieben,[50] enthält im
wesentlichen die gleichen Elemente. Der Schwerpunkt liegt aber anders: während im Jahr zuvor der Blick zuerst auf die Schweiz und das Verhältnis der
Juden in der Schweiz zu ihrem Staat gerichtet ist, findet man dieses Thema
hier unauffällig in der Mitte des Textes. Der Neutralität der Schweiz wird
erneut zugestimmt, ebenso wird erneut auf wohltätige Werke – insbesondere
für die »jüdischen Brüder« – hingewiesen. 1919 fehlt jedoch der Hinweis auf
eine Dankesschuld gegenüber dem schweizerischen Staat; dagegen nehmen
Antisemitismus und Abwehr größeren Raum ein. Es wird an die Notwendig-
keit gedacht, in der Schweiz eine Organisation für den Abwehrkampf zu gründen, da auch im Westen der Antisemitismus so stark geworden sei. Im folgenden Jahrgang ist diese Tendenz noch deutlicher:[51] Die antisemitische Welle im
Osten und in der Schweiz wird ausführlich besprochen; eine heftige Kritik am
Züricher Stadtrat fällt in dem sonst stets freundlichen und auf Harmonie bedachten Grundton des »Jahrbuchs« besonders auf. Ein wesentlicher Unterschied zwischen den »Monatsheften« und dem »Jahrbuch« betrifft den Zusammenhang zwischen Antisemitismus und Zionismus: Während die »Monatshefte« entschieden dagegen sprechen, sich in Palästina »vor dem europäischen Antisemitismus in Sicherheit zu bringen«,[52] billigt das »Jahrbuch« diese
Tendenz geradezu:[53] Abgesehen von den besonders hohen Vermögensverlu-
sten seien Juden zusätzlich durch den Krieg geschädigt, weil man sie auf der
Suche nach Kriegsschuldigen zum Sündenbock gemacht habe. »Und als gar
noch in Konsequenz des grossen Weltjammers eigenartige Thesen für eine
neue Weltordnung ins Verbreiten kam und vereinzelte Juden als Träger dieser
neuen Ideen bekannt wurden, da schloss sich fast die gesamte Vertretung der
alten Weltordnung in Europa zusammen, um den Juden das Erschüttern dieser
Ordnung zuzuschreiben.« Die Folge beider Momente sei die »Hölle auf Er-

---

48 Ebd., S. 28.
49 Ebd., S. 40.
50 N.N.: Rückblick auf das Jahr 5679. In: JJS 4 (1919/20), S. 20–37, hier S. 27.
51 N.N.: Rückblick auf das Jahr 5680. In: JJS 5 (1920/21), S. 21–39.
52 R[aphael] B[reuer]: Etwas für Kriegs- und Revolutionsgewinnler. In: JM 7 (1920),
   Nr 11/12, S. 264–269, hier S. 266.
53 Mordché W. Rapaport: Jüdische Wanderungsprobleme. In: JJS 5 (1920/21), S. 159–
   180, hier S. 162f.

den«. Hilfe könne nur in Selbsthilfe und Sammeln der Kräfte liegen. Ein eigenes Territorium als Sammelpunkt fehle noch, es könnte in Palästina liegen,
wenn die Juden dort zu einer Mehrheit würden.

Palästina und die »Renaissance des jüdischen Wesens«

Die Lage des jüdischen Volkes in der Diaspora und Palästina stehen in den
Überblicksartikeln des »Jahrbuchs« immer mehr im Vordergrund. Daß das
»Wandervolk [...]«, das »um seine Freiheit und um seine Heimat« kämpft, vor
allem als Einheit gesehen wird, zeigt sich auch im Rückblick auf den Weltkrieg.

> Grenzenlos war das Leid, das der Weltkrieg über die Juden gebracht hat. Auf allen
> Fronten mussten sie kämpfen, Bruder gegen Bruder. In den jüdischen Zentren des
> Ostens wie im heiligen Lande mussten sie Verschleppungen und Verjagungen und
> die Zerstörung der alten jüdischen Kulturstätten über sich ergehen lassen. Doch auch
> dann, als die Waffen bereits ruhten, nahm das Unheil kein Ende. Nach dem bekann-
> ten, oft bestätigten Worte, mussten die Juden auch dann noch bluten, während die
> andern bereits sich am Friedensmale gütlich taten.[54]

Aus dem Bericht über Pogrome entwickelt der Verfasser eine Anklage gegen
Täter und Anstifter und gegen diejenigen, die »Judennot und Judengreuel«
ignoriert haben. Nach dem Zusammenbruch der alten Welt, der Hoffnung auf
»Völkerverbrüderung«, scheint es, »als ob das grausamste Stück der alten Zeit,
der Judenhaß, sich unverändert in die neue Zeit hinübergerettet hat!« Der Völkerbund soll auch in Bezug auf das jüdische Volk mit seinen Idealen Ernst
machen. Während in den »Jüdischen Monatsheften« die Ursprünge des Völ-
kerbundgedankens eher auf das Judentum als Religion zurückgeführt werden,
spricht der Verfasser hier vom »ältesten Kulturvolke [...] dem alle Völker erst
die Begriffe von Freiheit, Gleichheit und Völkerverbrüderung verdanken.«[55]
Daraus wird eine besondere Aufgabe, eine ›Mission‹ für die Juden abgeleitet:
»An uns wird es liegen, die hervorragenden völkerrechtlichen Ideen, welche
im alten jüdischen Schrifttum bereits niedergelegt sind, für die Menschheit
nutzbar zu machen.«[56] Das jüdische Volk bittet nicht, sondern fordert von der
Friedenskonferenz in Paris – vermittelt durch die im Osten gewählten jüdischen Nationalräte – Gleichberechtigung in den Diasporaländern sowie nationale und kulturelle Autonomie in den jüdischen Zentren.

Nachdem bereits im vorherigen Jahresrückblick die Balfour-Deklaration des
englischen Außenministers vom 2. November 1917 als »Freuden-Botschaft«
für »unser ganzes Volk« ausdrücklich begrüßt wurde,[57] heißt es im Jahrgang
1919/20, die Entwicklung der Palästina-Frage werde »von der gesamten Ju-

---

[54] N.N.: Rückblick auf das Jahr 5679 (Anm. 50), S. 21.
[55] Ebd., S. 23.
[56] Ebd., S. 33.
[57] N.N.: Rückblick. Das Jahr 5678. In: JJS 3 (1918/19), S. 28–42, hier S. 41.

denheit mit Spannung und Jubel aufgenommen«,[58] dies gelte auch für bisherige Nichtzionisten. Es ist, gerade im Vergleich mit den »Monatsheften«, die die klare Distanz zur zionistischen Bewegung selbst immer gewahrt haben, bemerkenswert, daß im »Jahrbuch« die Ereignisse der Palästinapolitik nicht nur detaillierter geschildert, sondern ihre Ursprünge auf Herzls ersten Basler Zionistenkongreß zurückgeführt werden. Die Konferenz der thoratreuen Verbände in der Schweiz wird erwähnt und deren Tendenz, die der der »Jüdischen Monatshefte« entspricht, zugestimmt:

> Aus den gefassten Resolutionen ging die bemerkenswerte Tatsache hervor, daß es inbezug auf Palästina, das Land unserer Väter, keine Parteien gibt, daß vielmehr alle Juden darin einig sind, an einer Besiedelung des heiligen Landes sich tatkräftig zu beteiligen.[59]

Ein Nationalismus jedoch, »der das jüdische Volk als ein Volk erklärt wie die anderen Völker der Welt«, wurde von der Konferenz zurückgewiesen zugunsten der Idee eines an Religion und Thora orientierten ›Gottesvolkes‹. Wie Ende 1918 in den »Jüdischen Monatsheften« wird auch hier befürwortet, daß die Orthodoxie die Gestaltung Palästinas mit beeinflußt. Statt einer »Verschmelzung mit den Völkern der Erde« fordert man Selbstbesinnung, Hebung des ›jüdischen Selbstbewußtseins‹ und Liebe zur ›alten Heimat‹; die Forderung nach ›palästinozentrischem Denken‹ zeigt, daß das »Jahrbuch« der Errichtung eines Staats in Palästina weitaus positiver gegenüberstand als die »Monatshefte«.

> Die in weiten Kreisen des jüdischen Volkes geübte Vernachlässigung der nationalen Idee, die Verkennung ihrer urwüchsigen, verjüngenden Kraft, müssen wir wieder gut zu machen suchen. Palästina muss schon heute im Mittelpunkte unseres Denkens und Fühlens stehen. [60]

Die große Idee der »Renaissance des jüdischen Wesens im Lande Israel«, wie sie der Jerusalemer Oberrabbiner Awrohom Jizchak Kook (Kuk) vertrete, solle anerkannt werden. Wichtig ist, daß der Staat sich von anderen europäischen Staaten durch das Prinzip sozialer Gerechtigkeit und der »unbegrenzten Opferfreudigkeit des einen für den andern« unterscheiden soll.[61] Wiederum wird Einigkeit der jüdischen Kräfte und Organisation gefordert:

> Bei allen ist es ja die gleiche Liebe zum jüdischen Volke, bei allen die gleiche Liebe zur alten Heimat. Und wenn auch diese Heimat für die einen nur die Stätte ist, auf der sie als freie Volksgenossen von der Hände Arbeit leben wollen, für die andern der alte heilige Boden, auf dem den heiligsten nationalen Gütern sich hinzugeben, ihr Sehnen ist; es ist bei allen die gleiche, reine Liebe zum jüdischen Wesen, bei allen ein lebendiger jüdischer Wille, der ihre Herzen stählt und ihnen in der traurigen Gegenwart die Kraft gibt, nicht zu verzagen.[62]

---

[58] N.N.: Rückblick auf das Jahr 5679 (Anm. 50), S. 25f.
[59] Ebd., S. 29f.
[60] Ebd., S. 34f.
[61] Ebd., S. 35.
[62] Ebd., S. 36f.

Genau dieser Begriff einer jüdischen Nation, die als ›neutraler Boden‹ verschiedene Richtungen vereinigen könnte, wird in den »Jüdischen Monatsheften« explizit zurückgewiesen.

Wenn bisher der Zionismus das angestrebte Ziel der ›jüdischen Volkseinheit‹ nicht erreicht habe und statt dessen zu den früher bekannten und ausreichenden Kennzeichnungen ›traditionell‹ oder ›reformiert‹ weitere Gruppen hinzugekommen seien, könne der Fehler darin bestehen, daß man den zionistischen Begriff der Nationalität als das ›jüdisch-nationale Prinzip‹ nicht richtig begriffen habe. Als mögliche Kriterien für Nationalismus werden gemeinsame Abstammung, gemeinsame Geschichte sowie gemeinsame Sitten und Gebräuche genannt. Das Abstammungskriterium weist der Verfasser als verdächtig zurück, da Menschen »keine chemisch-physikalischen Aggregate« seien,[63] eine Seele hätten und teilweise ihre eigene Nation ablehnten. Als Ersatz entwickelt er den Begriff der auf seelischer Geburt beruhenden ›Nativität‹, die dem Menschen »Willens- und Geistesrichtung«, »Sympathie und Antipathie« gibt.

> Hat jemand seine Sympathie zu irgend einer Nation entdeckt, so hat er damit seine eigentliche Geburt entdeckt. [...] Der Begriff der Nationalität kommt dem Menschen allein zu, und das Merkmal, wonach wir ihn hiernach werten, ihn in eine bestimmte Nation einordnen, darf nicht auf der Oberfläche seiner Animalität haften; es muss den Menschen als Menschen ergreifen, seine Seele, seinen Geist, seinen Willen, dasjenige in ihm, woran die Geistesverwandtschaft sich betätigt und das sind die Sitten und Gebräuche.[64]

Da jüdische Sitten und Gebräuche mit der »Thora-Satzung« identisch sind,[65] beruht nach Krauss die gegenwärtige Differenzierung im Judentum auf der falschen Vorstellung, Nation und Konfession seien voneinander zu trennen. Der Text endet mit dem Aufruf zur ›jüdisch-nationalen Integration‹.

Wenn der Jerusalemer Oberrabbiner A. J. Kuk, auf den man sich schon zuvor berufen hat, selbst zu Wort kommt,[66] entspricht sein Artikel der auf Einheit und Überbrückung von Gegensätzen bedachten Tendenz des »Jahrbuchs«: Auch wenn heutige Anhänger des Nationalgeistes den Gottesgeist ignorieren, so entsprechen ihre Bestrebungen doch, auch gegen ihre Absicht und gegen ihr Wissen, dem Gottesgeist. Die »Frommen« haben die Aufgabe, denjenigen, die alles Nationale nur für den Volksgeist reklamieren, deutlich zu machen, »dass sie selbst verankert und eingewurzelt sind im göttlichen Leben, bestrahlt von Heiligkeit und höherer Macht.« Der Text endet mit den Worten:

> Das Golus hat die Erscheinungsform unseres wahren Wesens verändert, hat uns niedergedrückt, aber es hat nicht ein Kernchen unserer inneren Eigenart vernichtet.

---

[63] Ludwig Krauss: Der Zionismus in philosophischer Betrachtung. In: JJS 4 (1919/20), S. 72–80, hier S. 77.

[64] Ebd., S. 78.

[65] Ebd., S. 80.

[66] A. J. Kook: Israels Wiederbelebung. In: JJS 6 (1921/22), S. 84–88. Seinem Artikel geht ein Artikel von Marcus Cohn über Kook selbst voraus.

Alles, was uns bestimmt ist, findet sich noch in uns.
Alles was gross und blühend sein sollte, ist zwar klein, eingeschrumpft und welk,
aber alles wird wieder gross werden, alles wird wieder zur Blüte kommen.
Es wird wieder sprossen und blühen Israel.[67]

Im selben Band beschwören zwei Artikel die Erneuerung jüdischer Identität:
der eine als jüdische Geschichtsschreibung »in der Sprache des jüdischen Volkes«, die einem »positiv-nationalen Volksbedürfnis« entspricht.[68] Die Gegenwart zeige, daß Apologetik nicht gegen antijüdische Angriffe helfe, der Blick
soll nicht mehr auf Anerkennung durch die Nichtjuden gerichtet sein. Gleichzeitig plädiert man für die »körperliche Wiedergeburt« in Palästina und die
jüdische Turnbewegung, die die »Massen des Golus« zu einer »Regeneration«
des jüdischen Volkes führen könne.[69]

»Die Wahrheit«

Die regulär wöchentlich erscheinende Wiener Zeitschrift »Die Wahrheit« mit dem
Untertitel »Unabhängige Zeitschrift für jüdische Interessen« muß in den Kriegsjahren ihren Erscheinungsrhythmus häufig auf zwei Wochen umstellen. Ein
großer Teil der Ausgaben besteht aus Übernahmen aus anderen Publikation und
Annoncen. Geweißte oder geschwärzte Stellen zeigen kriegsbedingte Zensur an.

Kriegsschuldfrage, England, ›die Diplomaten‹ und der Zar

Anders als die deutschen »Monatshefte« und das schweizerische »Jahrbuch«
widmet sich die österreichische Wochenzeitung relativ ausführlich (meist in
Leitartikeln) dem Kriegsverlauf und diskutiert auch die Kriegsschuld. Erörterungen zur Kriegstechnik, zur Frontbildung und Bewaffnung würde man in
den »Monatsheften« oder dem »Jahrbuch« vergebens suchen.[70] Auch ausführliche politische Erörterungen zur Vorgeschichte und Entstehung des Krieges
sowie zum Kriegsverlauf und zur außenpolitischen Lage finden sich in der
»Wahrheit« mehrmals.[71] In der Ablehnung von ›Diplomatie‹ ist sich die Redaktion jedoch mit den »Monatsheften« einig:

---

[67] Ebd., S. 88.
[68] Mordechai Vogelmann: Moderne jüdische Geschichtsschreibung. In: JJS 6
(1921/22), S. 158–165, hier S. 164.
[69] Adrien Blum: Die jüdische Turnbewegung. In: JJS 6 (1921/22), S. 171–173, hier
S. 172 u. 173.
[70] R. L.: Winkende Kulturerfolge aus dem gegenwärtigen Weltkriege. In: WH 30
(1914), Nr 34 (4. September) , S. 3f.
[71] R. L.: Richtlinien nach dem Kriege. In: WH 31 (1915), Nr 18 (7. Mai), S. 3f.; L.
Hirsch: Das Fest der Gesetzgebung. In: WH 32 (1916), Nr 17 (2. Juni), S. 3f.; R. L.:
Kriegs- und Friedensaussichten. In: WH 33 (1917), Nr 8 (20. April), S. 3f.; R. L.:

Dem aufmerksamen Kenner der Weltgeschichte ist es übrigens bekannt, daß die zünftigen Diplomaten es nie verschmähen, Treue und Glauben und moralische Zulässigkeit unbeachtet zu lassen, so oft dies ihren Zwecken nützlich schien. So sind alle Vertragsbrüche, alle gewaltsamen Eroberungskriege, alle furchtbaren Massenschädigungen der Menschheit an ihren realen, kulturellen und moralischen Gütern, alle politischen Verbrechen und auch der gegenwärtige entsetzliche Weltkrieg entstanden.[72]

Die berechtigte »Liebe und Treue zu den Stammes- und Konfessionsgenossen« wurde »von diesen Zunftdiplomaten künstlich bis zum Bestialismus gegen andere Nationen und Konfessionen gesteigert, das allgemeine Menschentum, die Humanitätsidee, wurde diskreditiert, ja zum nationalen Verbrechen gestempelt«.[73]

Dabei erscheint England als Hauptfeind. Selbst »im Belange des rechten und wahren Patriotismus« scheint die britische Nation »noch lange nicht mit den anderen Nationen konkurrieren zu können«. Nicht nur die deutsche und österreichische Nation, sondern auch Rußland und die Franzosen seien hinsichtlich Ausdauer, Tapferkeit und Opferwilligkeit vor Großbritannien hervorzuheben, das »heute noch seine Krieger für schweres Geld *mieten*« muß.[74] Zwar werden sich auch Italien, Frankreich und Rußland später vor dem »Gottesgericht« zu verantworten haben; für den Verfasser ist jedoch England verantwortlich, das mit »heuchlerischem Augenaufschlag [...] die Völker des Kontinents in den Kampf« hetzt.[75] Ein Jahr später, 1917, konstatiert derselbe Verfasser zufrieden:

Sie wollten uns von aller Welt abschließen, jetzt sind sie zu Wasser von einander und der übrigen Welt abgeschlossen, das perfide Albion, der Sittenwächter der Gerechtigkeit, der den grausamen Hungerkrieg über die Mittelmächte verhängte, die Meeresstraßen vergewaltigt und am Mark der Völker zehrt, dieses heuchlerische England hat von seiner hochfahrenden Sprache viel verloren und ist etwas kleinlaut geworden, da es in seiner eigenen Zufuhr und Ernährung bedroht ist und nun das Fluchwürdige seines Treibens an sich selbst sieht.[76]

England wird nicht nur verdächtigt, bei der »Anzettelung« der russischen Revolution die »Hand im Spiele« gehabt zu haben; auch der eigentliche Grund für den Kriegseintritt der USA sei »Furcht vor England«.[77] Diese antibriti-

---

Die Flottmachung des österreichischen Reichsrates. In: WH 33 (1917), Nr 9 (4. Mai), S. 3f.; R. L.: Schmerzliches und Erfreuliches aus den letzten Wochen. In: WH 33 (1917), Nr 14 (13. Juli), S. 3f.; R. L.: Die gegenwärtige Phase des Weltkrieges. In: WH 34 (1918), Nr 6 (22. März), S. 3f.

[72] R. L.: Englischer Egoismus, die Ursache des Weltkrieges. In: WH 31 (1915), Nr 14 (9. April), S. 3f.

[73] R. L.: Winkende Kulturerfolge (Anm. 70), S. 3f.

[74] R. L.: Der Patriotismus im Kriege. In: WH 31 (1915), Nr 16 (23. April), S. 3f.

[75] L. Hirsch: Das Fest der Gesetzgebung. In: WH 32 (1916), Nr 17 (2. Juni), S. 3f.

[76] L. Hirsch: Purim. In: WH 33 (1917), Nr 5 (9. März), S. 35.

[77] R. L.: Kriegs- und Friedensaussichten. In: WH 33 (1917), Nr 8 (20. April), S. 3f.

sche Polarisierung ist besonders interessant, da in den »Monatsheften«, obwohl sie sich der Diskussion politischer Fragen weitgehend entziehen, nur Argumente für eine Feindschaft gegen Frankreich genannt werden.

Die zweite Stoßrichtung ist die gegen den russischen Zaren als Judenfeind. Dies geht soweit, daß der Weltkrieg als Krieg »gegen unseren Erbfeind, den Zarismus« gedeutet wird.[78] Das Geschehen im Osten, insbesondere das Schicksal der Ostjuden, findet bei der Redaktion der »Wahrheit« wesentlich mehr Aufmerksamkeit als in den beiden anderen Organen,[79] schließlich hatten »die jüdischen Staatsbürger Österreich-Ungarns [...] während dieses Weltkrieges Dank dem judenfeindlichen, barbarischen Zarenregime die größten Opfer zu ertragen«.[80] Weil die russischen Juden verfolgt und unterdrückt würden, müßten die österreichischen und ungarischen Juden ihren »vollen Haß« gegen das »moskowitische Zarentum« richten.[81]

Jüdische Tapferkeit und Kaisertreue

Schon recht früh bemüht sich die Zeitschrift, Tapferkeit und Pflichtbewußtsein jüdischer Soldaten durch detaillierte Erzählungen[82] und Berichte über militärische Auszeichnungen und Beförderungen[83] zu dokumentieren. Im Mai 1915 wirbt die Redaktion für Moriz Frühlings »Jüdisches Kriegsgedenkblatt«, das »eine Walhalla für unsere im Krieg gefallenen und an Krankheiten gestorbenen, wackeren Berufs- und Reserveoffiziere jüdischen Glaubens bilden soll«.[84] In diesen Kontext gehört auch der mehrmalige Aufruf des Jüdischen Kriegsarchivs in Wien, Materialien für die Dokumentation einzusenden: »Wer sich dieser geringfügigen Arbeit unterzieht, erweist der jüdischen Gemeinschaft

---

[78] N.N.: Das Jahr 5676. In: WH 31 (1915), Nr 30 (3. September), S. 3–5.

[79] Vgl. zum Beispiel: R. L.: Zur gegenwärtigen Kriegslage. In: WH 31 (1915), Nr 19 (14. Mai), S. 3f.; Chanoch Al-k: Mene Tekel Upharsin. In: WH 31 (1915), Nr 23 (18. Juni), S. 3f.; Red.: [»Jüdisches Archiv«]. In: WH 31 (1915), Nr 23 (18. Juni), S. 8.; R. L.: Der Zar verlängert den Krieg. In: WH 31 (1915), Nr 31 (27. September), S. 3f.; W. Kaplun-Kogan: Deutsche und Polen in Polen. In: WH 31 (1915), Nr 31 (17. September), S. 6f.; Red.: Zum polnisch-jüdischen Problem. (Eine Auseinandersetzung aus den »Preußischen Jahrbüchern«) [Paraphrase eines Aufsatzes von Nachum Goldmann]. In: WH 31 (1915), Nr 40 (31. Dezember), S. 4f.; Red.: Jüdisches Archiv. In: WH 33 (1917), Nr 6 (23. März), S. 8.

[80] R. L.: Richtlinien nach dem Weltkriege. In: WH 31 (1915), Nr 18 (7. Mai), S. 3f.

[81] R. L.: Zur gegenwärtigen Kriegslage. In: WH 31 (1915), Nr 19 (14. Mai), S. 3f.

[82] Vgl. [Elemer Kocsy]: Jüdische Soldaten meiner Kompagnie. In: WH 31 (1915), Nr 14 (9. April), S. 4–6. Aus dem »Israelitischen Familienblatt« vom 16. August 1917 wurde übernommen: Felix A. Theilhaber: Jüdische Flieger im Kriege. In: WH 33 (1917), Nr 18 (6. September), S. 7f. und Nr 19 (21. September), S. 7f.

[83] Red.: ["Mitteilungen des Jüdischen Kriegsarchivs"]. In: WH 31 (1915), Nr 19 (14. Mai), S. 8.; Red.: [Kriegsbriefe]. In: W 31 (1915), Nr 19 (14. Mai), S. 8.

[84] Red.: [Moriz Frühlings "Jüdisches Kriegsgedenkblatt"]. In: WH 31 (1915), Nr 20 (28. Mai), S. 10.

einen großen Dienst!«[85] Neben den Aufrufen, an Statistiken zu arbeiten und
Material zur Verfügung zu stellen, findet man auch Beispielstatistiken, etwa
für den Bezirk Bethlen in Ungarn.[86] Bereits im September 1915 wird das Motiv für die Dokumentationen deutlich genannt: »Das für den ungewöhnlichen
Mut und die strenge Pflichterfüllung jüdischer Krieger beigebrachte Material,
sowie die Liste der ausgezeichneten und gefallenen jüdischen Offiziere ist der
kräftigste Beweis gegen schon auftauchende Verdächtigungen.«[87] Die Beteuerungen – zum Teil als abgedruckte Redeausschnitte –, daß die österreichischen
Juden mindestens im gleichen Umfang ihre patriotische Pflicht erfüllten wie
Nichtjuden, werden im Verlauf der Kriegsjahre wortreicher und eindringlicher:

> Und heute, da wir im Gotteshause unser tiefinniges Dankgebet an den Allmächtigen
> richteten, daß er unseren gütigen, weisen, gerechten, heißgeliebten Kaiser den heuti-
> gen Tag in voller körperlicher und geistiger Kraft und Frische erleben ließ, ihn
> schauen ließ all die herrlichen Waffentaten seiner ruhm- und siegreichen Armee, da
> dürfen wir hier erhobenen Hauptes mit Stolz und Genugtuung uns und aller Welt
> künden, daß wir unser Gelöbnis in Treu und Ehren gehalten, daß wir es mit dem
> Blute unserer Besten besiegelt haben, daß unter den Stämmen und Völkern unseres
> weiten Vaterlandes wir Juden uns den Besten und Opfermutigsten an die Seite stel-
> len dürfen.[88]

Im Mai 1916 wird aus dem Bericht des Sekretärs Siegfried Fleischer bei der
Generalversammlung der Österreichisch-Israelitischen Union zitiert:

> Daß unsere Blutopfer nicht geringere sind als jene unserer andersgläubigen Mitbür-
> ger erweisen die amtlichen Verlustlisten. Daß die jüdischen Soldaten an Heldenmut
> und Todesverachtung hinter ihren christlichen Kameraden nicht zurückstehen, be-
> kunden nicht nur die Auszeichnungen, die sie sich vor dem Feinde holten, sondern
> auch die öffentlichen Belobungen, welche zu wiederholten Malen von hohen und
> höchsten Stellen ihrer Tapferkeit gezollt wurden. In den Sammlungen des Roten
> Kreuzes, der Kriegsfürsorge, des Witwen- und Waisenfonds und aller anderen Hilfs-
> aktionen für die Opfer des Krieges nehmen die Juden einen ihr prozentuales Ver-
> hältnis zur Gesamtbevölkerung weitaus überragenden Platz ein. Die »Österreichisch-
> Israelitische Union« hat es als eine ihrer wichtigsten Aufgaben erachtet, über die
> Anteilnahme der Juden am Kriege mit Gut und Blut vom Tage des Kriegsausbruches
> an genaue Nachweise zu führen, um etwaigen späteren Anfeindungen und Verleum-
> dungen, die übrigens trotz dem sogenannten Burgfrieden sich auch schon in letzter
> Zeit hervorgewagt haben, mit der überzeugenden Kraft der Tatsachen und Ziffern
> entgegentreten zu können.[89]

---

[85] [Robert Stricker]: [Wien. (Jüdisches Kriegsarchiv)]. In: WH 31 (1915), Nr 30 (3.
   September), S. 9; Nathan Birnbaum: Jüdisches Kriegsarchiv. In: WH 31 (1915),
   Nr 40 (31. Dezember), S. 6.

[86] Jüdisches Kriegsarchiv: Die Beteiligung der Juden am Kriege. Ein Appell an die
   Kultusgemeinden. In: WH 32 (1916), Nr 13 (21. April), S. 4.

[87] N.N.: [Das "Jüdische Kriegsarchiv" ...]. In: WH 31 (1915), Nr 31 (17. September), S. 9.

[88] N.N.: Festgottesdienst und Festversammlung der Kultusgemeinde. In: WH 31
   (1915), Nr 29 (20. August), S. 6f.

[89] N.N.: "Oesterreichisch-Israelitische Union." In: WH 32 (1916), Nr 15 (12. Mai), S. 4–6.

Mindesten genauso wichtig ist es der Redaktion, den kaisertreuen Patriotismus der österreichischen Juden etwa durch den Abdruck von Huldigungstelegrammen[90] und einen Nachruf auf Kaiser Franz Josef, »welcher mit gerechtem Sinne trotz mancher Verdächtigungen der Judenfeinde deren Treue oft öffentlich anerkannte«,[91] zu dokumentieren. Es wird berichtet, daß im Stadt-Tempel regelmäßig eine »begeisterte, auf die welthistorischen Ereignisse bezugnehmende und die Familien der Einberufenen mit Mut und Zuversicht erfüllende Ansprache« gehalten wird.[92] Die Beteuerung, ›Gut und Blut‹ opfern zu wollen, kehrt stereotyp wieder.[93] Ein Zitat des Thronfolgers Karl Franz Josef (»Die jüdische Bevölkerung ist sehr patriotisch. Wir werden ihr das nie vergessen.«) wird in mehreren Artikeln verwendet.[94] Mehrfach wird dazu aufgerufen, Kriegsanleihen zu zeichnen.[95] Der in der österreichischen Publikation bekundete oft überschwengliche Patriotismus ist vor allem auf die Person des Kaisers gerichtet, während in den »Monatsheften« Liebe und Treue zum Vaterland, zu Heimat und Boden ausgesprochen werden. Im Schweizer »Jahrbuch« beschränken sich patriotische Äußerungen auf den staatsbürgerlichen Aspekt und die angesprochene ›Dankesschuld‹ der jüdischen Bürger für rechtliche Gleichstellung; wie hier wird auch in der »Wahrheit« aus der Dankesschuld eine besondere Pflicht gegenüber dem Vaterland abgeleitet.[96]

Burgfrieden und Sündenbock

Wurde noch kurz nach Kriegsbeginn in der »Wahrheit« festgestellt, daß der Krieg in Österreich »zum freudigsten Erstaunen aller Friedensfreunde und besonders der Juden, eminent versöhnend gewirkt« habe und »daß Oesterreich ein Boden ist, auf dem die Völkerverbrüderung wie in der kleinen Schweiz durchgeführt werden kann und muß«,[97] so häuften sich bald parallel

---

[90] N.N.: Huldigungstelegramm der Wiener Kultusgemeinde und Dank des Kaisers. In: WH 31 (1915), Nr 21 (4. Juni), S. 4f.

[91] N.N.: Kaiser Franz Josef I. In: WH 32 (1915), Nr 30 (1. Dezember), S. 3–5.

[92] Red.: Wien (Bittgottesdienste im Stadt-Tempel). In: WH 30 (1914), Nr 34 (4. September), S. 8.

[93] Vgl. u. a. N.N.: Huldigungstelegramm der Wiener Kultusgemeinde und Dank des Kaisers. In: WH 31 (1915), Nr 21 (4. Juni), S. 4f.; N.N.: Festgottesdienst und Festversammlung der Kultusgemeinde. In: WH 31 (1915), Nr 29 (20. August), S. 6f.; N.N.: Das Jahr 5676. In: W 31 (1915), Nr 30 (3. September), S. 3–5; Armin Redab.: Die deutschen Juden und der Krieg. In: WH 32 (1916) Nr 5 (11. Februar), S. 8.

[94] N.N.: Anerkennung des jüdischen Patriotismus durch den Thronfolger. In: WH 31 (1915), Nr 16 (23. April), S. 3; R. L.: Richtlinien nach dem Weltkriege. In: WH 31 (1915), Nr 18, S. 3f.

[95] Zum Beispiel M. Güdemann: Zeichnet die dritte Kriegsanleihe! Aufruf [...]. In: WH 31 (1915), Nr 34 (22. Oktober), S. 3.

[96] Ebd.

[97] R. L.: Winkende Kulturerfolge (Anm. 70), S. 3f.

zu den Beteuerungen des eigenen Patriotismus Proteste gegen Verstöße wider
den ›Burgfrieden‹ durch judenfeindliche Äußerungen.

> Ist es beispielsweise ehrenhaft, wenn antisemitische Blätter gegenwärtig beharrlich
> nur jüdische Lebensmittelwucherer und betrügerische Heereslieferanten nament-
> lich publizieren und alle christlich-arischen Mitglieder dieser gemeinschädlichen
> Gesellschaft verschweigen?[98]

1916 liest man die Klage, daß trotz Zensur, die gegen jüdische Blätter streng
gehandhabt werde – wie die weißen Stellen in der »Wahrheit« belegen –, antisemitische Zeitungen die »gewohnte Judenhetze« weiterbetreiben könnten.[99] Bei
einer anderen Gelegenheit kann in einem mehrfach zensierten Artikel die Tatsache, daß die »Reichspost« Judenfeindliches hatte veröffentlichen können, nur
mit »der großen Arbeitslast, die gegenwärtig auf der Zensur ruht«,[100] erklärt
werden.

> Mögen die Juden in ihrer Vereinigung nun darüber wachen, daß der »Burgfrieden«
> auch von ihren Feinden eingehalten werde! Die von uns erwähnte krasse Tatsache,
> welche die judenfeindliche »Reichspost« vor ein paar Tagen in die Welt setzte, soll-
> te wohl eine solche Konsequenz im Gefolge haben. Geschieht dies, dann muß sich
> der Lügenfluch der »Reichspost« schon in ihrem Munde gleich dem Fluche Bileams
> in Segen wandeln. Die österreichischen Juden haben es nicht nötig, sich von ihren
> verlogenen Feinden fressen zu lassen![101]

Die Klage darüber, daß die Juden zum »Sündenbock«[102] und »Prügelknaben«
gemacht würden und gerade die wahren Kriegsgewinnler und Preistreiber
»nach der Manier des flüchtenden Diebes«[103] die Schuld auf die Juden zu
lenken versuchten, wird in den beiden letzten Kriegsjahren häufig erhoben:
»Daß Kriegstreiber und Judenfeinde zusammengehören, liegt in Oesterreich-
Ungarn und Deutschland klar zutage.«[104] Im März 1918 fordert die »Wahrheit« die jüdischen Leser dazu auf, sich »freche und unwahre Anrempelungen

---

98   R. L.: Englischer Egoismus, die Ursache des Weltkrieges. In: WH 31 (1915),
     Nr 14 (9. April), S. 3f.
99   N.N.: "Oesterreichisch-Israelitische Union." In: WH 32 (1916), Nr 15 (12. Mai),
     S. 4–6.
100 R. L.: Bileam. In: WH 32 (1916), Nr 23 (25. August), S. 3f.
101 Ebd.
102 Vgl. auch: Red.: Eine Polemik über die Judenfrage in Preussen. In: WH 33 (1917),
     Nr 1 (12. Januar), S. 3f; R. L.: Die Flottmachung des österreichischen Reichsrates.
     In: WH 33 (1917), Nr 9 (4. Mai), S. 3f.; R. L.: Kriegstreiber und Judenfeinde. In:
     WH 33 (1917), Nr 24 (20. November), S. 3; R. L.: Was können wir nach Friedens-
     schluß erhoffen? In: WH 34 (1918), Nr 8 (19. April), S. 3f.
103 R. L.: Schmerzliches und Erfreuliches aus den letzten Wochen. In: WH 33 (1917),
     Nr 14 (13. Juli), S. 3f.
104 R. L.: Kriegstreiber und Judenfeinde. In: WH 33 (1917), Nr 24 (20. November),
     S. 3f.

nicht ruhig und unerwidert gefallen« zu lassen. »In dieser Richtung erwächst aber auch der spezifisch jüdischen Presse eine verstärkte Aufgabe.«[105]

Judentum und Deutschtum

Ein auffallendes Merkmal der österreichischen Zeitschrift liegt in dem Interesse für Deutschland – umgekehrt fehlt in den deutschen »Monatsheften« der Blick auf Österreich. Positive Bewertungen wie z. B. der Volkspatriotismus werden in der »Wahrheit« auf Deutschland und Österreich gemeinsam bezogen. Ausführliches Interesse gilt dem Friedenswillen des deutschen Kaisers und des Reichskanzlers; es wird aus der Thronrede vom 4. August 1914 und aus einer Reichstagsdebatte zitiert.[106] 1915 findet man eine ganzseitige Anzeige für ein Kunstblatt mit dem Doppelporträt der Kaiser Franz Josef I. und Wilhelm II., dessen Anschaffung der Vorstand der Israelitischen Kultusgemeinde Wien mit Hinweis auf den gemeinnützigen Zweck, der auch jüdischen Flüchtlingen zugute kommt, empfiehlt.[107] Besonders auffällig in dieser Hinsicht ist ein Bericht über militärische Erfolge Österreichs und Deutschlands an der russischen Front, in dem das Verhältnis von ›uns Juden‹ zu den Deutschen breit diskutiert wird. Daß die Deutschen am Sieg über Rußland beteiligt sind, wird als »besondere Fügung des Schicksal« angesehen. »Ist doch der Kampf der Deutschen in diesem Kriege so ähnlich demjenigen, den wir Juden stets gegen unsere Hasser und Neider zu führen haben.« Beide Völker würden als »Konkurrenzfaktor im Wirtschaftleben« durch Verleumdungen bekämpft. Die ähnliche ›Mission‹ beider Völker wird zusätzlich mit einem Goethe-Zitat verstärkt.[108] Mit Zufriedenheit wird auch die Einnahme Warschaus durch Deutschland registriert und auf die Verwandtschaft der polnischen Juden mit dem Deutschtum hingewiesen.[109]

Über dieses allgemeine Interesse für den verbündeten Staat hinaus läßt sich auch eine besondere Anteilnahme an die deutschen Juden betreffenden Fragen feststellen. So finden sich Rezensionen zu einer Sammlung ›Kriegsbriefe deutscher und österreichischer Juden‹,[110] zu Davis Trietschs Buch ›Juden und Deutsche, eine Sprach- und Interessengemeinschaft‹[111] und zu Ludwig Geigers Broschüre ›Die deutschen Juden und der Krieg‹.[112] Die Schrift Geigers – also

---

[105] R. L.: Verleumdungssucht der judenfeindlichen Presse. In: WH 34 (1918), Nr 5 (8. März), S. 3f.

[106] R. L.: Richtlinien nach dem Kriege. In: WH 31 (1915), Nr 18 (7. Mai), S. 3f.

[107] In: WH 31 (1915), Nr 19 (14. Mai), S. 10.

[108] Chanoch Al-K.: Mene Tekel Upharsin. In: WH 31 (1915), Nr 23 (18. Juni), S. 3f.

[109] W. Kaplun-Kogan: Deutsche und Juden in Polen. In: WH 31 (1915), Nr 31 (17. September), S. 6f.

[110] Red.: [Kriegsbriefe]. In: WH 31 (1915), Nr 19 (14. Mai), S. 8.

[111] In: WH 31 (1915), Nr 29 (20. August), S. 10.

[112] Armin Redab.: Die deutschen Juden und der Krieg. In: WH 32 (1916). Nr 5 (11. Februar), S. 8.

eines Exponenten des liberalen Reformjudentums, der immer noch Herausgeber des »Allgemeinen Zeitung des Judentums« war – wird ausdrücklich auch für die »Juden Oesterreichs« empfohlen. Der Hamburger Rabbiner David Leimdörfer erhält Raum für einen Artikel über die »Erziehung zur Einheit« des Judentums, in dem er an der »Spitze der Kulturnationen« Wilhelm II. feiert, der »vor Ausbruch der brudermörderischen Schlachten seine Völker zu harmonischer Einheit anfeuerte«.[113] Gustav von Schmollers Äußerungen zur ›Judenfrage in Preußen‹ und die nachfolgende Diskussion in der Presse werden von der Redaktion der »Wahrheit« ausführlich referiert und kommentiert;[114] in diesem Zusammenhang – und nur hier – findet auch die sogenannte ›Judenzählung‹ im deutschen Heer in der Wiener Publikation Erwähnung.

> Herr v. Schmoller meint [...], daß sich die christlichen und die jüdischen Nathannaturen die Hand reichen müßten, um die jüdischen Shylocknaturen und den christlich-germanischen Rassenstolz und die althergebrachten Vorurteile, die Sitten, die zu Unsitten geworden sind, zu bekämpfen. Dazu werde sicherlich der Krieg wesentlich beitragen. Es wäre erfreulicher, wenn auch prominente Gelehrte, wie Herr v. Schmoller, dazu entschlossen mitwirken wollten.

Als Schlußfolgerung aus dem Versagen des Burgfriedens in Deutschland wie in Österreich sind in der »Wahrheit« wie in den »Monatsheften« stetig lauter werdende Hoffnungen auf Demokratie,[115] Gleichbehandlung aller Volksgruppen und Widerlegung der Judenfeinde nach dem Krieg zu verzeichnen. »Wohl kann kein *ertragreicher* Friede erhofft werden, wenn aber die vergossenen Blutströme sonst nichts herbeigeführt hätten, wie den endgiltigen Sturz des Zarismus und die Kräftigung der Demokratie in der Welt, könnte man schon zufrieden sein«, so lautet ein vorläufiges Resümee im April 1917.[116]

Zionismus – jüdisches und deutsches Volk

Im Vergleich mit den Äußerungen in den »Jüdischen Monatsheften« und im schweizerischen »Jahrbuch« bleiben die Stellungnahmen zum Zionismus während der Kriegsjahre in der »Wahrheit« relativ selten und ambivalent. Eine

---

[113] D[avid] Leimdörfer: Die Erziehung zur Einheit. In: WH 33 (1917), Nr 10 (18. Mai), S. 3f.

[114] Red.: Eine Polemik über die Judenfrage in Preussen. In: WH 33 (1917), Nr 1 (12. Januar), S. 3f. und Red.: Geheimrat Schmoller über die Judenfrage. In: WH 33 (1917), Nr 2 (26. Januar), S. 3f.; Fabius Schach: Zur heutigen deutschen Judenfrage. In: WH 33 (1917), Nr 4 (23. Februar), S. 4–6.

[115] R. L.: Die Flottmachung des österreichischen Reichsrates. In: WH 33 (1917), Nr 9 (4. Mai), S. 3f.: »Die jüdischen Staatsbürger Oesterreichs können übrigens der Zukunft ruhig und hoffnungsvoll entgegensehen. [...] Wohl mag die internationale, interkonfessionelle Oligarchie die Folgen eines weitergreifenden Demokratismus fürchten, aber die demokratische Judenschaft nie und nimmer.« Im gleichen Sinne: R. L.: Die Demokratie und das Judentum. In: WH 33 (1917), Nr 11 (1. Juni), S. 3f.

[116] R. L.: Kriegs- und Friedensaussichten. In: WH 33 (1917), Nr 8 (20. April), S. 3f.

erste prozionistische Äußerung erfolgt bezeichnenderweise in Form eines Wiederabdrucks aus dem ersten Heft der »Neuen Jüdischen Monatshefte«: Heinrich Löwe beschreibt die Hinwendung der jüdischen Jugend zum Zionismus als Bewegung gegen die »Entjudung«.[117] Zwar wird zweimal zu wohltätigen Spenden für Juden in Palästina aufgerufen[118] und anläßlich einer Makkabäerfeier der Wiener Zionisten ein »schöner Ausblick auf das Muskeljudentum der Zukunft« gewürdigt,[119] doch wird mit dem Artikel »Der jüdische Staat« aus dem »Linzer Tagblatt« eine zwar symphatisierende,[120] jedoch allgemein gehaltene Außensicht auf den politischen Zionismus wiedergegeben. Nach der Balfour-Deklaration erscheint erstmals ein prozionistischer Text eines jüdischen Verfassers in der »Wahrheit«.[121] Im Oktober 1918 berichtet der Wiener Oberrabbiner Chajes Kaiser Karl in einer Audienz über die Bestrebungen, in Palästina eine nationale »Heimstätte« zu errichten, nicht ohne zu erwähnen, daß »auch zur Zeit des zweiten jüdischen Staatswesens […] der größere Teil der Juden in der Diaspora gelebt und jeder von ihnen […] dem Lande, dem er angehörte, als guter Bürger seine Dienste geweiht« hat.[122] In einer Auseinandersetzung mit einer Vorrede Balfours zu Nahum Sokolows »Geschichte des Zionismus« schließlich wird die Haltung der Redaktion deutlich: Die Mehrzahl der Juden möchte einer ›zionistischen Gemeinschaft‹ in Palästina nicht beitreten und fürchtet vielmehr, aufgrund gemeinsamer Wirkung von Zionismus und Antisemitismus aus den »Wohnländern« ausgestoßen zu werden. »Das war immer unser Urteil über die hinterhältige englische Protektion des Zionismus in neuester Zeit.«[123]

Trotz dieser ablehnenden Haltung zum Zionismus wird 1919 in der »Wahrheit« im Zusammenhang mit den Pariser Friedensverhandlungen eine jüdische Gesamtvertretung gefordert. Wie zur gleichen Zeit in den »Jüdischen Monatsheften« stehen auch im österreichischen Organ jüdisches und deutsches Volk nun begrifflich getrennt nebeneinander.[124] Die Zeit der deutsch-jüdischen Synthese, sofern es sie je wirklich gegeben hat, scheint endgültig vorbei zu sein.

---

[117] Heinrich Löwe: Jüdische Erziehung. In: WH 32 (1916), Nr 26 (6. Oktober), S. 4–6.

[118] Vgl. L. Hirsch: Tage der Erhebung. In: WH 32 (1916), Nr 37 (3. Dezember), S. 5f. und N.N.: Aufruf [der Hilfskommission 1915 und der Kriegsspitalhilfe für Palästina]! In: WH 33 (1917), Nr 7 (6. April), S. 8.

[119] H. K.: Wien. (Makkabäerfeier der Wiener Zionisten). In: WH 32 (1916), Nr 33 (29. Dezember), S. 8.

[120] In: WH 33 (1917), Nr 19 (21. September), S. 6f.

[121] Zwi Cohen: Die Offenbarung. Palästina-Zeitfragen. In: WH 33 (1917), Nr 26 (28. Dezember), S. 4f.

[122] N.N.: Audienz des Wiener Oberrabbiners beim Kaiser. In: WH 34 (1918), Nr 21 (18. Oktober), S. 6.

[123] N.N.: Balfour über Zionismus. In: WH 35 (1919), Nr 6 (21. März), S. 4.

[124] Korresp. f. d. Ost.: Der Versaillerentwurf und die Judenfrage. In: WH 35 (1919), Nr 11 (30. Mai), S. 3f.

IV
»Selbstwehr« – eine zionistische Zeitung im Ersten Weltkrieg*

Von Wilhelm Terlau

Der Ausbruch des Ersten Weltkriegs wurde in der jüdischen Presse Deutschlands und Österreichs entsprechend dem patriotischen Empfinden der Juden mit dem gleichen Enthusiasmus begrüßt wie in der nichtjüdischen. In vielen Zeitungen und Zeitschriften wurde an die jüdischen Leser appelliert, den nichtjüdischen Mitbürgern ein Vorbild an Kampf- und Opferbereitschaft zu sein. Durch diesen Beweis der Vaterlandsliebe hoffte man, den Antisemitismus schwächen und die endgültige gesellschaftliche Gleichberechtigung erlangen zu können. Den Verleumdungen, denen zufolge sie weder patriotisch noch kriegstüchtig seien, wollten die Juden – einmal mehr – unwiderlegbare Tatsachen entgegenstellen. Ein besonderes jüdisches Interesse an diesem Krieg ergab sich auch aus der Tatsache, daß einer der Kriegsgegner das zaristische Rußland mit seiner extrem judenfeindlichen Politik war; einerseits sah man die Möglichkeit zur Befreiung der russischen Juden, andererseits wäre bei einer Expansion Rußlands nach Westen die Einführung osteuropäischer, also für Juden diskriminierender Verhältnisse zu befürchten gewesen.

Daß liberale und orthodoxe Juden, die ihr Judentum nicht als politische oder nationale Angelegenheit verstanden, ihre Vaterlandsliebe jetzt nicht nur durch freiwilligen Kriegsdienst unter Beweis stellten, bedarf keiner besonderen Erwähnung. Für die Zionisten stellte sich die Situation allerdings etwas heikler dar. Der politische Zionismus war angetreten, um den Juden die fatalen Konsequenzen ihrer Galuth-Existenz vor Augen zu führen und ihnen eine national-jüdische Identität (zurück) zu geben. Mit der Kriegserklärung schienen die Zionisten vor eine Entscheidung gestellt zu sein: Konnten sie guten Gewissens ihre Anhänger in einen Krieg schicken, der nicht der ihre war und in dem Juden für ihre unwirtlichen Heimatländer bedeutende Opfer bringen sollten, ja in dem es dazu kommen mußte, daß Juden auf Juden schießen würden, Zionisten auf Zionisten? Oder würde sich der an sie gerichtete Vorwurf, sie seien weniger gute Staatsbürger, bewahrheiten? Wie bekannt, erfüllten auch sie ihre ›patriotische Pflicht‹, so daß im August 1914 Ludwig Geiger in der »Allgemeinen

---

*   Gekürzte Fassung dieses Beitrags: Österreichischer Patriotismus und jüdische Solidarität. Die *Selbstwehr* – eine zionistische Zeitung im Ersten Weltkrieg. In: Jüdischer Almanach 1999/5759. Frankfurt a. M. 1998, S. 42–56.

Zeitung des Judentums« mit Genugtuung vermerkte, die Zionisten hätten »das
sogenannte jüdische Volksbewußtsein zurückgedrängt zugunsten einer wahrhaft deutsch (oder französisch-)nationalen Gesinnung«.[1] Wie man sich auf
zionistischer Seite diesen Problemen stellte, soll im folgenden am Beispiel der
Prager Wochenzeitung »Selbstwehr« untersucht werden.

Die ›Unabhängige jüdische Wochenschrift‹ »Selbstwehr« war 1907 von
Mitgliedern des Prager Volksvereins »Zion« gegründet worden und erschien
bis 1938. Zu ihren prominentesten Mitarbeitern gehörten Felix Weltsch, Hans
Politzer, Georg Langer und Max Brod; Franz Kafka besuchte Redaktionssit-
zungen und veröffentlichte in der »Selbstwehr« unter anderem seine Prosatexte
»Vor dem Gesetz« und »Eine kaiserliche Botschaft«; nach seinem Tod publizierten Weltsch und Brod hier aus seinem Nachlaß.

Der Kriegsbeginn stellte das Unternehmen »Selbstwehr« zunächst in Frage.
Mitarbeiter waren zur Front abgerückt, finanzielle und journalistische Probleme
wie Zensur und Nachrichtensperre taten ihr Übriges. Nach einer dreiwöchigen
Unterbrechung beschloß Siegmund Kaznelson (1893–1959), die »Selbstwehr« in
eigener Regie weiterzuführen. Sein Kommentar zum Kriegsausbruch erscheint
am 27. August 1914 unter dem Titel »Die Sündflut«. Der Kriegsausbruch wird
mit dem üblichen Pathos als eine Chance zur sittlichen Erhöhung begrüßt, der
einzelne werde wieder den Weg zur Gemeinschaft finden und im Angesicht
des Todes sein Leben rein und heilig halten. »Es ist fast wie eine ungeheure
Reinigung, was jetzt mit der Menschheit geschieht; die Reinigung durch die
Katastrophe, das große jüdische Symbol der Sündflut.«[2]

Selbstverständlich stünden die Mittelmächte Österreich und Deutschland
auf der Seite der Gerechtigkeit und Wahrheit; »Neid und Schachergeist« hätten
England und Frankreich in diesen Krieg getrieben, aber der eigentliche
Kriegsgegner sei Rußland, der alte »Erbfeind«.[3] Die Befreiung der russischen
Juden wird folglich als Hauptkriegsziel proklamiert.

Kaznelsons Kommentar enthält noch keinen spezifisch zionistischen Standpunkt. Die Möglichkeit zur Befreiung der osteuropäischen Juden wird auch in den
meisten liberalen und orthodoxen Blättern hervorgehoben, die religiöse Überhö-
hung der politischen Ereignisse ist ebenfalls kein Spezifikum der »Selbstwehr«.

Mit der ersten Kriegsausgabe setzt die Dokumentation der jüdischen
Kriegsbeteiligung ein, indem über jüdische Heldentaten, Auszeichnungen und
Gefallene Buch geführt wird. Die »zahlreichen Waffentaten« der Juden im
österreichischen Heer, so heißt es in der Ausgabe vom 27. August 1914, wider-
legten die »von unseren Feinden verbreitete Fabel, die Juden seien zum Waf-
fendienst ungeeignet«.[4] An historische Kriegstaten von Juden im Dreißigjähri-

---

[1] Ludwig Geiger: Der Krieg und die Juden. In: AZJ 78 (1914), Nr 34 (21. August),
     S. 397–398.
[2] N.N.: Die Sündflut. In: SW 8 (1914), Nr 31 (27. August), S. 1.
[3] Ebd.
[4] N.N.: Die Juden im österreichischen Heer. In: SW 8 (1914), Nr 31 (27. August), S. 3.

gen Krieg, in den Kriegen gegen die Türken und in den Befreiungskriegen wird erinnert sowie an die »ununterbrochene Liste der zahlreichen jüdischen Offiziere in der österreichischen Armee« während Kaiser Franz Josefs Regentschaft.[5] Als jüngster Kriegsfreiwilliger des deutschen Heeres wird ein vierzehnjähriger jüdischer Obertertianer vorgestellt, der seinen Eltern erklärt habe, daß ihm der Schulbesuch nichts mehr nütze, da sich seine Gedanken unaufhörlich mit dem Kriege beschäftigten.[6]

In erster Linie waren die Meldungen von den jüdischen Heldentaten dazu gedacht, das Selbstbewußtsein der Juden zu stärken und sie auf diesem Wege gegen antisemitische Angriffe zu wappnen. Denn schon im ersten Kriegsjahr tritt an die Stelle des ohnehin gedämpften Optimismus, der jüdische Einsatz werde nach dem Krieg gebührend gewürdigt werden, die Befürchtung, daß der Krieg den Antisemitismus stärken und die Lage der Juden noch schwieriger machen werde. So heißt es am 22. Januar 1915 zum erstmaligen Erscheinen des »Jüdischen Kriegsarchivs«, »daß alle Feinde und Neider der Judenschaft schon emsig an der Arbeit sind, um aus dem Kriege Materiale gegen uns Juden zu sammeln, und daß sofort nach dem Kriege eine alles Dagewesene überbietende Agitation gegen uns einsetzen wird.«[7] Die Überzeugung, daß man sich auf derartige Angriffe vorzubereiten habe, wird in mehreren Artikeln ausgesprochen. Und in der Ausgabe vom 12. März 1915 schreibt Heinrich Margulies: »Wir wissen, daß unser Unglück länger dauern wird als der Krieg.«[8]

Die kritische Beobachtung der gesellschaftlichen Entwicklungen wurde nicht zugunsten eines blinden Patriotismus aufgegeben, denn die Heimatverbundenheit der Zionisten in Österreich war tief genug und mußte nicht künstlich genährt werden. Dies zeigt sich vor allem in der Verehrung für das Habsburger Herrscherhaus. So heißt es in der Ausgabe vom 24. November 1916 im Nachruf auf Kaiser Franz Josef, seine Lebensdauer erinnere an »die biblische, einem Gerechten verheißene«. Und unter allen seinen Völkern habe keines dem »Leidensfürsten« nähergestanden als »das jüdische, das Volk tausendjährigen Leides«.[9] Ebenso beredt ist eine Anekdote über seinen Thronfolger, die die »Selbstwehr« in zwei Versionen in den Jahren 1914 und 1916 abdruckt: Während der Erzherzog Karl Franz Josef in Galizien in Garnison liegt, kehrt er mit der Erzherzogin in ein jüdisches Gasthaus ein. Von der Wirtin, die nicht weiß, wer ihre Gäste sind, übernimmt er den Auftrag, ihrem im selben Regiment dienenden Sohn etwas Geld und frische Wäsche zu überbringen. In der ersten Anekdote legt er dem Wäschepaket noch Geld bei,[10] in der zweiten

---

5   Ebd.
6   N.N.: Der Krieg und die Juden. Der jüngste deutsche Soldat. In: SW 8 (1914), Nr 33 (30. Oktober), S. 1.
7   N.N.: Ein jüdisches Kriegsarchiv. In: SW 9 (1915), Nr 3 (22. Januar), S. 3.
8   Heinrich Margulies: Nützet die Zeit. In: SW 9 (1915), Nr 10 (12. März), S. 1f., hier S. 2.
9   N.N.: Kaiser Franz Joseph. In: SW 10 (1916), Nr 43 (24. November), S. 1.
10 N.N.: Der österreichische Thronfolger und die jüdische Wirtin. In: SW 8 (1914), Nr 33 (30. Oktober), S. 2.

Version erwirkt er dem jungen Soldaten einen Sonderurlaub.[11] Die Verbundenheit der österreichischen Juden mit der k.u.k. Monarchie veranschaulicht auch eine Meldung der »Selbstwehr« am 29. Dezember 1914, nach der die Eltern eines seinen Kriegswunden erlegenen jüdischen Soldaten von Maria Theresia, der Mutter des ermordeten Thronfolgers, einen Kondolenzbrief und eine Postanweisung über 100 Kronen erhalten hätten.[12]

Doch nicht nur die Liebe zum Vaterland sollte die Juden zur patriotischen Pflichterfüllung motivieren; die »Selbstwehr« versuchte auch den Gedanken einer deutsch-jüdischen Schicksalsgemeinschaft zu bekräftigen und so eine tiefere Legitimität für den Kriegseinsatz der Juden zu beweisen. Ebenso wie die Juden – so der Tenor – begegneten die Deutschen überall einem ungerechtfertigten und unerklärlichen Haß. Dieser Haß sei die einzige Grundlage des ansonsten irrationalen Entente-Bündnisses; denn es gebe keine gemeinsamen Interessen zwischen der zivilisierten Welt und den russischen ›Barbaren‹. So wird Italiens Kriegserklärung entsprechend kommentiert:

> Gerade weil wir Juden in dem Schicksal unseres eigenen Volkes erfahren haben, was es heißt, von allen verraten und verlassen einen schweren und opfervollen Weg zu gehen, können wir mehr als alle anderen den tiefen Schmerz unseres greisen Kaisers ermessen.[13]

Als Beweis für den gegen die beiden Völker gerichteten Haß verweist man auf einen Artikel im »Corriere della sera«, in dem Deutschen und Juden gemeinsame negative Eigenschaften zugeschrieben werden. In diesem Artikel wird behauptet, beide Völker seien ungerecht gegen Fremde, und beide seien von einem echten Verständnis wahren Christentums ausgeschlossen.[14]

Über den unerklärbaren Haß des Auslandes auf die Deutschen schreibt der Philosoph Constantin Brunner in der »Selbstwehr« vom 9. März 1917: »Wer die deutsche Judenhaßliteratur kennt, greift sich an den Kopf vor dieser Deutschenhaßliteratur: da ist ja kein Unterschied«.[15] Die Analogie »zwischen den beiden ›unbekanntesten Völkern Europas‹«, nämlich den Deutschen und den Juden, sieht auch der Rezensent von Thomas Manns Schrift »Friedrich und die große Koalition«. So wie das Judentum im Galuth als Idee existierte, war Deutschland – so Thomas Mann – »lange ganz Gedanke gewesen. Es kam zu spät zur Wirklichkeit«.[16]

---

[11] Nelly Thieberger: Eine wahre Begebenheit aus dem Leben unseres Herrscherpaares. In: SW 10 (1916), Nr 45 (8. Dezember), S. 2.

[12] N.N.: Die Mutter des ermordeten Thronfolgers an den Vater eines gefallenen jüdischen Soldaten. In: SW 8 (1914), Nr 37 (29. Dezember), S. 2.

[13] N.N.: Schicksale. In: SW 9 (1915), Nr 20 (28. Mai), S. 1.

[14] N.N.: Der »Corriere della sera« über Juden und Deutsche. In: SW 9 (1915), Nr 46 (10. Dezember), S. 3.

[15] Constantin Brunner: Deutschenhaß und Judenhaß. In: SW 11 (1917), Nr 10 (9. März), S. 3f., hier S. 4.

[16] N.N.: Thomas Mann, Friedrich und die große Koalition. In: SW 9 (1915), Nr 47 (17. Dezember), S. 6f., hier S. 6.

Die Leser der »Selbstwehr« wurden darüber hinaus aus berufenem Munde über die Kriegsgegner aufgeklärt. Im Januar 1915 erscheint eine Zusammenstellung von Zitaten aus Heinrich Heines »Lutezia«, in denen Franzosen, Russen und Engländer negativ charakterisiert werden. Heine sollte für eine gewisse Objektivität bürgen, stand er doch außerhalb des Verdachts, ein Chauvinist zu sein oder sich durch zeitliche Umstände zur Parteilichkeit gezwungen zu sehen. In den abgedruckten Zitaten wird die Gefahr einer »russisch-griechisch-orthodoxe[n] Weltherrschaft« beschworen; die Kriegsbegeisterung der Franzosen erklärt Heine aus einer Liebe zum Krieg um des Krieges willen und einem juvenilen Hang, Akteur auf der weltgeschichtlichen Bühne zu spielen. England, die »große Wasserschlange«, erscheint als perfider Kriegstreiber, der, um sich »Schachervorteile« zu sichern, die Welt einem Brande aussetze.[17]

Der Patriotismus der österreichischen und deutschen Juden wurde also nicht nur als natürlich, sondern auch als politisch wohl begründet dargestellt und erschien somit emotional wie rational berechtigt. Die französischen und englischen Juden dagegen werden bedauert, seien sie doch gezwungen, indirekt auch für den größten Judenfeind zu streiten. Und »eine fürchterliche Tragik ist es, daß russische Juden im russischen Heere kämpfen müssen«. Die deutschen und österreichischen Juden hätten dagegen »wahrhaftig ein herrliches Los: uns ist der Kampf für das Vaterland zugleich ein Kampf für die gerechte Sache und zugleich ein heiliger Krieg gegen den Erbfeind der Juden.«[18]

Die Vermutung, die Juden engagierten sich in diesem Kriege nur halbherzig, wurzelte – abgesehen von den üblichen antisemitischen Vorurteilen – in einer falschen Vorstellung von der Internationalität der Judenheit (man dachte dabei unter anderem an die »Alliance Israélite Universelle« oder die »Zionistische Weltorganisation«). So wie die Katholiken unter Bismarck und nun auch die Sozialdemokraten standen die Juden, insbesondere die Zionisten im Verdacht, durch andere Loyalitäten gebunden zu sein. Die Zionisten mußten einerseits beweisen, daß sie Deutschland bzw. Österreich die Treue hielten, andererseits, daß sie ihre Vorstellung von einem jüdischen Volkstum sowie ihren Glauben an eine Heimat in Palästina nicht aufgegeben hatten.

In seinem Aufsatz vom 5. Mai 1916 beteuert H. Kadisch, die Bestrebungen nach einer rechtlich gesicherten Heimstätte in Palästina berührten keineswegs die Rechte und Pflichten der Juden gegenüber diesen Ländern und verminderten nicht das Gefühl der »Anhänglichkeit«, welches die Juden für sie empfänden. Die Juden in Österreich seien »cives austriaci, natione judaei«. Der Verdacht mangelnder Loyalität gegenüber dem Heimatland war in diesem Punkt relativ leicht zu widerlegen. Ein Zionist war nicht wirklich gezwungen, sich zwischen zwei Vaterländern zu entscheiden.[19]

---

[17] Heinrich Heine: England. In: SW 9 (1915), Nr 3 (22. Januar), S. 2–4.

[18] N.N.: Die Sündflut (Anm. 2), S. 1f.

[19] H. Kadisch: Cives austriaci, natione judaei. In: SW 10 (1916), Nr 17 (5. Mai), S. 1.

Doch schon 1914 tauchten erste Gerüchte über ein angebliches Interesse Englands an der Errichtung eines jüdischen Staates in Palästina auf. Diese und weitere Meldungen,[20] welche die Zionisten Deutschlands und Österreichs durchaus in Verlegenheit hätten bringen können, werden jedoch als Täuschungs- und Köderungsversuche zurückgewiesen. Außerdem wird argumentiert, die Projekte, über die in England und den USA diskutiert wurde, seien entweder vollkommen utopisch oder entsprächen den zionistischen Interessen nicht.[21]

Größere und ernstere Probleme bereitete dagegen das Bewußtsein, in den feindlichen Armeen Angehörige des eigenen jüdischen Volkes zu wissen. Die »Selbstwehr« versuchte diese Frage offen anzugehen, anstatt sie, wie der jüdisch-liberalen Presse vorgeworfen wurde, zu ignorieren oder gar eine Internationalität der Judenheit schlichtweg abzustreiten.

Am 12. März 1915 wird das Dilemma beschrieben, in dem sich die Juden der kriegführenden Staaten befanden:

> Als Deutsche hassen wir die Engländer, sind wir Feinde Rußlands und Frankreichs, als Juden aber sind wir uns bewußt, in diesen Ländern Brüder, Stammesgenossen zu besitzen, die die heiligen Traditionen der Vergangenheit, die tiefsten Hoffnungen für die Zukunft unzertrennlich mit uns verbinden.[22]

Den ›Assimilanten‹ wird vorgeworfen, sie suchten diesen inneren Konflikt dadurch zu lösen, daß sie die jüdische Solidarität aufgäben. Es wird bezweifelt, ob das patriotische Empfinden, die Liebe zum Vaterland rein und tief sein könne, »wenn sie ein Jude nur durch den Verrat am Judentum sich erkaufen zu können glaubt«.[23] Gerade die Deutschen brächten Verständnis dafür auf, daß die Juden auch jetzt zu ihrer Identität als Volk stünden. Denn sowohl das deutsche als auch das jüdische Volk, beide verhaßt, kämpften um die Sicherung ihres Volkstums. Von einem ›echten‹ Juden erwartete die »Selbstwehr«, daß er diesen Identitätskonflikt aushalte. Das Bewußtsein, im Krieg auch gegen den jüdischen Stammesgenossen zu kämpfen, beeinträchtige trotzdem nicht die patriotische Pflichterfüllung der Juden.

Besonders empfindlich reagiert man folglich auf Verlautbarungen wie die der französischen »Archives Israélites«, die am 25.06.15 zitiert wird: »Juif ou chrétien, depuis le 1. aout, tout Boche nous est aussi odieux.«[24] Halb bedauernd, halb vorwurfsvoll schreibt man über den englisch-jüdischen Schriftsteller Israel Zangwill, der die

---

[20] N.N.: Englische Methode. In: SW 8 (1914), Nr 36 (11. Dezember), S. 1; Levy: Nochmals das Königreich Juda. In: SW 9 (1915), Nr 6 (12. Februar), S. 2f.; Red.: Eine Sensationsmeldung. In: SW 10 (1916), Nr 22 (16. Juni), S. 3.

[21] C. A. Bratter: Der Kampf um Palästina. In: SW 11 (1917), Nr 33 (17. August), S. 1f.

[22] N.N.: Jüdische Solidarität. In: SW 9 (1915), Nr 10 (12. März), S. 2f.

[23] Ebd., S. 3.

[24] Zit. in: N.N.: Ein französisch-jüdisches Blatt gegen die deutschen Juden. In: SW 9 (1915), Nr 24 (25. Juni), S. 7.

undankbare Rolle auf sich genommen hat, das Gewissen der englischen Juden wegen der engen Verbrüderung Englands mit Rußland zu beruhigen. [...] Er bleibt bei seinem königlich großbritannisch approbierten Optimismus in seiner Anschauung von der russischen Regierung.[25]

Die Proklamation »An meine lieben Juden« sowie Versprechungen des Zaren, die Lage der Juden in seinem Land bessern zu wollen, wurden von der deutschsprachigen jüdischen Presse natürlich mit dem gebührenden Hohn aufgenommen; in England sah man sich jüdischerseits gezwungen, diese Erklärungen wenigstens wohlwollend zu betrachten, um den britischen Patriotismus und das jüdische Ehrgefühl nicht miteinander in Konflikt geraten zu lassen.

Während Ludwig Geiger in seinem Aufsatz »Krieg und Kultur« in der »Allgemeinen Zeitung des Judentums« davon ausging, daß der Krieg endgültig die Illusion von einer jüdischen Internationalität zerstört habe, behauptete die »Selbstwehr«, das jüdische Zusammengehörigkeitsgefühl habe sich gerade im Kriege bewährt. Dies illustrierten »die zahllosen Erzählungen und Anekdoten von den Juden, die in feindlichen Lagern kämpfend sich doch als Brüder erkennen« (5. März 1915). Hier wird unter anderem auf die »Sch'ma Jisrael«-Anekdoten angespielt, die vor allem das Hamburger »Israelitische Familienblatt« in großer Zahl abdruckte. In all diesen Anekdoten berichtet ein jüdischer Soldat, wie ein Gegner, den er tödlich verwundet hat, noch ein letztes »Sch'ma Jisrael«-Gebet spricht und sich so als Glaubensgenosse zu erkennen gibt.

Das gewachsene Zusammengehörigkeitsgefühl zeigt sich nach Ansicht der »Selbstwehr« auch in den Werken deutsch-jüdischer Autoren. Im Leitartikel der Ausgabe vom 5. März 1915 werden als Beispiele hierfür die Gedichte »Mirjams Schlaflied« von Richard Beer-Hofmann und »Lied des Blutes« von Hugo Salus anführt.[26] Die jüdische Kriegslyrik erinnere gar daran, daß die Idee der Einheit aller Menschenschicksale, einer Weltgemeinschaft, weiterlebe trotz der kriegerischen Auseinandersetzungen. Dies bezeugten Alfred Kerrs »Es geht eine Schlacht« und Walther Heymanns »Den Ausziehenden«. In diesem Gedicht, so heißt es am 24. Dezember 1915, könne man im »Gefühl der Mitverantwortlichkeit, der Gemeinschaft bis über den Tod hinaus vielleicht einen jüdischen Ton erklingen hören«.[27]

Die Einstellung zur Kriegslyrik entspricht ganz der Distanzierung Kaznelsons vom »Hurrah-Patriotismus« in seinem »Sündflut«-Artikel. Während zum Beispiel im Hamburger »Israelitischen Familienblatt« eine Reihe von mehr oder weniger kriegsverherrlichenden Gedichten erschien, legte die »Selbstwehr« in diesem Punkt eine bemerkenswerte Zurückhaltung an den Tag. Lediglich in der Ausgabe vom 26. März 1915 ist ein »Kriegsgedicht in jiddischer Sprache« zu lesen, das den deutschen See- und Luftkrieg gegen England bejubelt. Es war ursprünglich in der jiddischsprachigen New Yorker »The Wahr-

---

25 N.N.: Wieder einmal Zangwill. In: SW 9 (1915), Nr 4 (29. Januar), S. 2f.

26 N.N.: Brüder. In: SW 9 (1915), Nr 9 (5. März), S. 1f.

27 A.H.: Walther Heymann. In: SW 9 (1915), Nr 48 (24. Dezember), S. 2f., hier S. 3.

heit« erschienen und sollte die deutschfreundliche Stimmung unter den amerikanischen Juden belegen.[28]

Soldatische Tugenden werden ansonsten lyrisch nur im Kontext der ›Mak-
kabäer-Tradition‹ gepriesen. Die anderen veröffentlichten Kriegsgedichte
beschreiben das Kriegsgeschehen in einem sehr nüchternen, manchmal melan-
cholischen oder gar resignativen Ton. Am 18. Juni 1915 wird ein Aufsatz der
Zeitschrift »Ost und West« abgedruckt, in dem Kriegslyrik grundsätzlich abgelehnt wird: »Erzieherin zur Harmonie und zur Liebe sollte die Kunst sein.«[29]
Der Rezensent des Bandes »Standarten wehn und Fahnen« distanziert sich von
»Plattheiten und Banalitäten« der Kriegsdichtung während des Ersten Weltkriegs.[30]

Eindeutig pazifistische Positionen werden jedoch kritisiert. So moniert der
Rezensent in der »Selbstwehr« vom 24. September 1915 an Franz Werfels
»Einander«, es enthalte Gedichte, die sich auf geschmacklose Weise gegen den
Krieg aussprächen. Über Werfel und pazifistische Intellektuelle wie René
Schickele und Wilhelm Herzog heißt es weiter:

> Es ist sehr bequem, als parteiloser Zuschauer mit liebevollem Herzen bei Seite zu
> stehen und für so kindliche Ideen wie die ›Vereinigten Staaten von Europa‹ anzutre-
> ten. Es ist sehr einfach, den Krieg zu negieren und von Menschlichkeit zu träumen,
> wenn man nicht einmal angeben kann, wie der Wunsch Erfüllung werden soll.[31]

Kennzeichnend ist die Bewertung der vielleicht berühmtesten aus jüdischer
Feder stammenden Kriegsgedichte des Ersten Weltkriegs, Ernst Lissauers
»Haßgesang auf England« und Hugo Zuckermanns »Österreichisches Reiter-
lied«. Während das letztere Beifall erhält,[32] wird Lissauers »Haßgesang« abgelehnt; der Rang eines Kunstwerks wird dem Gedicht abgesprochen, außerdem
sei es weder deutsch noch jüdisch.[33]

Die bisher vorgestellten Argumente zeigten den Lesern der »Selbstwehr«,
daß sie als Österreicher und als Juden gute Gründe hatten, am Krieg teilzu-
nehmen. Vom zionistischen Standpunkt aus war der Kriegsdienst überdies als
Vorbereitung auf einen eventuellen späteren Kampf um Palästina interessant.
Durch den Fronteinsatz sollten ›palästinataugliche‹ Juden geschmiedet werden.
Otto Engländer schreibt am 5. Februar 1915, die Zionisten hätten als erste
erkannt, daß es gelte, »kriegsbereit zu sein und Kriegsarbeit zu leisten, unserem Vaterlande zu nützen, indem wir ihm wertvolles Menschenmaterial und

---

[28] N.N.: Ein Kriegsgedicht in jiddischer Sprache. In: SW 9 (1915), Nr 12 (26. März),
    S. 3.
[29] N.N.: Erziehung zum Haß. In: SW 9 (1915), Nr 23 (18. Juni), S. 1–4, hier S. 1.
[30] N.N.: Standarten wehn und Fahnen. In: SW 9 (1915), Nr 24 (25. Juni), S. 6.
[31] O.H.: Neue Bücher von Franz Werfel. In: SW 9 (1915), Nr 36 (24. September),
    S. 3–5, hier S. 4.
[32] Julius Bab: Nachruf für Hugo Zuckermann. In: SW 9 (1915), Nr 23 (18. Juni), S. 2.
[33] aeo: Ernst Lissauer. In: SW 9 (1915), Nr 21 (4. Juni), S. 2–5.

zugleich unserem Volke seine Glieder zu erhalten zu suchen«. Dies sei die einzig mögliche »zionistische Arbeit«.[34]

Diesen Gedanken spricht auch Oswald Löbl in seinem Gedicht zum Chanukka-Fest 1916 aus. Er beschwört die Sehnsucht der Juden nach der wahren Heimat sowie ihren wieder erwachten Willen, das eigene Schicksal selbst in die Hand zu nehmen. Der Krieg habe ihnen dabei geholfen:

> »Im Krieg der andern sind auch unsre Herzen
> gesund und stark geworden und – wenn's sein muß – hart.«[35]

Heinrich Margulies hält als zwischenzeitliche Folgen des Kriegs fest: »Knaben wurden zu stahlharten Männern und Erdballtänzer zu heiligernsten Menschen«.[36] Eines Tages, so seine Hoffnung, würden die Juden so hingebungsvoll für ihr eigenes Volk kämpfen wie sie jetzt für das Land kämpften, »das uns zum zweiten Vaterland« wurde.[37]

In den Gedanken zum Chanukka-Fest in der Ausgabe vom 3. Dezember 1915 sieht der Autor Hoffnungen bestätigt, daß durch den Krieg die Judenheit wieder an ihre heroische Makkabäertraditionen anknüpfen würde; denn die jüdische Heldenkraft, so wird konstatiert, sei zu neuem Leben erwacht.[38] Aber es wird auch daran erinnert, daß die Juden ihr eigentliches Ziel nicht aus den Augen verlieren dürften. Hugo Zuckermann, selbst Zionist, habe es in seinem Gedicht »Makkabäer 5676«, seinem »letzten Vermächtnis [....] an sein Volk«, formuliert:

> »Noch ist nicht die Zeit vollendet,
> Noch ist nicht das Land gereinigt,
> Noch wird unser Volk gesteinigt,
> Unsere Tempel sind geschändet.«[39]

Vonnöten sei auch eine Selbstreinigung des jüdischen Volkes von ›unsicheren Elementen‹. Die ›Assimilanten‹, hier in Anspielung auf das Makkabäer-Buch ›Hellenisten‹ genannt, müßten sich zwischen gänzlichem Abfall und Rückkehr entscheiden. »So möge aus diesem Chanukkafest des Weltkrieges die Mahnung auch in den Frieden mit hinübergenommen werden, in die Zuckermanns Gedicht ausklingt:

> Macht den Tempel wieder rein,
> Laßt uns Makkabäer sein!«[40]

---

[34] Otto Engländer: Wir und die Zeit. In: SW 9 (1915), Nr 5 (5. Februar), S. 1.
[35] Oswald Löbl: Chanukah im Felde. In: SW 10 (1916), Nr 46 (15. Dezember), S. 2.
[36] Heinrich Margulies: Nützet die Zeit (Anm. 8), S. 1.
[37] Ebd., S. 2.
[38] N.N.: Makkabäer 5676. In: SW 9 (1915), Nr 45 (3. Dezember), S. 1.
[39] Ebd.
[40] Ebd.

Im Herbst 1916 bewahrheiteten sich die Befürchtungen vieler Juden, daß man ihnen staatlicherseits ihren Einsatz im Krieg schlecht vergelten würde. Auf Betreiben antisemitischer Kreise erwog die Haushaltskommission des deutschen Reichstages eine konfessionelle Statistik beim Kriegsernährungsamt und in den Kriegsgesellschaften. Daraus wurde schließlich die vom Kriegsministerium angeordnete Statistik über die Juden im ganzen deutschen Heer. Spätestens jetzt legitimierte sich ein Unternehmen wie das »Jüdische Kriegsarchiv« oder das vom Verband deutscher Juden eingerichtete »Bureau für Statistik der Juden«. Die fadenscheinige Begründung für die Judenzählung lautete, man könne erst mit den so erhobenen Daten den fortgesetzten Klagen über die angebliche jüdische Drückebergerei entschieden entgegentreten. Die Reaktion in der jüdischen Presse läßt den Schluß zu, daß man in Anbetracht der Not des Vaterlandes diese ›Begründung‹ höchstens als Entschuldigung akzeptierte. Das Entsetzen über diesen Schlag läßt sich in der gesamten deutschsprachigen jüdischen Presse feststellen, überaus deutlich zum Beispiel im liberalen Hamburger »Israelitischen Familienblatt«.

Die Redaktion der »Selbstwehr« reagierte überraschend zurückhaltend. Nach Bekanntwerden des Beschlusses veröffentlicht sie eine unkommentierte Zusammenstellung kritischer nichtjüdischer Stimmen, unter anderem aus dem sozialdemokratischen »Vorwärts« und der »Frankfurter Zeitung«. Dadurch, daß es sich um eine reichsdeutsche Angelegenheit handelte, läßt sich die Zurückhaltung der »Selbstwehr« nicht erklären. Man hielt es anscheinend für effektiver, Nichtjuden sprechen zu lassen, weil man selbst als Beleidigter nicht viel Objektivität für sich beanspruchen zu können meinte. Vorerst zog man es vor zu schweigen und nicht sich auch noch selbst zu demütigen, indem man die beleidigende Angelegenheit herunterspielte. Als Beispiele für inadäquate Reaktionen auf die Konfessionsstatistik werden Stellungnahmen von liberaler und orthodoxer Seite gebracht. In ihrer Ausgabe vom 16. Februar 1917 berichtet die »Selbstwehr« über eine Tagung des »Centralvereins deutscher Staatsbürger jüdischen Glaubens«. Einer der Redner hatte gefordert, daß vorerst jede Verbitterung und Erregung zu unterdrücken sei und man »ohne Schmollen und Zögern« dem Vaterlande zu dienen habe. Die »Selbstwehr« fügt die Bemerkung an: »In manchen Reden wurden auch mit Besorgnis die Erfolge der zionistischen Bewegung erwähnt.«[41]

Kommentarlos berichtet die »Selbstwehr« über die Reaktion der Orthodoxen auf die offizielle Rechtfertigung der Judenzählung. Die Erklärung des Reichskanzlers, die »Sonderuntersuchung« sei nur zur »Widerlegung von Angriffen« angeordnet worden und werde die »Stellung der Israeliten im Heere in keiner Weise beeinträchtigen«, hatte den badischen Oberrat der Israeliten zu dem Aufruf an die Juden veranlaßt, »lediglich die Pflicht gegenüber dem Vaterland im Auge zu haben und nicht durch j u d e n g e g n e r i s c h e

---

[41] N.N.: Zentralverein deutscher Staatsbürger jüdischen Glaubens. In: SW 11 (1917), Nr 7 (16. Februar), S. 3f., hier S. 4.

S t r ö m u n g e n   u n d   B e s t r e b u n g e n   sich irre machen zu lassen.«[42] Die Juden zur gegenteiligen Handlungsweise, also zur Zurücknahme
ihres Kriegsengagements, aufzufordern, war der »Selbstwehr« schlechterdings
unmöglich und auch nicht ihre Intention. Sie überließ es den innerjüdischen
Gegnern, Durchhalteparolen auszugeben und nochmals die staatsbürgerliche
Loyalität der Juden zu beschwören.

In der Folge läßt zusehends das Interesse am Kriegsgeschehen nach, sicherlich auch verursacht durch den stagnierenden Kriegsverlauf und die allgemeine
Kriegsmüdigkeit. Berichte über antisemitische Ereignisse häufen sich nun,
mehr Aufmerksamkeit widmet man auch wieder der Aufbauarbeit in Palästina.
Bald nach der ›Judenzählung‹ ist der Weltkrieg im Spiegel der Berichterstattung nahezu beendet, und schon beginnt man, Bilanz zu ziehen. Der Leitartikel
vom 8. Dezember 1916 beschreibt unter dem Titel »Der kommende Krieg« die
antisemitischen Attacken, denen man sich in immer stärker werdenden Maße
ausgesetzt sah.[43] Mehr als ein Jahr nach der Bekanntgabe der Judenzählung
zitiert die »Selbstwehr« einen Dr. Singer, der die Statistik in ihrem Sinne bewertet: »Die Juden sind allen ihren Pflichten seit Anfang des Krieges aufs gewissen-
hafteste nachgekommen. Und was war die Folge? Die antisemitische Debatte im
Reichstag. [...] Die Juden dienten lange genug dem deutschen Volke.«[44]

Eine Teilschuld für diese Entwicklung weist Singer den ›Assimilanten‹ zu.
Der Leser zionistischer Organe verstand auch ohne umständliche Begründung
diesen Vorwurf. Anstatt die jüdische Sache zu führen, so das gängige nationaljüdische Argument, habe der ›Assimilant‹ seine jüdische Identität verleugnet
und damit der Mißachtung preisgegeben. Demnach lautet Singers Bilanz: »Unsere, die nationaljüdische Idee gehört unter jene, welche die ganze Welt erfüllen, und welche ihre Feuerprobe im Kriege bestanden haben.«[45] Im ideologischen Kampf um die jüdische Identität konnten die Zionisten die ›Judenzählung‹ als eine Niederlage für die liberalen Juden werten.

Der Krieg im Ganzen wird zunehmend negativ beurteilt. Nachdem in den
ersten Kriegsjahren sogar der Talmud bemüht wurde, um etwaige religiöse
Bedenken gegen das Kriegshandwerk auszuräumen, erinnert man nun auch
wieder verstärkt an weniger martialische jüdische Eigenschaften und Traditionen. So verweist Oskar Epstein auf das biblische Gebot »Du sollst nicht tö-
ten!« und begrüßt die Idee eines Verständigungsfriedens. Daß er von den Antisemiten mit »Judenfrieden« gleichgesetzt wird, will er den Juden »zur Ehre
anrechnen«.[46] Im selben Jahr werden die an die Juden gerichteten Ratschläge
der englischen Zeitschrift »The Nation« zitiert:

---

[42] N.N.: Der Reichskanzler über die Judenzählung. In: SW 11 (1917), Nr 16 (20.
April), S. 6.

[43] N.N.: Der kommende Krieg. SW 10 (1916), Nr 45 (8. Dezember), S. 1.

[44] N.N.: Das Selbstbestimmungsrecht der Völker und die Juden. In: SW 11 (1917), Nr
45 (16. November), S. 1.

[45] Ebd.

[46] Oskar Epstein: Die Juden und der Friede. In: SW 11 (1917), Nr 42 (26. Oktober), S. 2.

Wenn die jüdische Rasse sie selbst zu sein wage, so wäre sie dazu geschaffen, die Nichtigkeit der Gewalt zu begrüßen und zu predigen. Statt dessen sucht der Durchschnittsjude seinen Stolz darin, sich durch Mut in einer der Armeen zu empfehlen.[47]

Diese Verhaltensweise stehe, so ergänzt die »Selbstwehr«, »im schärfsten Gegensatz zum jüdischen Geiste.«[48] Das Eintreten für die Belange anderer Nationen und Staaten schade der jüdischen Nation. »Es ist ein falscher Patriotismus, dem Staat zu schmeicheln statt ihn auf die rechte Bahn zu führen, es ist ein falscher Rationalismus, die Nation, der man nicht angehört, in ihren zerstörenden Tendenzen zu stärken, statt sie an die Zukunft zu mahnen.«[49] Von derselben Einstellung zeugt ein Artikel Elsa Brods, die die Versorgung von Kindern mit Kriegsspielzeug und Kriegsschundliteratur anprangert. Die Verherrlichung des Martialischen will auch sie aus jüdischen Publikationen verbannt wissen.[50]

Wenige Monate vor Ende des Krieges wird Albert Ehrensteins Gedichtband »Die rote Zeit«, in der »das grausige Erlebnis des Krieges zu einem Angstschrei ohnegleichen verdichtet« sei, als »wahrhaftige Kriegslyrik« gefeiert.[51] Auf dieser Linie liegt auch der Rezensent eines Lyrikbandes von Ludwig Franz Meyer, der es begrüßt, daß der Krieg in Meyers Gedichten kaum thematisiert wird. Es habe sich gezeigt, daß der Krieg eben nicht ein »Weg zum Erleben und Ganzheit ist, wie wir einst dachten, sondern Fortsetzung und Steigerung grauester und gemeinster Alltäglichkeit«.[52] Der Rezensent findet auch nichts Rühmenswertes am Opfertod des jungen Dichters, stattdessen beklagt er den großen Verlust an Menschenleben, den das jüdische Volk erlitten habe.

Noch während des Krieges wird das auf die Kriegsparteien üblicherweise angewandte Gut-Böse-Schema aufgegeben. Die »Selbstwehr« kritisiert das Deutsche Reich, das mit Rücksicht auf die Interessen der Schwerindustrie »den rücksichtslosen Unterseebootkrieg« erklärt hatte,[53] anstatt die Friedenbemühungen des amerikanischen Präsidenten Wilson zu unterstützen.

Zwei Ereignisse im letzten Kriegsjahr waren schließlich geeignet, der von der »Selbstwehr« beschriebenen jüdischen Motivation zum Kriegsdienst einen großen Teil ihrer Grundlage zu entziehen. In der Ausgabe vom 23. November 1917 wird als »ein Ereignis von weltgeschichtlicher Bedeutung« die Erklärung des englischen Außenministers Lord Balfour über die Errichtung eines jüdischen Gemeinwesens in Palästina gewürdigt. Zwar weist man in diesem Zusammenhang auf Großmachtinteressen der Engländer im Nahen Osten hin und

---

[47] N.N.: Das österreichische Problem. In: SW 11 (1917), Nr 27 (6. Juli), S. 1.

[48] Ebd.

[49] Ebd.

[50] Elsa B[rod].: Onkel Franz und unsere Jugend. In: SW 11 (1917), Nr 44 (9. November), S. 2f.

[51] -y.: Albert Ehrenstein, Die rote Zeit. In: SW 12 (1918), Nr 28 (26. Juli), S. 5.

[52] Fritz F.: Ein junger jüdischer Dichter. In: SW 11 (1917), Nr 4 (26. Januar), S. 2f., hier S. 3.

[53] N.N.: Die entlarvten Kriegsverlängerer. In: SW 12 (1918), Nr 40 (25. Oktober), S. 4f., hier S. 5.

erinnert an die Maxime Herzls, daß »das Werk der jüdischen Wiedergeburt in Palästina von dem Wohlwollen aller Mächte getragen und in vollkommener Loyalität gegenüber dem souveränen Herrn des Landes vollzogen werden muß«;[54] dennoch betrachtete die »Selbstwehr« die Erklärung Balfours als einen wirklichen Schritt auf dem Weg zur jüdischen Heimstätte.

Die russische Revolution, die die Gleichberechtigung der Juden verkündete und sie zu höchsten Staatsämtern zuließ, löste in der gesamten jüdischen Presse zum Teil enthusiastische Reaktionen aus; »Der jüdische Student«, ein zionistisches Organ, feierte sie als einen neuen Pessach. Die »Selbstwehr« nimmt natürlich ebenfalls das Ende des zaristischen Pogrom-Regimes befriedigt zur Kenntnis, bleibt aber skeptisch in Bezug auf die zukünftige Lage der Juden in Rußland.[55] Auf ihre Einstellung zum Krieg nehmen die beiden Ereignisse keinen bedeutenden Einfluß mehr.

Nationaljüdische Standpunkte werden in den beiden letzten Kriegsjahren wieder radikaler vertreten; statt von einer Analogie des jüdischen Volkes mit dem deutschen ist nun wieder die Rede von der unüberbrückbaren »Kluft zwischen dem tausendjährigen Goluswanderer und dem Sohn Europas«.[56] Die Unterschiede zwischen Juden und Nichtjuden waren nie geleugnet worden. Am 7. Januar 1916 hatte H. Kadisch bereits an entsprechende Verpflichtungen erinnert: »Der Weltkrieg hat [...] gezeigt, daß das jüdische Volk seine e i - g e n n a t i o n a l e n Interessen und eine diesen entsprechende h i s t o r i - s c h e   M i s s i o n hat.«[57] Die von ihm gemeinte Mission stand allerdings in keinem Gegensatz zu den Interessen des österreichischen Staates: »Genau so wie der H a b s b u r g e r m o n a r c h i e   f ä l l t   a u c h   d e m   j ü d i - s c h e n   V o l k e   d i e   A u f g a b e   z u ,   e i n   M i t t l e r   z w i - s c h e n   d e m   O r i e n t e   u n d   d e m   O k z i d e n t e   z u   s e i n .«[58]

Nun aber wollte die »Selbstwehr« unbeirrt »das eigene Haus bestellen«.[59] Der Schock der ›Judenzählung‹ hatte dabei keinen richtungsändernden Einfluß auf die redaktionelle Linie der »Selbstwehr«, er bestärkte nur eine bestimmte Tendenz. Am Ende des Krieges, am 25. Oktober 1918, bezeichnet die »Selbstwehr« es als das »Gebot der Stunde«, daß sich die Juden wieder ihres Judentums besännen. Hoffnungsfroh ist der Blick in die Zukunft gerichtet, denn die Errichtung eines jüdischen Staates in Palästina sei nur noch eine »Frage der kurzen Zeit«.

---

[54] N.N.: Eine Erklärung der englischen Regierung für den Zionismus. In: SW 11 (1917), Nr 46 (23. November), S. 1.

[55] Siehe N.N.: Die Juden im neuen Rußland. In: SW 11 (1917), Nr 15 (12. April), S. 6f.; N.N.: Die Bolschewiken veranstalten Judenpogrome. In: SW 12 (1918), Nr 42 (8. November), S. 8.

[56] N.G.: Jüdische Politik. In: SW 12 (1918), Nr 15 (19. April), S. 1f., hier S. 2.

[57] Dr. H. Kadisch: Die Juden und das neue Europa. In: SW 10 (1916), Nr 1 (07. Januar), S. 3.

[58] Ebd.

[59] N.G.: Jüdische Politik (Anm. 56), S. 1.

Verzeichnis der jüdischen Periodika mit Siglen

ABPWM	*Adolf Brüll's Populär-Wissenschaftliche Monatsblätter*
AIW	*Allgemeine Israelitische Wochenschrift*
AZJ	*Allgemeine Zeitung des Judentums*
BOW	*Bloch's Oesterreichische Wochenschrift*
DIZ	*Deutsche Israelitische Zeitung*
IDR	*Im deutschen Reich*
IFH	*Israelitisches Familienblatt Hamburg*
IGB	*Israelitisches Gemeindeblatt Köln*
ISR	*Der Israelit*
IWS	*Israelitisches Wochenblatt für die Schweiz*
J	*Der Jude*
JC	*Jüdische Chronik*
JE	*Das jüdische Echo*
JJS	*Jüdisches Jahrbuch für die Schweiz*
JM	*Jüdische Monatshefte*
JMTS	*Jüdische Monatshefte für Turnen und Sport*
JP	*Jüdische Presse*
JR	*Jüdische Rundschau*
JS	*Der jüdische Student*
JSCH	*Jeschurun*
JV	*Der jüdische Volksbote*
JVS	*Jüdische Volksstimme*
KCB	*K.C.-Blätter*
LH	*Die Laubhütte*
LJ	*Liberales Judentum*
MVAA	*Mitteilungen aus dem Verein zur Abwehr des Antisemitismus*
NJM	*Neue Jüdische Monatshefte*
NNZ	*Neue National Zeitung*
NZ	*Die Neuzeit*
OW	*Ost und West*
SW	*Selbstwehr*
W	*Die Welt*
WH	*Die Wahrheit*
Z	*Zion*

Personenregister